W0348214

ROLF TÖPPERWIEN

VON BRAUNSCHWEIG BIS JOHANNESBURG

ROLF TÖPPERWIEN

VON BRAUNSCHWEIG BIS JOHANNESBURG

AUTOBIOGRAFIE

ROTBUCH VERLAG

Diese Autobiografie entstand unter
Mitarbeit von Torsten Haselbauer.

ISBN 978-3-86789-111-0

1. Auflage
© 2010 by Rotbuch Verlag, Berlin
Umschlaggestaltung: Buchgut, Berlin
Umschlagabbildung: picture alliance
Druck und Bindung: GGP Media GmbH, Pößneck

Ein Verlagsverzeichnis schicken wir Ihnen gern:
Rotbuch Verlag GmbH
Neue Grünstraße 18
10179 Berlin
Tel. 01805/30 99 99
(0,14 Euro/Min., Mobil max. 0,42 Euro/Min.)

www.rotbuch.de

**FÜR LOUIS, DEN ICH LIEBE BIS ZUM MOND,
ZU DEN STERNEN UND ZURÜCK.**

↗ Technik der Siebziger: Töppi erklärt ZDF-Hospitant und Ex-Tennisprofi Hans-Jürgen Pohmann eine 2-Zoll-MAZ-Maschine; 1979.

26. September 1950: Rolf Töpperwien wird in Osterode am Harz geboren.

VORWORT

Als Rolf Töpperwien vor gut zwei Jahren seinen baldigen Abschied als Fußballreporter in Aussicht stellte, wollte ihm das keiner glauben. Für die meisten Fans und Reporterkollegen war es kaum vorstellbar, dass die Fußball-Bundesliga ab dem Herbst 2010 ohne ihn würde auskommen müssen. Doch er hat Ernst gemacht: Am 25. September 2010 kommentierte er sein letztes Bundesligaspiel; für das ZDF natürlich, den Sender, dem er 37 Jahre lang treu geblieben war.

Zurück bleiben eine Menge Statistiken und mindestens ebenso viele eindrucksvolle Bilder. 1444 Bundesligaspiele zum Beispiel, über die er ausschließlich für seinen Sender berichtete – ein Rekord für die Ewigkeit. Dass von diesen unglaublich vielen Spielen nur 23 torlos endeten, spricht für sein Gespür. Es ist dies nur eines der vielen Geschenke, die ihm die Bundesliga in all den Jahren bescherte.

Unvergessene Fernsehbilder prägten sich in den vergangenen fast 40 Jahren tief ins Gedächtnis der fußballinteressierten Zuschauer ein. Sie zeigen »Töppi«, wie er gemeinhin genannt wird, mit wilder Rockstar-Mähne oft inmitten eines Pulks von Spielern oder Zuschauern. So zum Beispiel, als er darum kämpfte, nach dem DFB-Pokalspiel zwischen Schalke 04 und Bayern München im Mai 1984 Olaf Thon vor sein ZDF-Mikrofon zu bekommen – und dem gerade erst volljährig gewordenen Schalker dabei auch noch das Geheimnis entlockte, dass dieser als Jugendlicher in FC-Bayern-Bettwäsche geschlafen hatte. Oder 25 Jahre später das von Rolf Töpperwien abgebrochene Interview mit dem Freiburger Trainer Robin Dutt, der ihm von Chancen erzählte, die es nicht gegeben hatte. Oder das Interview im Jahr 2004 in Lissabon mit dem Nationaltrainer des sensationellen Fußballeuropameisters Griechenland Otto Rehhagel, mit dem er als Erster sprechen durfte, noch vor den Reportern des griechischen Fernsehens.

Rolf Töpperwien berichtete seit 1973 aus den heimischen Stadien ebenso wie von den großen Bühnen der weiten Fußballwelt, zuletzt von der Weltmeisterschaft in Südafrika. Wichtig war ihm dabei stets sein Selbstverständnis als Reporter: Er verstand sich immer als Mittler zwischen dem Sport und den Fans und füllte diese Rolle mit viel Herzblut und vor allem mit hohem Fußballsachverstand aus. Der Habitus des grundsätzlich kritisch eingestellten Reporters blieb ihm während seiner ganzen Karriere fremd. So einer wollte er auch gar nicht sein. Das wiederum brachte ihm einiges an Kritik auch aus seinem eigenen Berufsstand ein. Ihm fehle angeblich die Distanz zu den Spielern, Trainern und Vereinsbossen, hieß es, was er in so mancher gemeinsamen »dritten Halbzeit« auch demonstrieren würde. Darüber lässt sich streiten. Geschadet hat Töpperwiens Berufsauffassung ihm jedenfalls nicht. Im Gegenteil, die meisten Fußballfans liebten ihn dafür, dass er so nah dran war. Denn für sie harrte er stundenlang in den Stadienkatakomben aus, um Spieler-, Trainer- oder Schiedsrichterinterviews zu bekommen. Seine Reporterkollegen waren da schon längst wieder auf der Heimreise.

Nicht zuletzt deshalb ist Rolf Töpperwien in den knapp vier Jahrzehnten seiner Karriere zu einem der populärsten und streitbarsten Fußballreporter in Deutschland geworden. Seine direkte, manchmal strenge, aber nie verletzende Interviewtechnik, die er in Gesprächen mit sämtlichen großen deutschen Fußballspielern einsetzte, ist mittlerweile legendär. Viele merken erst jetzt, da Töppi wohlverdient in Rente gegangen ist, was die Bundesliga verloren hat. Er ist mit ihr erwachsen geworden und hat sie nun verlassen.

Typen wie Rolf Töpperwien gibt es immer seltener auf der Mattscheibe zu sehen. Echte Fußballliebhaber, die ihren Beruf nicht als Business betrachten, in dem man schnell berühmt werden und oft auch viel Geld verdienen kann. Töpperwien ist ein Reporter, der den Bratwurstverkäufer in der Nordkurve und den Parkplatzwächter vor dem Stadion genauso freundlich begrüßt und ernst nimmt, wie seine Interviewpartner nach einem Spitzenspiel. Die Fußball-Bundesliga und alle, die in ihrem Umfeld aktiv sind, werden ihn und seine unvergleichliche Reporterarbeit hinter dem Mikrofon vermissen.

16. Juni–4. Juli 1954: Fußball-WM in der Schweiz: Bei ihrer ersten Teilnahme an einer Fußball-WM nach dem Zweiten Weltkrieg wird die deutsche Mannschaft überraschend Weltmeister, das »Wunder von Bern«.

↗ Mit 16 hat man noch Träume …

Mein Spielfeld war Oma Gertruds Garten in der Kleinstadt Osterode am Harz. Der Garten war etwas ganz Besonderes, eine Art Heiligtum in unserer Familie. Er war bepflanzt mit Birnen- und Apfelbäumen, die nicht nur gut und mächtig aussahen, sondern sich auch noch prima zu Torpfosten umfunktionieren ließen. Hier durfte ich also als kleiner Junge Ende der fünfziger Jahre Fußball spielen. Und wenn ich nicht im Garten kickte, dann eben woanders. Ich schoss Gummibälle gegen Hauswände und Garagentore, übte Dribblings und versuchte mich sogar im heimischen Fußballverein VfR Osterode. Ich galt als guter Linksfuß mit viel Übersicht, aber auch als zu zweikampfschwach.

Am Gymnasium meines Heimatortes wurde ich bald zum Sportkoordinator berufen. Später stand ich sogar für alle südniedersächsischen Gymnasien in dieser Verantwortung. Ich organisierte Sportturniere und merkte ziemlich schnell: Sport zu koordinieren fiel mir deutlich leichter, als ihn selbst auszuüben. Dennoch gewann ich im Jahr 1967 die Stadtmeisterschaft im Tischtennis.

Während ich als kleiner Junge den Ball durch den Garten meiner Oma Gertrud schoss, entdeckte ich auch meine Liebe zum gleichzeitigen Kommentieren. Mein Vater Ludwig besaß eine riesige hölzerne Musiktruhe. Sie trug den stolzen Namen Kuba-Imperial und war in Staßfurt gefertigt worden. Vor dieser Truhe versammelte sich jeden Samstag ab 15 Uhr die Familie wie sonst nur zu Weihnachten unter dem Tannenbaum. Es gab Kaffee und Kuchen. Die Hauptrolle aber spielte die NDR-Fußballkonferenz, die uns da beschallte. Mein

Vater wie auch meine Mutter Uschi saßen gebannt vor dem Gerät und hörten fasziniert zu, was über das Radio aus den Stadien in unser Wohnzimmer drang. Ich natürlich auch. Am liebsten war mir die letzte Viertelstunde. Das war der Startschuss für die Konferenzschaltung. Zu meinem Idol und bis heute unerreichten Reportervorbild erkor ich den unvergessenen Herbert Zimmermann. 1954 hatte er das legendäre WM-Endspiel von Bern kommentiert. Ich, damals keine vier Jahre alt, hatte das noch nicht genießen können.

1958 berichtete Zimmermann von der WM in Schweden. Das Halbfinale Deutschland gegen die Gastgeber (1:3), die »Schlacht von Göteborg«, war der Höhepunkt dieses Turniers. Ich hörte genau, wie die Schweden »Heja, heja, heja!« riefen und der Schwede Kurt Hamrin Erich Juskowiak bis aufs Blut reizte. Ich war dank Zimmermanns eindrucksvoller Reportage ganz nah bei Juskowiak, der in der 59. Spielminute Hamrin trat und dafür die Rote Karte sah. Als er den Platz verlassen musste, da war ich wirklich erschüttert und weinte.

Fünf Jahre später, mit Beginn der Bundesliga, begann ich bereits, in dicken Heften, die mir mein Vater spendierte, Fußballtabellen, Spielergebnisse und sogar die Reporter der Spiele zunächst in der ARD und später im ZDF akribisch zu notieren, Samstag für Samstag. Ich war kein besonders guter Schüler, in Mathematik und Physik stand ich sogar auf Fünf. Um mir schulisch zu helfen, nahm mir meine Mutter meine Fußballhefte weg und versteckte sie hinter einem Berg von Lederresten in der Firma meines Vaters. Ich fand sie, rührte sie aber nicht an! Die Ledergerberei hatte mein Vater von seinem Vater Louis übernommen.

8.–29. Juni 1958: Fußball-WM in Schweden:
Brasilien wird zum ersten Mal Weltmeister.

»Wir rufen Kiel!«

»Was passiert in Göttingen?«

»Hallo Osnabrück!«

Dazu die Stimmen von Gerd Lins, Karl-Heinz Weiß und Günther Grotemeyer! Die NDR-Bundesligakonferenz ließ mich nicht mehr los, selbst nach Abpfiff und Sendeschluss nicht. Bei meinen Kicks im Garten kommentierte ich die Spiele noch einmal nach. »Heute spielt der FK Pirmasens gegen SpVgg Weisenau«, sagte ich zu mir selbst, und dann war Anpfiff. Ich war umfassend informiert über sämtliche Oberligen, egal ob Nord, West, Südwest, Süd oder Berlin. Viele Informationen bezog ich aus dem *Kicker*, den mein Vater sich regelmäßig kaufte. Wir lasen ihn gern zusammen. Ich lernte den *Kicker* nicht gleich auswendig, wie das etliche andere machten, aber ich konnte mir vieles über einen langen Zeitraum einprägen. Schnell wusste ich fast alles über Fußball. Und im Garten war ich auch alles: Rechtsaußen, Torwart und der Reporter sowieso. Ich war das gesamte Spiel!

Meine Fußballleidenschaft konnte und wollte ich nicht mehr verbergen, und so machte mir mein Vater deshalb in der Spielzeit 1960/61 eine ganz besondere Freude. Zusammen fuhren wir nach Hildesheim, wo in der Oberliga Nord der VfV gegen den Hamburger Sport-Verein spielte. »Die Rothosen«, wie man damals den HSV nannte, wurden meine Lieblingsmannschaft und blieben es noch lange. Uwe Seeler war mein Idol. Ich vergötterte ihn geradezu. Allerdings konnte ich ihn im Hildesheimer Stadion nie richtig sehen, ich

18. Mai 1960: Finale im Europapokal der Landesmeister in Glasgow, Schottland: Eintracht Frankfurt–Real Madrid (3:7)

stand zu weit weg, in der 20. Reihe. Das war ziemlich weit hinten. Ein wenig Trost spendete mir dafür das Buch *Uwe Seeler und seine goldenen Tore.* Das besitze ich immer noch und werde es nie aus der Hand geben. Und, keine Frage: Wie

jeder Junge sammelte ich natürlich auch Fußballbilder. Das allerdings genügte mir nicht. Ich versah die Klebebildchen auch noch mit eigenen Kommentaren, die ich unter die Spielerfotos schrieb.

Mein erstes Fußballspiel im Fernsehen sah ich im Jahr 1960. Es war das Europapokalendspiel zwischen Eintracht Frankfurt und Real Madrid (3:7) in Glasgow. Ich durfte es bei Freunden meiner Eltern schauen – in Schwarz-Weiß, versteht sich. Die Weltmeisterschaft 1962 in Chile verfolgte ich hingegen über Kurzwelle im Radio. Einer der Reporter war Gerd Krämer, mein späterer Kollege beim ZDF. Bis dahin sollte allerdings noch viel Zeit vergehen.

Die WM 1966 in England war für mich wegweisend, in so mancher Hinsicht. Bis dahin hatte ich eigentlich noch keinen wirklichen Berufswunsch. Mal wollte ich Förster, mal Lokomotivführer werden, wie viele Jungen damals. Doch nach der Weltmeisterschaft hatte ich nur noch eines im Sinn: Fußballreporter werden. Mein Fußballtick bescherte mir leider auch einen herben Verlust. Die Beziehung zu meiner ersten Freundin Andrea, Tochter eines Bierverlegers aus Osterode, ging deshalb in die Brüche. Bis zum Beginn des Turniers war zwischen uns noch alles harmonisch, einmal die Woche gingen wir zum »Colaball« in die Jugendherberge und tanzten eifrig – und hatten auch sonst viel Spaß. Anfang Juli nahm ich all meinen Mut zusammen und sagte zu ihr: »Jetzt sehen wir uns vier Wochen erst mal nicht mehr!« »Wieso?«, fragte sie. Meine Antwort kurz und knapp: »Fußballweltmeisterschaft, da habe ich keine Zeit!« Da war es dann aus mit uns.

Der Fußball hat mir unheimlich viel gegeben, aber auch so manches genommen. Das sollte sich ab jetzt wie ein roter Faden durch mein ganzes Leben ziehen.

Im Jahr 1969 bestand ich meine Abiturprüfung. Nun kam der Moment, den Berufswunsch anzugeben, denn unsere Heimatzeitung, der *Osteroder Kreisanzeiger*, wollte nicht nur die Namen der Abiturienten veröffentlichen, sondern auch deren Berufswunsch. Ich gab »Fußballreporter« an, und sofort bestellte mich der Schuldirektor zum Rapport. »Das meinen Sie doch nicht im Ernst? Geben Sie wenigstens Realschullehrer an!«, reagierte er unwirsch. Ich blieb stur, und so war im *Osteroder Kreisanzeiger* zu lesen: »Rolf Töpperwien (›Sportreporter‹)«.

Mir war es wirklich ernst damit. Nur hatte ich nicht die leiseste Ahnung, wie ich das anstellen sollte. Ich saß in Osterode am Harz, sozusagen am Ende der Welt. Mein Vater machte alles für mich, hatte aber keine Beziehungen, außer zur Lederwarenstadt Offenbach, wo er Felle einkaufte. Meine Mutter schenkte mir allerhand Bücher, viele Berufsratgeber waren darunter. Ich las alles aufmerksam durch, aber nirgendwo wurde erklärt, wie man Journalist wird. Mein Vater Ludwig sah schnell ein, dass ich die Familientradition der Gerbereibesitzer und Lederfabrikanten nicht fortführen wollte. Er akzeptierte das, hielt aber den Berufswunsch Sportjournalist für abwegig. Die Verdienstmöglichkeiten erschienen ihm zu unsicher, und die ein oder zwei Lokalreporter am Ort betrachtete er auch nicht gerade als Vorbilder.

Doch das war gar nicht meine Welt. Ich wollte ja nicht zur Zeitung, sondern zum Radio und dort ganz laut »Tooor!« schreien. Selbst wenn ich nur 500 D-Mark verdienen würde. »Werd doch wenigstens Rechtsanwalt«, versuchte mein Vater mich noch einmal umzustimmen. Vergeblich. Wenn ich mir etwas in den Kopf setze, dann mache ich das! Meine Eltern akzeptierten es schließlich, wofür ich ihnen bis heute sehr, sehr dankbar bin.

Im Laufe des Jahres 1969 kam ich auf eine gute Idee. Ich schrieb einen Brief an den stellvertretenden Sportchef des *Hessischen Rundfunks* (HR) Erwin Dittberner. Ich kannte ihn und seine knorrige Stimme von Fußballübertragungen aus dem Radio. Seine Privatadresse in Frankfurt am Main hatte ich im Telefonbuch gefunden. Ich schickte eine Art Kurzbewerbung. Mit Erfolg: 1970 durfte ich in seinem Sender vorsprechen, und zwar beim HR-Sportchef Heinz Eil, der damals ein großer Radio-Tennisreporter war. Ich musste 20 Fachfragen aus dem Bereich Sport beantworten. Das bereitete mir keine Probleme, ich war gut informiert. Der Text, den ich vorlesen sollte, trug den Titel »Der einsame Athlet in der Arena«. Mein sprachlicher Vorteil gegenüber meinen Konkurrenten war unüberhörbar, auch wenn ich für den eigentlich gar nichts konnte: In meiner Heimat zwischen Göttingen und Braunschweig wurde nun mal das beste, reinste und akzentfreieste Hochdeutsch gesprochen. Ein bei dem Test anwesender Sprachwissenschaftler bestätigte mir dies anschließend auch.

Den Sprachtest hatte ich also bestanden – das wurde mir noch im Funkhaus mitgeteilt –, da dachte ich, jetzt könne ja kaum noch etwas schiefgehen. »Sie hören von uns!« Mit diesem Satz wurde ich schließlich in Frankfurt verabschiedet. Ich war jetzt mächtig gespannt. Kurz vor Weihnachten erhielt ich dann einen Brief. In froher Erwartung riss ich das Kuvert auf. Doch was ich da lesen musste, haute mich förmlich um. Der *Hessische Rundfunk* erteilte mir eine Absage, die Planstelle als Redaktionsassistent sei aus Kostengründen gestrichen worden, hieß es. Kein Platz für Töpperwien! Ich war

30. Mai–17. Juni 1962: Fußball-WM in Chile

↗ Auf Abiturfahrt in Berlin: Der Schüler Rolf geht zielstrebig ins Olympiastadion und lässt sich vor der Anzeigetafel fotografieren.

richtig niedergeschlagen. Es war ein herber Rückschlag, eine persönliche Niederlage. Heinz Eil gab mir immerhin noch einen Tipp mit auf den Weg: »Studieren Sie jetzt erst mal.«

Ich wusste überhaupt nicht, wie es jetzt mit mir weitergehen sollte, wie ich mein großes Ziel »Sportreporter« erreichen sollte. Dennoch war mein Wille ungebrochen – und dann kam Glück hinzu. Von 1969 bis 1971 leistete ich meinen Wehrdienst bei der Bundeswehr in Osterode und brachte es bis zum Rang eines Fähnrichs. Der Reserveoffizier und Oberleutnant Schlie, dem mein Berufswunsch nicht verborgen geblieben war, riet mir ebenfalls zum Studium. Er wurde allerdings deutlich konkreter als zuvor Heinz Eil: »Studieren Sie mal in Göttingen. Ich bin dort Akademischer Rat am Institut für Publizistik und kann Ihnen helfen.« Ich nahm ihn beim Wort und begann im Wintersemester 1971 mein Studium der Publizistik, Politik und Geschichte. Dafür zog ich von Osterode nach Göttingen in ein kleines Studentenzimmer.

Im Hörsaal merkte ich dann bald, dass mir das alles viel zu theoretisch war. Das hatte nichts mit der Praxis zu tun. Ich klagte dem Institutsleiter für Publizistik, Wilmont Haacke, mein Leid. Der riet mir, mich in der Sportredaktion des *Göttinger Tageblatts* um eine Hospitanz zu bewerben. Das machte ich sofort, und von da an ging alles ganz schnell. Bereits nach einem halben Jahr saß ich in der Sportredaktion an meinem eigenen Schreibtisch, war ständiger freier Mitarbeiter, koordinierte die »Provinzsportseite« und schrieb die Bundesliga-Vorschau oder einen Vorbericht zur Tischtennis-Europameisterschaft. Meinen ersten großen Artikel verfasste ich über ein Jugendländerspiel zwischen Deutschland und Polen, das mein Heimatverein VfR Osterode ausrichtete. Ich genoss in der Redaktion große Freiheiten und wurde von den

17. Juni 1962: WM-Finale in Santiago de Chile: Brasilien – Tschechoslowakei (3:1); Brasilien wird zum zweiten Mal Weltmeister.

Kollegen Rudolf Kellner, Lutz Heydecke und Werner Wagner stark unterstützt. Ich durfte zu den Auswärtsspielen von Göttingen 05 in der Oberliga Nord nach Meppen, Lübeck, Kiel, Neumünster, Heide oder Osnabrück reisen. Von dort gab ich meine Berichte per Telefon durch. Die Spiele wurden um 16.45 Uhr abgepfiffen. Mein Bericht, den ich aus Stichpunkten formulierte, wurde um 17 Uhr in Göttingen erwartet. Damit zwang man mich zum »aktuellen Journalismus«. Es war ein richtig gutes Training.

Die Fußballweltmeisterschaft 1970 in Mexiko war die erste WM, die ich bewusst verfolgte, und zwar vor dem Fernseher bei meinen Großeltern. Fußball war für mich seit diesem Turnier ein Fernsehereignis und verdrängte die klassische Radioreportage meiner Jugend. Jeden Samstagabend waren zunächst die ARD-»Sportschau« um 18 Uhr und dann vier Stunden später »das aktuelle sportstudio« im ZDF meine Pflichttermine. Mein Lieblingsreporter arbeitete für die ARD, es war Ernst Huberty, der »Mister Sportschau«, dessen Art der Kommentierung ich unheimlich schätzte. Dennoch ärgerte ich mich sehr über die »Sportschau«. Es wurden dort meiner Meinung nach zu viele Spiele vom 1. FC Köln und zu wenige von meinem Lieblingsclub Hamburger Sport-Verein gezeigt. Oft musste ich bis zum Montagabend nach dem Spieltag ausharren, um im Regionalprogramm des *Norddeutschen Rundfunks* (NDR) die Tore von Uwe Seeler zu sehen. Damals zeigten die ARD-»Sportschau« nur vier und das ZDF-»sportstudio« nur drei weitere Bundesligaspiele. Die zwei fehlenden Matches des kompletten Bundesliga-Spieltags wurden erst am Montag in den Regionalprogrammen in Bild und Ton nachgeliefert. Das ist heute, im Zeitalter von »alle Spiele, alle Tore«, kaum mehr zu begreifen.

Im »aktuellen sportstudio« gefielen mir neben den Spielreportagen vor allem die Talks von Dieter Kürten und Wim Thoelke mit den Studiogästen aus der Bundesliga. Harry Valérien war mir am Anfang viel zu bayerisch, Werner

Schneider um einiges zu trocken.

Meine Proseminararbeit mit dem Titel »Vergleichende Analyse der Sportberichterstattung in ARD und ZDF anhand der Samstags-›Sportschau‹ und dem ›sportstudio‹« schickte der mich betreuende Professor Haacke 1972 an den WDR in Köln und das ZDF in Wiesbaden. Bei beiden Sendern durfte ich anschließend vorsprechen, und das ZDF bot mir nach geschätzten 25 Absagen eine »Informantentätigkeit« in den Semesterferien an. Eine Art Praktikum, das ich im August 1973 aufnahm. Ich war glücklich und einen großen Schritt weiter auf dem Weg zu meinem Traumberuf; dachte ich zumindest. Dennoch gab ich meine Tätigkeit beim *Göttinger Tageblatt* nicht auf, denn sie sicherte mich finanziell ab: Das Schreiben lohnte sich. Ich verdiente allein durch das Zeilengeld zwischen 400 und 800 Mark im Monat. Ich führte ein sorgenfreies Studentenleben, finanzielle Probleme waren mir fremd. Das war nie anders und gilt bis heute.

KEIN 68ER, DOCH VIEL MUSIK 1968 war das Jahr der politischen Aufbruchstimmung, der Schüler- und Studentenbewegung. Ich war damals alles andere als ein »Revoluzzer«: Die Bewegung interessierte mich nicht. Ich wollte einfach nur zum Fernsehen und Sportreporter werden.

Bis heute bin ich ein politisch konservativ denkender Mensch und treuer CDU-Wähler. Wohlgemerkt kein CSU-Wähler! Bei der Bundestagswahl 1980 strich

28. Juli 1962: Der DFB beschließt in der Dortmunder Westfalenhalle die Einführung der Fußball-Bundesliga zur Saison 1963/64.

ich den Namen des Kanzlerkandidaten der Union, Franz Josef Strauß, auf dem Wahlzettel durch und schrieb »Ernst Albrecht« darüber. So bin ich zwar zur Wahl gegangen, habe jedoch den Wahlzettel ungültig gemacht. Franz Josef Strauß habe ich nie gewählt!

Neben dem Fußball interessierte mich nur noch die Musik. Ich leistete mir von meinem Taschengeld, zwei D-Mark von meinem Vater, 50 Pfennig von meinem Opa, alle zwei Wochen eine Schallplatte. Ich las zwei Zeitschriften, den *Kicker* und den *New Musical Express*. Dieses Magazin kam aus London und brachte meine Buchhändlerin Marianne Koop fast zur Verzweiflung. »Mit nichts in meinem Berufsleben habe ich so viel Mühe gehabt, wie in Osterode den *New Musical Express* für Rolf Töpperwien zu besorgen. Aber mein Ehrgeiz war groß«, gestand sie mir einmal.

Seit 1967 habe ich mir aus den englischen, den US-amerikanischen und den deutschen Charts Woche für Woche eine neue, eigene Hitparade mit meinen 20 Lieblingstiteln zusammengestellt. Mit allem, was dazugehört: Neuzugänge, Auf- und Absteiger, nicht viel anders als eine akribisch geführte Bundesligatabelle. Dieses Hobby pflegte ich bis zum 20. Mai 2007, also genau 40 Jahre lang. Tom Petty und DJ Ötzi (»Ein Stern (… der deinen Namen trägt)«) standen in meiner letzten »Top Twenty« ganz oben. Wäre ich kein Fußballreporter geworden, dann Musikmoderator bei *RTL RADIO Luxemburg*.

Gern unterlegte ich meine Filmbeiträge mit der passenden Musik. Für eine »drehscheibe«-Reportage zur WM im Flossenschwimmen spielte ich »Mrs. Robinson« von Simon & Garfunkel ein. Für eine Story über

1. April 1963: Offizieller Sendebeginn des Zweiten Deutschen Fernsehens

Real Madrid wählte ich »Rise«, ein Instrumentalstück von Herb Alpert. Oder ich unterlegte einen Beitrag über Karl-Heinz Rummenigge am Comer See mit einem Milva-Stück (»Zusammenleben«). Und ich sorgte dafür, dass das norddeutsche Gesangsduo Klaus & Klaus (»An der Nordseeküste«) durch einen Stadioneinsatz zur Nummer 1 in den deutschen Charts aufstieg.

Am 20. April 1985 gelang es mir sogar, zum Spitzenspiel zwischen dem HSV und dem FC Bayern München Udo Lindenberg für einen musikalischen Beitrag zu gewinnen. Lindenberg stellte sich im Hamburger Volksparkstadion an den Torpfosten, und als die Mannschaften einliefen, sang er »Jonny Controlletti«. Lindenberg, 62 000 Fußballfans und ich waren begeistert!

Ein außergewöhnlicher Einsatz mit Musik gelang mir am 7. Mai 2004. Der Aufsteiger FSV Mainz traf auf die Bayern aus München (2:4). Für die Mainzer ein Jahrhundertspiel. Das Stadion am Bruchweg war schon Wochen zuvor ausverkauft gewesen und kochte fast über. Ich hatte eine besondere Idee. Ein Stammtischbruder von mir, Stefan Nehr, spielt sehr gut Trompete. Ich gab ihm meine Pressekarte und eine musikalische Aufgabe mit auf den Weg: Er sollte sich mit seinem Instrument hinter dem Zaun genau an die Stelle stellen, wo die Spieler einlaufen. Und dann, wenn die Bayern-Spieler aus dem Tunnel auftauchen, sollte er den Evergreen »Zieht den Bayern die Lederhosen aus« anstimmen. Auf mein Zeichen hin legte Nehr los. Die Kamera fing das Trompetensolo ein, das ganze Stadion sang mit. Ein wunderbarer Einstieg für meinen Bericht.

↗ Die zweite Leidenschaft: Musik

DER »DREIMONATSINFORMANT«

Zu den Olympischen Spielen 1972 in München wurde ich in der Redaktion des *Göttinger Tageblatts* eingesetzt. Es lief gut, ich veröffentlichte vieles, mein Name stand oft in der Autorenzeile. Die Arbeit als Sportreporter würde meine Zukunft sein, da war ich mir ganz sicher. Allerdings nicht beim *Tageblatt*. Im folgenden Jahr, im August 1973, trat ich für drei Monate in der ZDF-Hauptredaktion Sport meine Stelle als »Informant« an. Heute würde man so etwas Praktikum oder Hospitanz nennen. Dafür erhielt ich immerhin 300 D-Mark pro Monat. Ich war nur ein Mitarbeiter von sehr vielen und als Anfänger in der Hierarchie ganz unten angesiedelt. Schon damals waren in der Redaktion rund 100 Leute beschäftigt, davon 65 fest angestellte Redakteure und 35 freie Journalisten. Heute ist das Verhältnis von »Festen« zu »Freien« dort genau umgekehrt.

Allerdings habe ich während meiner Zeit als »Informant« sofort gespürt: Die ZDF-Sportredaktion war durchdrungen von einer Umbruchstimmung. Es hatte eine »Hausrevolte« gegeben, so wie sie immer mal wieder vorkommt, zuletzt beispielsweise bei der Ablösung des Hauptredaktionsleiters Wolf-Dieter Poschmann 2004 nach den Olympischen Spielen von Athen.

In der Berichterstattung zur Olympiade in München 1972 wurden beim ZDF einige gravierende Fehler gemacht, und wenig später wurde dann der Leiter der Sportredaktion, Willi Krämer, dafür zur Verantwortung gezogen und entmachtet. Zudem stimmte es in der Redaktion selbst nicht mehr. Das wiederum machte nun die Neubesetzung der Leitungsstelle aus den eigenen Reihen fast unmöglich. Der Starmoderator Harry Valérien brachte einen Lösungsvorschlag gegenüber der Chefredaktion auf den Punkt. »Die Redaktion ist intern so zerstritten, wir brauchen einen Leiter von außen«, erklärte er. Wer dann die Stelle antrat, überraschte wirklich jeden. Es war einer der renommiertesten Journalisten, den das ZDF in seinen eigenen Reihen überhaupt besaß: Hanns Joachim Friedrichs, der bis dahin für den Sender als USA-Korrespondent in Washington tätig gewesen und vor allem durch seine vorzügliche Vietnamkriegsberichterstattung aufgefallen war. Der Ruf, der ihm vorauseilte, war legendär.

Doch Friedrichs war jemand, der kaum Volleyball von Basketball unterschieden konnte und wirklich null Affinität zum Sport hatte. »Ringen kommt mir nicht auf den Sender, ich hasse schwitzende Männerkörper!«, war zum Beispiel eine seiner Argumentationen gegen die Medienpräsenz einer bestimmten Sportart.

Ein guter Journalist und zugleich eine starke Führungspersönlichkeit, wie Friedrichs beides verkörperte, das tat der ZDF-Sportredaktion wirklich gut. Die Redaktion galt immer als sehr schwierig, bis heute. Friedrichs war ein Mann von Welt. Bei den Konferenzen war er gekleidet wie ein Dressman, seine Füße steckten in teuren amerikanischen Stiefeln, die er lässig wie ein Cowboy auf den Tisch legte, vor der Nase die *Süddeutsche Zeitung*. Friedrichs galt als unnahbar und arrogant. Rhetorisch war er jedem in der Redaktion überlegen. Mir war das zu diesem Zeitpunkt allerdings egal: Hanns Joachim Friedrichs verdankte ich meine ersten Einsätze in der Sportredaktion.

In einer der berühmten Montagssitzungen der Sportredaktion wurden wie immer die Spielberichte des vergangenen Samstags analysiert. Eine solche Sitzung glich einer

24. August 1963: Mit dem ersten Spieltag der neuen Fußball-Bundesliga wird auch die erste Sendung des »aktuellen sportstudios« ausgestrahlt.

↗ »Der wichtigste Chef«: Hanns Joachim Friedrichs in der Torwand des »aktuellen sportstudios«; 1973

Zeugnisvergabe in der Schule, daran hat sich auch bis heute nichts geändert. Was mir in einer jener Runden auffiel: Der Reporter Gerd Krämer (Landesstudio Stuttgart) hatte am vorangegangenen Spieltag in seiner Reportage über Eintracht Braunschweig einen Spieler mitspielen lassen, der gar nicht auf dem Platz gestanden hatte – den Stürmer Bernd Gersdorff, der wegen einer Verletzung aussetzen musste. Nachdem dies anscheinend niemandem der Sitzungsteilnehmer aufgefallen war, nahm ich meinen ganzen Mut zusammen und benannte diesen Fehler offen. Doch damit nicht genug, wies ich auch noch auf weitere Fehler hin, die dem Kollegen Krämer unterlaufen waren. Die Reaktion der etablierten Kollegen fiel ziemlich harsch aus: »Der soll die Klappe halten!« »Der spinnt!« Oder: »Was bildet der sich denn überhaupt ein?« Friedrichs blieb trotz der Unruhe bemerkenswert gelassen. Er bat mich mit einigen der arrivierten Kollegen in sein Büro. Dort schauten wir uns den Spielbericht noch einmal gemeinsam an. Ich wiederholte meine Kritik und wartete gespannt auf Friedrichs' Reaktion. Die fiel allerdings anders aus, als es wohl jeder im Raum erwartet hatte. »Ich glaube, den nächsten Bericht aus Braunschweig machen Sie«, sagte er schließlich. Überglücklich verließ ich sein Büro.

Am 26. August 1973 hatte ich meine allererste namentliche Erwähnung im *Zweiten Deutschen Fernsehen*, und zwar in der »SPORTreportage« und dort wiederum im bis heute sehr beliebten Block »Sport aus aller Welt«. Immerhin 42 Sekunden lang durfte ich das Qualifikations-Hinspiel für die Fußballweltmeisterschaft 1974 zwischen Iran und Australien (0:3) zusammenfassen.

Gut einen Monat später, am 30. September, erstellte ich eine Reportage über das Sonntags-Zweitligamatch Eintracht

17.–21. Juni 1964: Fußball-EM in Spanien

Braunschweig gegen Bremerhaven 93 (4:1). Drei Minuten lang für die »SPORTreportage«. Das war wirklich etwas Besonderes, denn bis heute bin ich der einzige »Informant«, der in dieser Funktion für die ZDF-Sportredaktion einen eigenen Spielbericht produzieren durfte. Ich war sehr stolz. Mein erster Bericht war mir so wichtig wie meine erste Freundin. Beide werde ich nie vergessen. Mit diesem Spiel begann denn auch meine große Liebe zu Eintracht Braunschweig, der ich bis heute treu geblieben bin.

Im Oktober endete meine Zeit als ZDF-»Informant«. Doch ich blieb weiter am Ball: Jedes Wochenende fuhr ich mit meinem VW Käfer 1300 von Göttingen nach Wiesbaden, 266 Kilometer pro Strecke. Für diese Wochenendtätigkeit in der ZDF-Sportredaktion musste ich allerdings meine freie Mitarbeit beim *Göttinger Tageblatt* schweren Herzens kündigen, denn beides gleichzeitig ging nicht mehr. In Wiesbaden arbeitete ich vorwiegend für die »SPORTreportage«, die Rubrik »Sport aus aller Welt«. Ich habe in dieser Zeit zahllose Berichte getextet und Nachrichten geschrieben. Obwohl das noch lange nicht der von mir erträumte Reportereinsatz war, stärkte diese Arbeit mein Selbstbewusstsein. Ich spürte, dass ich das Entree geschafft hatte. Ich hatte einen Fuß in der Tür, wusste allerdings zu diesem Zeitpunkt nicht, wie es damit nun weitergehen sollte. »Brauchen die mich wirklich? Für länger? Oder gar nicht?« Solche Fragen stellte ich mir in dieser Phase sehr oft.

Zumindest in einem war ich mir sicher: Wann immer das ZDF mich angefordert hätte, ich wäre sofort hingefahren, und sei es nur, um Papiere auf dem Schreibtisch von links nach rechts zu stapeln. Da hätte sogar mein Vater Geburtstag feiern können. Von jetzt an hatte das *Zweite Deutsche Fernsehen* Vorrang!

Ab dem Frühjahr 1974 benötigte der ZDF-Sport redaktionelle Verstärkung: Die Fußballweltmeisterschaft in Deutschland stand vor der Tür. Nach kurzer Rücksprache mit der Redaktion nahm ich ein Urlaubssemester, um mich voll in den Dienst des Senders zu stellen. Die WM versetzte mich zunächst in eine Art geistigen Unruhezustand. Ich wollte unbedingt Themen oder Geschichten anbieten und grübelte den ganzen Tag darüber nach. Im April schlug ich schließlich vor, Porträts über die drei deutschen WM-Schiedsrichter Gerhard Schulenburg, Hannover, Hans-Joachim Weyland, Oberhausen, und Kurt Tschenscher, Mannheim, zu drehen. Damals durfte das Ausrichterland noch drei Referees nominieren, heute darf pro Teilnehmerland höchstens ein »Schiri« an einer Weltmeisterschaft teilnehmen. Ich reiste also mit dem Dienstwagen, einem Opel Admiral, zu den drei Unparteiischen und drehte die Porträts, jeweils acht Minuten lang. Die Geschichten wurden in einer der zahllosen WM-Sendungen gezeigt und kamen ziemlich gut an. Es waren meine ersten »großen Filme«.

Wenn ich zu jener Zeit meine Eltern in Osterode am Harz besuchte, merkte ich, dass sich etwas verändert hatte. In meinem Heimatort war ich zu einer lokalen Berühmtheit aufgestiegen. Man sprach mich an, in den Geschäften, auf der Straße, und wollte genau wissen, wie denn die Arbeit »beim Fernsehen« sei.

Während der Weltmeisterschaft 1974 durfte ich die ZDF-Redaktion gleich zweimal für Außendrehs verlassen – und zwar auf eigenen Vorschlag hin. Zum Vorrundenspiel Schottland gegen Brasilien (0:0) fertigte ich einen Bericht über die schottischen und vor allem über diese unglaublichen brasilianischen Fernsehreporter an, die schon damals so herrlich

28. Mai 1966: Der SC Tasmania 1900 Berlin beendet die Saison 1965/66 mit nur zwei Siegen und 8:60 Punkten und geht damit als erfolglosester Verein in die Geschichte der Bundesliga ein.

»Goooooal!« schreien konnten. Dazu drehte ich einen Nachbericht zum Match Polen gegen Italien (2:1). Meine Sympathien in diesem Spiel waren eindeutig verteilt: Beim 2:0 für die Polen durch Deyna schlug ich meinem Kameramann Arno Scheffler vor Freude so fest auf die Schulter, dass er die Toreinstellung ordentlich verwackelte. Das zeigte mein totales Engagement beim und für den Fußball.

Viel Einsatz war allerdings auch im redaktionellen Alltag beim ZDF gefragt. Wer sich dort nicht täglich und offensiv anbot, wer nicht ausgesprochen extrovertiert auftrat, der geriet schnell in Vergessenheit. Es war keine einfache Zeit. Ich musste alles erfragen, mir selbst alles beibringen, egal ob es um Schnitttechnik, Reportersprache oder Spannungsaufbau innerhalb eines Beitrags ging. Einen Leitfaden zur Erstellung von Fußballberichten gab es damals wie heute nicht. Zudem galt das Motto: Rückschläge wegstecken, nächster Versuch!

CARLOS BABINGTON UND DAS BLAUE JACKETT

Zu diesem Zeitpunkt wurde mir jedoch eines klar: Wenn ich aktiv war und selbst ein Thema entwickelte und vorschlug, wurde es beim Sender fast immer angenommen. Diese Erfahrung bestätigte mich in meinem festen Willen: »Hier will ich bleiben!« Doch noch immer wusste ich nicht, wie ich das anstellen sollte. Der Rat der älteren, erfahrenen ZDF-Kollegen war einfach: »Hängen Sie Ihr Studium an den Nagel, und bleiben Sie gleich da!« Das war eine Art Stellenangebot. Umso mehr verwundert es mich bis heute, dass ich darauf völlig atypisch reagierte: Ich, der ich nur eines im Sinn hatte, nämlich beim ZDF Fußballreporter zu werden, ging nicht

11.–30. Juli 1966: Fußball-WM in England

↗ Mit Klaus Steilmann (1929–2009), Präsident der SG Wattenscheid 09; ca. 1985

darauf ein. Einen Studienabbruch konnte ich meinem Vater nicht zumuten. Ich war ihm unheimlich dankbar dafür, dass er mir in meiner Berufswahl freie Hand gelassen hatte. Ich musste weder die Lederfabrik meines Opas übernehmen, noch einen »anständigen« Beruf wie Rechtsanwalt ergreifen. Das war damals durchaus nicht üblich.

Ich teilte dem Sender also mit, dass ich zunächst mein Studium zu beenden gedachte. Die Reaktion war niederschmetternd. »Wenn Sie hier in 18 Monaten als Magister wiederkommen, interessiert sich kein Mensch mehr für Sie. Was uns interessiert, ist die wöchentliche Verfügbarkeit«, wurde mir gesagt. Ich fand einen Kompromiss, der funktionierte: Während der Woche studierte ich in Göttingen, und am Wochenende bot ich meine Dienste dem ZDF an.

1974 drehte ich noch eine schöne Geschichte. Der argentinische Nationalspieler Carlos Babington (»Der blonde Engel«) wurde nach der WM 1974 von der SG Wattenscheid 09 verpflichtet, die damals in der Zweiten Bundesliga Nord spielte. Der Wechsel des Argentiniers von CA Huracán in den Kohlenpott war eine kleine Fußballsensation. Wie später noch oft, konnte ich das Stück in der täglichen ZDF-Sendung »drehscheibe« unterbringen. Ich reiste also nach Bochum und interviewte Carlos Babington. Klaus Steilmann, Textilunternehmer und Präsident der Wattenscheider, kam während der Dreharbeiten zu mir. Er schaute mich prüfend von oben bis unten an und sagte: »Sie studieren noch in Göttingen? Suchen Sie sich nach dem Interview mal ein schönes blaues Jackett bei mir in der Fabrik aus.« Ich nahm das freundliche Angebot gern an. Das Jackett habe ich noch lange und bei vielen Interviews getragen. Damit begann zugleich auch eine intensive Freundschaft zu Klaus Steilmann, der am 14. November 2009 leider verstarb.

30. Juli 1966: WM-Finale in London: England–Deutschland 4:2 n.V.; Geoff Hurst erzielt mit dem 3:2-Führungstreffer der Briten in der 101. Minute das berühmte Wembley-Tor.

MEIN ERSTES BUNDESLIGASPIEL – »ON AIR« STATT KURIER

Am 24. August 1974 startete die zwölfte Bundesligasaison. Am ersten Spieltag wurden neun Spiele ausgetragen, und alle wurden zeitgleich am Samstag um 15.30 Uhr angepfiffen. Am Montagnachmittag vor diesem Spieltag erhielt ich einen Anruf von Wolfram Esser, einem der Redaktionsleiter beim ZDF. »Herr Töpperwien, Sie machen das Spiel Wuppertaler SV gegen den MSV Duisburg!« Ich schwieg erst mal ziemlich lang. »Mit wem?«, wagte ich schließlich zu fragen. Ich ging davon aus, als Assistent eines Reporters eingesetzt zu werden, als jemand, der in der Halbzeitpause das Filmmaterial der ersten 45 Minuten zum Kopieren fährt. In diesem Fall, bei einem Spiel in Wuppertal, ins Landesstudio Düsseldorf. Für solche »Kurierdienste« war ich ja schon oft eingeteilt worden.

»Sie sind der Reporter!«, meinte Esser stattdessen am Ende der Leitung. Der Grund für diesen unerwarteten Einsatz war einfach: Am ersten Spieltag wurden für »das aktuelle sportstudio« sämtliche neun Spiele mit Reportern besetzt, das war Tradition. Allerdings schienen der ZDF-Sportredaktion keine neun zur Verfügung gestanden zu haben, und das war meine Chance, im Alter von 23 Jahren.

Die Planung sah vor, dass drei der neun Spiele in einem Kurzblock zu jeweils 45 Sekunden zusammengefasst werden sollten, darunter das Spiel des Wuppertaler SV gegen den MSV Duisburg, das ich vor Ort zu betreuen hatte. Doch es kam anders.

Die ganze Woche über war ich sehr nervös. Mit dem Dienstwagen fuhr ich von Wiesbaden nach Wuppertal. Wieder ein Opel Admiral, Kennzeichen: MZ-MZ-764. Im Studio Düsseldorf waren für mich ein Durchfahrtsschein und eine Arbeitskarte hinterlegt. Ich war so aufgeregt, dass ich schon um neun Uhr morgens von Mainz losfuhr, um elf nahm ich in Düsseldorf die Karten entgegen, und bereits eine Stunde später stand ich vor dem Wuppertaler Stadion am Zoo. Das Stadion war noch geschlossen, keine Zuschauer weit und breit. Selbst die Ordner hatten ihren Dienst noch nicht angetreten! Es war einfach zu früh. So nutzte ich die Zeit, um noch ein wenig an der Idee zu basteln, die ich für meinen Reportereinsatz entwickelt hatte. Zum Spiel hatte ich im ZDF zwei Grafiken vorbereiten lassen, darauf waren die Neuzugänge beider Teams mit den dazugehörigen Ablösesummen notiert. Als sich die Stadiontore schließlich öffneten, stellte ich die Schaubilder an die Ecken der Trainerbänke. Den Kameramann Gottfried Baum bat ich, zunächst die Trainer zu filmen und dann auf die Tafeln zu schwenken. Ich stellte also etwas Inhaltliches optisch dar. Vielleicht war es nicht die brillanteste Idee, aber das Bemühen kam gut an.

Als das Spiel begann, waren 20 000 Zuschauer im Stadion am Zoo. Neu war mir, dass die ARD-Reporter Jochen Hageleit vom WDR-Hörfunk und Dieter Adler vom Fernsehen (»Sportschau«) namentlich vom Stadionsprecher begrüßt wurden. »Das möchte ich auch einmal erleben!«, schoss es mir kurz durch den Kopf. In der Halbzeitpause wurde das Filmmaterial mit dem Motorrad ins Kopierwerk nach Düsseldorf gebracht. Die gefilmte zweite Halbzeit lieferte ich dann selbst unmittelbar nach dem Schlusspfiff in meinem Admiral von Wuppertal nach Düsseldorf. Damals war es noch nicht üblich, nach dem Spiel Interviews zu führen. Unter Mithilfe der Cutterin wurde das Material schließlich geschnitten, der Text auf die zweite Filmspur gesprochen, in die Sendezentrale überspielt und schließlich im »aktuellen sportstudio« ausgestrahlt. Es waren zu jener Zeit aber noch keine »gebauten« Stücke im heutigen Sinne. Vielmehr wurde das Spiel mit seinen Höhepunkten einfach und chronologisch nacherzählt.

Das Match des Wuppertaler SV gegen den MSV Duisburg endete 1:4. Aufgrund der vielen Tore und der gleichzeitigen »Torarmut« in den anderen Stadien warf die Redaktion des »aktuellen sportstudios« ihre Planungen kurzfristig um: Statt der 45 Sekunden für den Kurzblock sollte ich nun einen vollen Spielbericht fertigen. Die Länge: 2:42 Minuten.

Das war der Beginn meines Fußball-Bundesliga-Glücks. Zum Ende meiner Karriere kann ich behaupten: Wohl kein anderer Reporter hat so viele außergewöhnliche Spiele gesehen wie ich. Ich habe über insgesamt 1444 Bundesligaspiele berichtet, von denen nur 23 0:0 ausgingen. Ich bin der Bundesliga wirklich dankbar dafür, wie viele wahnsinnige Partien sie mir beschert hat und dass ich mich als Reporter profilieren konnte. Das wurde auch im ZDF schnell registriert. »Du kannst den Töppi zu dem vermeintlich langweiligsten Kick schicken. Ist er vor Ort im Stadion, passiert fast immer etwas Besonderes. Und sei es, dass der Torpfosten bricht«, hieß es.

Doch zurück zum Wuppertaler SV und dem MSV Duisburg. Nach meinem Spielbericht – keine Reaktion. Was nichts Schlechtes bedeutete, und das trifft auch auf die heutigen Verhältnisse zu: Offenes Lob gibt es nicht allzu oft in der ZDF-Sportredaktion. Es folgte dennoch eine bittere Zeit – ich wurde zunächst nicht für weitere Bundesligareportagen eingeteilt. Stattdessen schob ich Innendienste; erst am 27. April 1975 übertrug ich meine zweite Partie. 20 Spieltage

5. September 1966: Auf Anregung von Moderator Werner Schneider wird im »aktuellen sportstudio« die Torwand eingeführt und entwickelt sich zum Markenzeichen der Sendung.

nach meinem Debüt war ich der Reporter beim Match Tennis Borussia Berlin gegen Fortuna Düsseldorf (1:4).

Immerhin, ich hatte noch einen Reportereinsatz am siebten Spieltag, dem 5. Oktober 1974 zu verzeichnen. Bayern München spielte in Braunschweig. Die Bayern steckten in der Krise. Die ZDF-Sportredaktion hatte schon damals ein Prinzip entwickelt, das heute immer noch gültig ist: Der Sender soll zu besonderen Spielen besonders stark vertreten sein. Gerd Krämer war der Reporter, und Harry Valérien sollte sich um das Bayern-Präsidium und die Spieler der Münchner kümmern. Ich als »Braunschweig-Mann«, wie Hajo Friedrichs sagte, sollte mich mit den Niedersachsen beschäftigen. Aber nur für den Fall, dass sie gewinnen würden. Und in der Tat: Braunschweig gewann das Spiel 3:1, und ich führte mit Bernd Gersdorff und dem Braunschweig-Keeper Bernd Franke meine Interviews. Ziemlich schüchtern noch, und die Fragen wohlüberlegt – es waren meine Anfänge.

Aus Mangel an Aufträgen musste ich selbst Ideen entwickeln. Eigeninitiative wird bis heute in der ZDF-Hauptredaktion Sport hoch geschätzt. Die fiel mir zum Glück nicht schwer. Im Herbst 1974 wurde ein internationales Catcherturnier in Wiesbaden ausgetragen. Eine schöne, spannende Geschichte für den »Sportspiegel«, dachte ich. Ein Sendeformat, in dem damals die Chefdenker in Sachen Sport saßen und das Sagen hatten. Der »Sportspiegel« galt als das Premiumprodukt der ZDF-Sportredaktion und der Sportberichterstattung im deutschen Fernsehen überhaupt, zumindest in den siebziger Jahren. »Bürger als Würger. Catcher und ihr Publikum« war der Titel einer Reportage über diese außergewöhnliche Sportart, an der ich beteiligt war. Horst Reuther, ein glänzender Texter, und ein junger Rolf Töpperwien als Aufrei-

3. Juni 1967: Eintracht Braunschweig wird Deutscher Fußballmeister.

ßer und redaktioneller Mitarbeiter – das war ein gutes Team. Wir produzierten ein 30-Minuten-Stück. Protagonist des Films war ein Catcher mit dem illustren Namen »Mustafa Shikane«, ein Türsteher des Wiesbadener Bordells *Crazy Sexy*, der später von Klaus Gerhardt (»Zigeuner Klaus«) erschossen wurde. Gesprochen wurde die Catcher-Reportage von dem bekannten Berliner Schauspieler und Synchronsprecher Horst Niendorf *(Die Revolution entlässt ihre Kinder)*.

DER DOPPELTE ROLF ODER WARUM ICH IMMER »TÖPPI« GENANNT WERDE Beruflich, im ZDF und auch anderswo, werde ich von den Kollegen kurz »Töppi« genannt. Das kommt daher, dass es zu Beginn meiner Laufbahn in der ZDF-Sportredaktion bereits einen Rolf gab, den Fußballreporter Rolf Kramer. Deshalb wurde ich, um Verwechslungen zu vermeiden, bald »Töppi« gerufen.

1975 verfasste ich meine Magisterarbeit beim Leiter des Instituts für niedersächsische Landesgeschichte, Professor Hans Patze: »Die Turnbewegung im Zeitalter von Friedrich Ludwig Jahn unter spezieller Berücksichtigung des Turnwesens in Niedersachsen«. In meiner Prüfungsphase hielt ich mich beim ZDF zurück, ließ den Kontakt jedoch nie ganz abbrechen. Vor allem für die »drehscheibe« produzierte ich immer wieder Stücke und konnte mich so während dieser Zeit immer wieder in Erinnerung bringen. Ich machte Vorschläge: Ein Porträt über Branko Zebec, Trainer von Eintracht Braunschweig, ein Porträt über Horst Hrubesch, Spieler bei Rot-Weiss Essen, ein Porträt über Otto Rehhagel, Trainer bei Borussia Dortmund. Alle Themen wurden angenommen, und ich hatte geschafft, bei Rehhagel und Hrubesch zu Hause zu drehen. Das waren für mich besondere Momente. Meinen Hausbesuch bei der Familie Zebec in Braunschweig werde ich wohl nie vergessen: Dušica Zebec legte während des Interviews eine Patience und bot mir dann noch einen »Kaffee Zagreb« an. Branko Zebec saß derweil im Trainingsanzug und mit Hauspuschen an den Füßen auf dem Sofa im Wohnzimmer, das mit edlen serbischen Teppichen ausgelegt war. Diese atmosphärische »Homestory« galt damals im ZDF als kleine Sensation.

Am 23. Dezember 1975 legte ich an der Georg-August-Universität Göttingen mein mündliches Magisterexamen in den Fächern Geschichte, Publizistik und Politikwissenschaft ab. Gesamtnote: Gut. Alles richtig gemacht, dachte ich und schickte mein Zeugnis sofort ans *Zweite Deutsche Fernsehen*. Es liegt dort sicher immer noch in irgendeiner Schublade. Man sollte beim ZDF schon ein Examen vorweisen, wenn man dort als Redakteur arbeiten will. Nur angeschaut hat es sich bis heute wohl keiner.

Am 10. Januar 1976 erhielt ich dann in der ZDF-Montagssitzung von Hajo Friedrichs eine Schreckensmeldung: »Herr Töpperwien, Sie bringen alle Voraussetzungen für einen guten Reporter mit. Aber wir haben keine Planstelle für Sie!«, bekam ich zu hören. Für mich brach eine Welt zusammen. »Was soll ich denn jetzt machen?«, fragte ich verzweifelt. »Gehen Sie nach Göttingen. Werden Sie Geschichtslehrer oder Museumsdirektor. Wenn wir was aus Südniedersachsen brauchen, dann denken wir an Sie«, sagte Friedrichs.

Ich gab nicht auf, und Museumsdirektor wollte ich auch nicht werden. Also holte ich die Ratschläge der Abteilungsleiter Wolfram Esser, Oskar Wark und Dieter Kürten ein. Die sagten mir: »Da gibt es nur eins: Sie müssen nach Wiesbaden ziehen und jeden Tag in die Redaktion kommen. Vielleicht gibt es etwas zu tun.« Am Rosenmontag 1976 beherzigte ich diesen Rat und nahm mir für 663 D-Mark eine Mietwohnung zusammen mit meiner Freundin Rosi – ohne eine Jobgarantie für irgendwas. Aber ich war mir sicher, dass es die richtige Entscheidung war.

Der Anfang beim ZDF verlief sehr zäh und schleppend. Es gab keine Verwendung für mich, keine Arbeit. Wochenlang nichts. Zu jener Zeit durften beim Sender nur dann freie Mitarbeiter eingesetzt werden, wenn alle fest angestellten Redakteure ausgelastet waren. Sparmaßnahmen eben. Am Freitag, dem 1. April 1974, hatte ich Glück. Bei den Offenbacher Kickers wurde der Trainer Gyula Lóránt entlassen. Die Reporterschar der ersten Kategorie befand sich aber gänzlich schon auf der Anreise zu den Bundesligaspielen oder in die genehmigten freien Wochenenden. Dieter Kürten rätselte, wen er für die Sendung »sport-information« in die Stadt am Main senden sollte, und sagte schließlich: »Da ist doch noch der Töpperwien, den können wir mit dem Bereitschafts-Kamerateam nach Offenbach schicken.« Die »sport-information« war eine Sendung am Freitagnachmittag, immer 16.15 Uhr. Die Privatadresse von Lóránt erhielt ich über den Kollegen Wolfgang Tobien, damals stellvertretender Sportchef der *Offenbach-Post*. Ich fuhr also dorthin, klingelte, und Frau Lóránt öffnete die Tür. »Ich bin Rolf Töpperwien vom ZDF. Mit Ihrem Mann ist ja was Furchtbares passiert! Wir bitten um eine Stellungnahme für die ›sport-information‹.« »Ja, ich hole meinen Mann.« Anschließend erklärte mir Gyula Lóránt seine Sicht auf den Rauswurf. Das Stück wurde folgendermaßen anmoderiert: »Rolf Töpperwien war der Erste, der mit dem gefeuerten Trainer Lóránt gesprochen hat.« Dafür

1967: Töppi wird in Osterode am Harz Stadtmeister im Tischtennis.

↗ Technische Besprechung vor dem Ü-Wagen zum Spiel des SC Göttingen 05 gegen den FC St. Pauli; Oktober 1973

gab es Lob von Dieter Kürten in der Montagskonferenz. Das war eine Art Etablierung im Kreise der Reporterkollegen in der ZDF-Sportredaktion.

Von nun an ging es aufwärts. Schon am folgenden Samstag wurde ich für das Bundesligaspiel zwischen den damals krisengeschüttelten Teams vom Hamburger SV und dem 1. FC Köln (2:1) besetzt. Ich begann meinen kritischen Bericht mit dem Satz: »28 000 Plätze im Volksparkstadion blieben leer.« Daraufhin rief am Montag HSV-Präsident Wolfgang Klein bei Hajo Friedrichs an und sprach wegen angeblich zu negativer Berichterstattung das erste Stadionverbot meiner noch jungen Karriere aus. Friedrichs erwiderte selbstbewusst: »Herr Dr. Klein, ich danke Ihnen für Ihre Mitteilung. Herr Töpperwien sollte nächste Woche nach Kaiserslautern, jetzt schicken wir ihn wieder zum HSV!« So war Hajo Friedrichs!

»DREHSCHEIBE« UND »HEUTE JOURNAL« Ich habe nie nach der Attraktivität einer Sendung geschielt, sondern immer nach der Attraktivität des Ereignisses. Und erst dann habe ich versucht, für diesen »Ereignisbericht« einen Sendeplatz zu finden. So ist es auch zu erklären, dass zu meiner frühen Zeit als Reporter nicht wenige Stücke in der »drehscheibe«, der späteren »tele-illustrierten«, liefen. Der Sport hatte ja damals von Montag bis Donnerstag keinen eigenen Sendeplatz im ZDF. Deshalb wich ich mit meinen Fußballgeschichten – dank der Unterstützung meines Redaktionsleiters Wolfram Esser und dank der Akzeptanz durch den »drehscheibe«-Chef Oldwig Jancke – auf diese Sendung aus. Und daraus resultiert auch meine Liebe zur

5.–10. Juni 1968: Fußball-EM in Italien

»drehscheibe«. Später bot ich viele Berichte, vor allem die Freitagsspiele des 1. FC Kaiserslautern in seiner Meistersaison 1997/98, dem »heute journal« am Freitag an. Anderntags wären diese Spielberichte nicht mehr im »aktuellen sportstudio« gesendet worden. Ich suchte immer den Kontakt aus der Sportredaktion heraus zu anderen Redaktionen, damit ich deren »Sendegefäße« nutzen konnte, um dort meine Beiträge abzusetzen.

MIT ERBFÖRSTER KUNO IN DER SANDBURG

Meine Jugendliebe zum HSV begann zu bröckeln. Sie zerbrach vollends 1976, nachdem ich für die »SPORTreportage« einen Bericht über die Krise in dem Verein gedreht hatte. Die Hamburger reisten vor dem Spiel gegen Eintracht Frankfurt in ein Trainingslager nach Timmendorfer Strand. Und ich mit einem Kamerateam hinterher. Was ich da zu sehen bekam, überraschte mich außerordentlich. Die Spieler sollten auf Anweisung ihres Managers Peter Krohn nämlich nicht Flanken oder Spielzüge üben, sondern Golf spielen. Was heute bei einigen geübten Bundesligaspielern schon mal richtig elegant ausschaut, wirkte bei den damaligen HSV-Spielern wie Peter »Eiche« Nogly, dem Torwart Arkoc Özcan oder bei Peter »schwarzer Peter« Hidien recht unbeholfen. Und genau das griff ich in meinem Bericht auf, und ein forsches Interview mit Manager Krohn sowie ein Gespräch mit dem Coach Kuno Klötzer (genannt »Der Erbförster«) in einer Sandburg direkt am Ostseestrand vervollständigten meine Reportage. In der Sandburg erzählte mir Klötzer auch, was Krohn ihm aufgetragen hatte: Er sollte allen Spielern eine

1969: Rolf Töpperwien absolviert sein Abitur.

schriftliche Ausarbeitung über ihre Frankfurter Gegenspieler geben. Klötzer hielt davon überhaupt nichts und sprach in mein Mikrofon: »Was macht denn ein Peter Hidien, wenn sein Gegenspieler ausgewechselt wird? Der kommt doch zu mir und verlangt einen neuen Zettel über seinen neuen Gegenspieler.« Diese Aussage sendete ich natürlich. Die deutsche Fußballlandschaft und vor allem die HSV-Führungsetage, die sich massiv über mich beschwerte, geriet in Aufruhr.

In jenen Monaten erhielt ich sehr viele Aufträge aus der ZDF-Hauptredaktion Sport. In der Spitze verdiente ich 1976 über 8000 D-Mark brutto, und das als freier Mitarbeiter. Ich war damals der am zweitbesten verdienende freie Mitarbeiter im gesamten Sender. Mehr erhielt lediglich Dieter Busch überwiesen, der Moderator der »drehscheibe« bzw. »tele-illustrierten«. Der arbeitete allerdings täglich, ich dagegen nur rund 15 Tage im Monat. Mit dem vielen Geld erfüllte ich mir einen langgehegten Wunsch und kaufte meinen ersten Hightech-Plattenspieler, einen Transrotor AC von Ian Mitchell aus England, und zwar gleich einen für 8000 Mark. Dazu spendierte ich mir eine schicke Ledergarnitur aus Argentinien.

Ab November durfte ich die Heimspiele von Eintracht Braunschweig machen und reiste am 20. November 1976 zum Spiel gegen Borussia Dortmund (3:1). Das wirklich Besondere an dieser Partie war, dass man in der zweiten Halbzeit wegen dichten Nebels nichts mehr sehen konnte. »Wir können davon ausgehen, dass Eintracht Braunschweig im Angriff

↗ Die wilden Siebziger: Uwe Seeler, Bobby Moore, Geoff Hurst, Helmut Schön und Günter Netzer (v. l.) sehen sich im Wembley-Stadion während der Dreharbeiten für den dreiteiligen »Sportspiegel« »Helmut Schön – Das war mein Leben« gemeinsam einen Abschnitt an. Autor dieser ZDF-Sendung war Harry Valérien (ganz r.), als Chef vom Dienst fungierte Töppi; April 1979.

ist«, und: »Kleine Punkte bewegen sich von links nach rechts«, lauteten zwei meiner Kommentare in dieser Reportage. Der am Abend im »aktuellen sportstudio« ausgestrahlte Nebelbericht aus Braunschweig galt als ausgesprochen gelungen.

In dieser Zeit stellte ich auch regelmäßig im Innendienst den »Fußballblock« zusammen. Das hieß oft nicht mehr, als jene Spiele kurz und knapp (meist 45 Sekunden) zusammenzufassen, über die wir im »aktuellen sportstudio« nicht ausführlich berichteten. Das Filmmaterial für den »Fußballblock« erhielten wir von der »Sportschau« der ARD. Am 27. November 1976 traf der 1. FC Kaiserslautern in seinem Stadion, dem »Betzenberg«, auf Fortuna Düsseldorf – ein klassisches Match für den »Fußballblock«. Es kam aber ganz anders. Die Auseinandersetzung entwickelte sich zu einem für die Bundesliga historischen Spiel. In der 76. Minute brach der Schiedsrichter Rudolf Frickel aus München das Spiel ab. Der Grund: Aus der aufgeheizten FCK-Westkurve flogen zwei Schnapsfläschchen auf den Platz. Zu diesem Zeitpunkt stand es 1:0 für die Gäste. Frickels Entscheidung war der erste Spielabbruch in der Geschichte des Bundesligafußballs. Mein Ehrgeiz bestand nun darin, aus dem mir übermittelten ARD-Spielbericht mehr herauszuholen. Die ARD war ja schon damals ziemlich lahm und beschränkte sich meistens auf die Kommentierung eines Spiels – einfallslos, meines Erachtens. Ich fütterte also das vorhandene Filmmaterial mit einem Telefoninterview mit dem damaligen DFB-Schiedsrichterobmann Rudi Merk (der Vater des späteren Bundesligareferees Markus Merk) an und legte diesen O-Ton unter ein Foto von Merk. Dazu führte ich, ebenfalls am Telefon, ein Gespräch mit dem Kaiserslauterner Polizei-Einsatzleiter. So reicherte ich den ARD-Bericht mit zusätzlichen, für den Zuschauer interessanten Hintergrundinformationen an, ob-

31. Mai–21. Juni 1970: Fußball-WM in Mexiko:
Brasilien wird zum dritten Mal Weltmeister.

wohl ich bei dem Spiel selbst nicht vor Ort gewesen war. Das kam bei der Redaktion wie beim Publikum gleichermaßen gut an. Als Belohnung erhielt ich noch am selben Abend den Auftrag, gleich am Sonntagmorgen auf den Betzenberg zu

fahren und einen Nachbericht über den Spielabbruch für die »SPORTreportage« zu drehen. Erst am 15. Januar 1977 entschied übrigens das DFB-Sportgericht, das abgebrochene Spiel 1. FC Kaiserslautern gegen Fortuna Düsseldorf mit 2:0 für Düsseldorf zu werten.

Zur Europameisterschaft 1976 in Jugoslawien gehörte ich noch nicht zum Stab der mitreisenden Berichterstatter. Meine Aufgabe bestand vielmehr darin, die Deutschlandspiele inklusive des verlorenen Endspiels gegen die Tschechoslowakei aus der Zentrale in Wiesbaden zusammenzufassen. Mein eigentliches Berufsziel verlor ich allerdings nicht aus den Augen: einmal im Stadion ein Spiel live zu kommentieren.

REISEN MIT HINDERNISSEN: ERST NACH AMSTERDAM, DANN »NACH DRÜBEN«

Anfang des Jahres 1977 merkte ich, dass bestimmte verantwortungsvolle Aufgaben nicht mit freien Mitarbeitern besetzt wurden. Die »sportstudio«-Leitung oder ein Livespiel zu kommentieren waren utopisch für mich. Dennoch blieb die Auftragslage auch in diesem Jahr außergewöhnlich gut.

Hamburger SV gegen RSC Anderlecht (2:0) hieß am 11. Mai das Endspiel im Europapokal der Pokalsieger in Amsterdam. Die Übertragungsrechte für das Spiel hatte die ARD. Ein europäisches Finale mit deutscher Beteiligung, das wollte ich mir natürlich nicht entgehen lassen. Als Sendeplatz für meine Reportage wählte ich die »drehscheibe«, wie immer, wenn ich meine Berichte nicht in der Sportredaktion unterbringen konnte. Ich reiste mit einem Kamerateam aus Düsseldorf an. Die Bedingungen waren nicht die besten: Wir hatten weder eine echte Arbeitskarte noch eine feste Kameraposition. Das ZDF war eben nicht der übertragende Sender. Bis fünf Minuten vor dem Anpfiff versuchte ich verzweifelt, eine gute Position für mein Team zu ergattern. Letztendlich landeten wir auf einer Treppe im Zuschauerbereich, nur rund eineinhalb Meter schräg hinter der Trainerbank des HSV mit seinem Coach Kuno Klötzer. Von diesem Standort aus kam mir eine Idee, die noch bis heute im Fernsehen zur Anwendung kommt: Wir fokussierten unsere Kamera 90 Minuten lang allein auf den Trainer. Allerdings wollten wir auch die Kommentare Klötzers einfangen. Damals war so etwas noch erlaubt, heute sind Richtmikrofone im Umfeld der Trainerbänke ausdrücklich verboten!

Nun waren eineinhalb Meter bis zur Bank eine lange Strecke, und ein derart langes Mikrofon gehörte nicht zu unserer Ausrüstung. Da hatte mein Toningenieur Peter Ehm einen glänzenden Einfall. Er besorgte einen Besen, hackte das untere Stück ab und platzierte das Richtmikrofon am Ende des Besenstils. Diese Konstruktion führte er dann durch das Gitter geschickt von hinten an die HSV-Bank in Richtung des Trainers. So fingen wir alle akustischen Reaktionen Klötzers ein. Der schlug sich beim Freudensprung über das 2:0 auch noch den Kopf an der Betondecke der Trainerbank an. Und wir hatten für den nächsten Tag eine richtig gute Story in Wort und Bild – ohne eine echte Kameraposition.

In Amsterdam begann das, was fortan meine gesamte Reporterlaufbahn charakterisieren sollte: Ich gebe nie auf, selbst wenn die Lage noch so aussichtslos erscheint.

17. Juni 1970: Das WM-Halbfinale zwischen Italien und Deutschland (4:3 n. V.) gilt für viele als das beste Spiel aller Zeiten, das »Jahrhundertspiel«.

In der Zeit des Kalten Krieges wurde ein sogenannter »deutsch-deutscher Sportverkehrskalender« zwischen den Regierungen der DDR und der Bundesrepublik ausgehandelt. Jedes Jahr aufs Neue. Für den 25. Mai 1977, ein Mittwoch, war in diesem Kalender ein Fußballspiel zwischen dem 1. FC Magdeburg und Eintracht Braunschweig (1:2) eingetragen. »Da muss ich hin«, dachte ich mir, machte der Sportredaktion den Vorschlag, mich hinzuschicken, und erhielt prompt die Zusage. So kam ich zu meinem ersten Reportereinsatz in der DDR und zwar für die Sendung die »sport-information«. Dafür nahm ich den meiner Meinung nach besten Kameramann Axel Mewes aus Hannover mit. Lange vor unserer Dienstreise machte die DDR-Regierung uns allerhand Auflagen. Erstens wurde uns für die Einreise ein bestimmter Grenzübergang zugewiesen – nicht Helmstedt, sondern das deutlich entfernter liegende Herleshausen. Zweitens war uns untersagt, Westpresse in die DDR einzuführen. Ich hatte aber, wie immer, den *Kicker* als Fachliteratur dabei und schmuggelte ihn versteckt im Kofferraum über die Grenze. Drittens wurde uns ein Hotel vorgeschrieben, das *Interhotel Magdeburg*. Viertens war uns jeglicher Kontakt zu DDR-Bürgern verboten, und fünftens wurde uns ein »persönlicher Begleiter/journalistischer Betreuer« vom DDR-Außenministerium an die Seite gestellt. Ein Mann der Staatssicherheit, der uns und unsere Aufnahmen kontrollieren oder gegebenenfalls unterbinden durfte. Dieser »Betreuer« aber, und das war das wirklich Unglaubliche, wurde dem ZDF vorab in Rechnung gestellt. Wir mussten also unseren eigenen Spitzel bezahlen.

Am Grenzübergang Herleshausen wurden wir vier Stunden festgehalten. Das Erste, was mir im *Interhotel* in Magdeburg auffiel, war dann wesentlich erfreulicher. Auf der

6. Juni 1971: Horst-Gregorio Canellas, Präsident von Kickers Offenbach, bringt den »Bundesliga-Skandal« ins Rollen: 18 Spiele der Saison 1970/71 waren »verschoben«, um den Abstieg von Rot-Weiß Oberhausen und Arminia Bielefeld zu verhindern.

Speisekarte des Hotels entdeckte ich Rehbraten für nur 6,18 Mark (Ost). Allerdings gab es in der edlen Bar lediglich sieben Colaflaschen, auch das bemerkte ich sofort. Vor dem *Interhotel*, in dem auch das Team von Eintracht Braunschweig untergebracht war, hatten sich nach kurzer Zeit unheimlich viele Fußballfans aus Magdeburg versammelt. Ich war wirklich sehr erstaunt und zugleich stolz, dass sie mich, den gerade 26-jährigen ZDF-Nachwuchsreporter, auf Anhieb erkannten. Sie sprachen mich sogar auf meine HSV-Reportagen an.

Dennoch fühlte ich mich nicht ganz wohl und irgendwie beobachtet. Mein Gefühl täuschte mich nicht: Am Abend stellte ich in meinem Hotelzimmer meine Reisetasche in einem Abstand von genau 20 Zentimetern an die Wand. Das hatte ich nachgemessen. Bei meiner Rückkehr betrug der Abstand nur noch zehn Zentimeter. Es war also jemand an meiner Tasche gewesen. Ein Reporter der *Bild* musste noch vor Spielbeginn die DDR wieder verlassen, weil er sich in der Nacht zuvor mit einer einheimischen Dame vergnügt hatte. Man war wirklich in einem anderen Land.

Auf dem Weg zum Ernst-Grube-Stadion überholten wir mit unserem Auto – den Aufpasser auf der Rückbank – eine Karawane von Fans. Alle auf dem Fahrrad oder zu Fuß. Der Parkplatz vor dem Stadion war leer, bis auf sieben schwarze Volvos, die Wagen der SED-Parteifunktionäre. Mein Kameramann Axel Mewes filmte diese Szene heimlich aus der Hüfte. Das Stadion war mit 35 000 Zuschauern ausverkauft. Weil aber Braunschweig gewann, war die Stimmung ausgesprochen schlecht. Wir durften nach dem Schlusspfiff keinen DDR-Spieler interviewen, das untersagte uns der »Betreuer« ausdrücklich. Daran hielten wir uns. Als ich auf dem Rückweg in Helmstedt die Grenze passierte, bildete ich mir ein, der Himmel im Westen wäre blauer und die Vögel zwitscherten fröhlicher.

Am Donnerstag kam ich nach Hause, öffnete den Briefkasten und fand dort ein Schreiben vom ZDF vor. Gespannt riss ich das Kuvert auf. »Vom 1.6.1977 an ist Rolf Töpperwien fest angestellter Redakteur in der Hauptredaktion Sport. Vergütungsgruppe 9/1, Gehalt von 3030 D-Mark pro Monat.« Ich war zu dieser Zeit der einzige Sportredakteur, den das ZDF freiwillig einstellte – alle anderen Kollegen hatten sich eingeklagt. Die Motivation des Senders war leicht zu durchschauen: Als fest angestellter Redakteur war ich billiger als in meinem Status als »Freier«. Ich war trotzdem stolz und glücklich. Jetzt hatte ich es geschafft! Ich war Redakteur beim ZDF!

Ich bekam ein eigenes Büro und wurde der Redaktion der »sport-information« von Wolfram Esser, einem außerordentlich liebevollen und hilfsbereiten Chef, zugeteilt. Ich hätte nun wie andere im Sender auch eine neue, deutlich entspanntere Arbeitsweise an den Tag legen können. Das Gehalt kam ja nun Monat für Monat von allein. Diese Berufsauffassung und dieses Arbeitsethos entsprechen allerdings nicht meinem Naturell.

ELTON JOHN, EIN MANN IN WICHTIGER MISSION Mein bester Aprilscherz gelang mir 1989. Damals verkehrte ich im *Landhaus Syburg* bei Dortmund und traf mich dort mit meinen Freunden Klaus Bartelt und Richard Soika regelmäßig zum Stammtisch. Nach ein paar Bieren besuchten wir oft noch die Disco *Sunrise*. In diesem Umfeld lernte ich Fritz Rau kennen, ein Konzertmanager, der so gut wie alle internationalen Topstars unter Vertrag hatte. Und wenn nicht, dann kannte er sie zumindest sehr gut. Das half mir bei einer Idee zu einem Aprilscherz. Am 1. April 1989 spielte Borussia Mönchengladbach auf dem »Bökelberg« gegen Bayern München (2:1). Am selben Tag trat auch Elton John in der Düsseldorfer Philipshalle auf, der exzentrische Popstar und Fußballnarr, der sich einen Traum erfüllt und den englischen Club FC Watford gekauft hatte. Ich wollte der Fußballöffentlichkeit in Deutschland an diesem Tag vermitteln, dass Elton John nach Düsseldorf fliegen würde, um den Club Borussia Mönchengladbach zu kaufen. Fritz Rau stellte für mich den Kontakt zu Elton John her, den ich am Künstlereingang der Philipshalle in Düsseldorf abfing. Elton John sagte in mein Mikro: »Ja, ich kaufe Gladbach.« Doch zuvor wollte ich in meinem Beitrag noch Spannung aufbauen. Ich zeigte einen leeren Sitzplatz auf der Gladbacher Haupttribüne und erklärte den Zuschauern, dass dort in Kürze der neue Inhaber des Clubs Platz nehmen würde. Dann schnitt ich mein Elton-John-Interview in den Bericht. Und schließlich auch noch ein Interview mit dem Manager von Borussia Mönchengladbach, Helmut Grashoff. Der spielte bravourös mit und erklärte gegenüber dem ZDF: »Wir bestätigen, dass Elton John unseren Verein kauft und dass er dazu noch zwei Spieler von der Insel mitbringt.« Dann gab ich zurück zu Günther Jauch ins »aktuelle sportstudio«.

Was folgte, war ein schweres Beben im deutschen Fußball: Beim ZDF liefen die Telefone heiß. Der Deutsche Fußball-Bund stand Kopf und zeigte sich tief erschüttert. Ganz Mönchengladbach war außer Rand und

1971: Töppi wird freier Mitarbeiter beim *Göttinger Tageblatt.*

Band. Sämtliche Bundesligavereine rieben sich verwundert die Augen. Erst in der »SPORTreportage« am folgenden Tag, am Sonntag, offenbarte das ZDF die vermeintliche sportpolitische Sensation als Aprilscherz.

TÖPPI GEHT FREMD: IM RING MIT DEM »FEUERVOGEL«

Am Montag, dem 3. Mai 2004, bestellte mich der Hauptredaktionsleiter Sport, Wolf-Dieter Poschmann, in sein Büro. Ihn plagte ein großes Besetzungsproblem. Am darauffolgenden Samstag sollte vom ZDF der Boxkampf zwischen dem ungarischen Halbschwergewichtler Zsolt Erdei (»Der Feuervogel«) und dem Argentinier Hugo Hernán Garay aus der Dortmunder Westfalenhalle übertragen werden. Allerdings ohne unseren damaligen etatmäßigen Ringsprecher Karsten Speck: Der Schauspieler war gewissermaßen aus dem Ring gezogen worden, da ein Strafverfahren gegen ihn anhängig war. Poschmann suchte nun kurzfristig Ersatz und bat mich, als Ringsprecher einzuspringen. Ich sagte zu, allerdings nur unter der Bedingung, dass ich am Nachmittag vor dem Kampf auch noch als Interviewreporter beim Bundesligaspiel Bayern München gegen Werder Bremen (1:3) zum Einsatz kam. Poschmann, wie immer ganz der Pragmatiker, versprach es mir (»Das kriegen wir hin«). Am 8. Mai fuhr ich also zunächst nach München und führte im Olympiastadion einige Interviews. Unter anderem mit Ottmar Hitzfeld, dem Trainer der Bayern, und mit dem Werder-Stürmer und Torschützen Aílton, der sich vor Siegesfreude das Trikot vom Körper gerissen hatte. Anschließend wurde ich direkt zum Flughafen gefahren, wo ich eine Maschine nach Dortmund

Oktober 1971: Rolf Töpperwien beginnt sein Studium in Göttingen.

bestieg. Es war zwar alles ziemlich hektisch, aber ich war voller Euphorie. In Dortmund angekommen, lag im Hotelzimmer ein schicker Smoking für mich bereit. Das sah nicht nur gut aus, ich fühlte mich sogar ganz wohl darin. Und auch als Ringsprecher kam ich gut über die Runden, wie mir Boxexperten anschließend bestätigten. Der Kampf ging über die volle Distanz, und Erdei gewann mit viel Mühe nach Punkten.

Meine gute Laune änderte sich aber schlagartig in dem Augenblick, als ich im »sportstudio« den Bericht über das Spiel der Bayern gegen Werder Bremen zu sehen bekam: Kein einziges meiner Interviews war darin aufgenommen worden. Stattdessen liefen nur Gespräche des Kollegen Jochen Bouhs. Das ärgerte mich unheimlich. Ich war schlecht behandelt, meine Abwesenheit ausgenutzt worden. Ich zog daraus die Konsequenzen und habe nie wieder ein Fußballspiel verlassen, bevor nicht definitiv feststand, dass meine geführten Interviews, so sie qualitativ in Ordnung waren, auch gesendet werden würden.

TÖPPI, DER ZDF-FUSSBALLSPEZIALIST Es war und ist immer noch ein ungeschriebenes Gesetz beim ZDF-Sport, dass man als angestellter Journalist drei Sportarten zu bearbeiten hat. Ich wollte aber nur Fußballreporter sein. Etablierte Kollegen, die nach zwanzig Berufsjahren nicht die Außenwirkung hatten wie ich nach nur drei, begannen bald, mich für meine Fußballfixierung zu kritisieren. »Warum macht der nur eine Sportart?«, hieß es. Immer mehr Leute im Kollegenkreis wandten sich gegen mich. Aber die Entscheidungsträger der Redaktion standen hinter mir.

Allerdings musste ich auch mal »fremdgehen« und berichtete dann sogar über Basketball aus Göttingen (ASC Göttingen) oder aus Hagen (SSV Hagen gegen ASV Köln). »Sauber und stimmungsvoll«, wie mir die Kollegen zähneknirschend bescheinigten. Aber durch mein unheimliches Fußballengagement sowie durch meine speziellen, weil direkten Zugänge zu Spielern und Trainern konnte ich mir schnell einen guten Ruf aufbauen. »Töpperwien weiß auch, wie er den Breitner erreicht und kann ihn ins ›aktuelle sportstudio‹ holen«, hieß es.

»Den Töpperwien gönn ich mir mal als Fußballspezialisten. Der hat so viele Kontakte. Wenn der eine Woche über Handball und danach ein Woche über Basketball berichtet, ist das nicht gut für ihn und für uns auch nicht«, sprach der Hauptredaktionsleiter Hanns Joachim Friedrichs schließlich ein Machtwort. Damit war die Diskussion um die »Einfalt« meiner Sportarten endgültig beendet. Ich blieb Fußballreporter.

Wenn ich mir als Reporter eine Sportart neben dem Fußball hätte aussuchen müssen, dann hätte ich Tischtennis gewählt. Diese Sportart hatte ich selbst betrieben und war seit meiner Jugend schwer begeistert davon. Darüber hinaus hätte ich auch gern mal ein Rennen des Deutschland-Achters kommentiert.

14.–18. Juni 1972: Fußball-EM in Belgien: Die deutsche Nationalmannschaft wird zum ersten Mal Europameister.

STIMME WEG UND 8000 D-MARK GELDSTRAFE FÜR PAUL BREITNER

Ich habe immer viel und immer laut gesprochen, damals wie heute. Doch im Juni 1977 hatte ich plötzlich große Probleme mit meiner Stimme, ich hatte regelrechte Aussetzer, wurde ziemlich lange heiser. Ein HNO-Arzt in Wiesbaden, den mir Harry Valérien empfohlen hatte, entdeckte Knötchen auf meinen Stimmbändern und riet mir zu einer Stimmbandoperation, bei der diese entfernt werden konnten. Für mich als Reporter war meine Stimme ja mein Kapital, deshalb stimmte ich dem Eingriff sofort zu, unter einer Bedingung: »Am 6. August fängt die Bundesliga an. Bis dahin muss ich wieder fit sein«, bat ich den Doktor. Der beruhigte mich: »Das kriegen wir hin!« Lediglich die ersten Tage nach meiner Operation würde ich nicht sprechen können, versicherte er. Damit konnte ich leben.

Die neue Bundesligasaison startete. In der Montagskonferenz durfte ich nun bereits Wünsche äußern, über welches Spiel ich gern berichten wollte. Ich hatte mich in der Redaktion etabliert! Zum Auftakt der 15. Bundesligaspielzeit wollte ich unbedingt für das Match 1. FC Kaiserslautern gegen Eintracht Braunschweig besetzt werden – und ich erhielt den Auftrag. Das Spiel hatte eine besondere Geschichte: Paul Breitner war zu dieser Saison von Real Madrid nach Eintracht Braunschweig gewechselt. Vielmehr, Breitner war vom damaligen Braunschweig-Präsidenten und Jägermeister-Chef Günter Mast gekauft worden. Das Spiel in Kaiserslautern sollte nach drei Jahren in Spanien der erste Bundesligaauftritt des ehemaligen Bayern-Spielers und Weltmeisters von 1974 sein. Ein Comeback, und das ausgerechnet für einen

26. August–11. September 1972: Olympische Sommerspiele in München: Die Spiele werden überschattet vom blutigen Ende einer Geiselnahme israelischer Sportler durch eine palästinensische Terrorgruppe.

»Provinzverein« wie Eintracht Braunschweig. Interessant war zudem der Spielort der Breitner-Rückkehr. Sie sollte auf dem Betzenberg in Kaiserslautern stattfinden, der damals »heißesten«, weil stimmungsvollsten Arena der ganzen Liga.

Das Spiel entwickelte sich zu dem, was der Kollege Marcel Reif später einmal als ein »typisches Töpperwien-Spiel« charakterisieren sollte. Eintracht Braunschweig führte 1:0 und war eindeutig die bessere Mannschaft. In der zweiten Halbzeit pfiff Schiedsrichter Werner Burgers aus Essen unberechtigterweise einen Elfmeter für den Gastgeber. Vorausgegangen war ein harmloses Foul des Braunschweiger Abwehrspielers Franz Merkhoffer, der aufgrund seiner Pferdeliebe von den Fans »Pferde-Franz« gerufen wurde, an Josef Pirrung. Die Elfmeterentscheidung führte zu heftigen Protesten der Braunschweiger Kicker. Dann passierte es: Im Tumult streckte Schiedsrichter Burgers den protestierenden

↗ Der junge Rolf Töpperwien mit Günter Mast. Der langjährige Geschäftsführer der Mast-Jägermeister AG, Hersteller des Jägermeisters, war Sponsor von Eintracht Braunschweig und später deren Präsident; 1977.

Braunschweiger Vorstopper Reiner Hollmann mit einem Ellenbogenschlag gegen den Hals nieder! Hollmann wurde bewusstlos und musste ins Krankenhaus transportiert werden, wo eine Gehirnerschütterung festgestellt wurde. Burgers erklärte sein Verhalten später mit einem Schutzreflex und wies jede Absicht dabei von sich. Kaiserslautern verwandelte den Elfmeter zum Ausgleich. Das Spiel endete für Eintracht Braunschweig schließlich mit einer 1:2-Niederlage. Jetzt kam meine Zeit: Ich war am Spielfeldrand und wartete voller Spannung auf den gereizten Paul Breitner.

Töpperwien: »Herr Breitner, Ihr erstes Spiel wieder in Deutschland, und dann gleich so etwas. Was sagen Sie dazu?«

Breitner: »Ich hätte nie für möglich gehalten, dass es in Deutschland erlaubt ist, dass Schiedsrichter Spieler der gegnerischen Mannschaft k.o. schlagen dürfen«, schimpfte der aufgebrachte Breitner in mein ZDF-Mikrofon.

Das brachte ich genau so. Paul Breitner kassierte für diese Aussage eine Geldstrafe in Höhe von 8000 D-Mark vom Deutschen Fußball-Bund. Eintracht Braunschweig legte gegen die Wertung des Spiels Protest ein und forderte eine Neuansetzung der Partie. Der DFB lehnte ab.

Nach diesem aufregenden wie sonderbaren Spiel hatte ich schon wieder keine Stimmer mehr, trotz der Operation. Ich musste eine Woche aussetzen, um mir und meinen Stimmbändern eine Pause zu gönnen.

»SENSATION, SENSATION!« – MEINE UNGLAUBLICHE POKALKARRIERE Im Jahr 1977 begann meine unglaubliche Karriere als Pokalsensationsreporter. Ich führe sie auf viel Glück und mein Gespür dafür zurück, auf kleine Mannschaften zu setzen, die große Mannschaften in Bedrängnis bringen und ärgern können.

Am 19. Februar war ich der Reporter beim DFB-Pokal-Viertelfinalspiel zwischen dem Außenseiter Hertha BSC Berlin und dem FC Bayern München, das die Berliner mit 4:2 nach Verlängerung für sich entscheiden konnten. Franz Beckenbauer schoss in diesem Spiel ein Eigentor – eine unglaubliche Überraschung!

Am 20. August desselben Jahres bewarb ich mich in der ZDF-Besetzungskonferenz für das DFB-Pokal-Zweitrundenspiel TuS Schloß Neuhaus gegen Eintracht Frankfurt. Warum? Der Grund klang zunächst abenteuerlich: »Erstens, weil ich nicht weiß, wo Neuhaus liegt, und zweitens, weil der Verein ein Schloß in seinem Namen trägt«, erklärte ich damals den verdutzten Kollegen. Ich reiste also zum Hermann-Löns-Stadion nach Paderborn, wo der damalige Amateur- und Stadtteilverein TuS Schloß Neuhaus seine Heimspiele austrug. (Vorher besichtigte ich noch kurz das Wasserschloss, das dem Verein zu seinem Namen verhalf.) Das Spiel endete 2:2 nach Verlängerung. Den Pokalfight verfolgte ich gemeinsam mit meinem Kameramann aufgrund der besseren Perspektive vom Tribünendach aus. Da sind wir hochgeklettert. In der Pause vor der Verlängerung (1:1) wurde ich plötzlich über Lautsprecher ausgerufen: »Herr Töpperwien vom ZDF, bitte sofort in die Sprecherkabine!«, schallte es durchs Stadionrund. Ich ließ alle meine Spielunterlagen und Notizen auf dem Dach liegen und rannte so schnell wie möglich in Richtung Stadionsprecherkabine. Dort angekommen, erwartete mich ein Anruf vom *Hessischen Rundfunk* (Hörfunk). Dort hatte man sich entschieden, dieses Spiel wegen vermeintlicher Spannungsarmut nicht mit einem Reporter zu besetzen. Heinz Eil war in der Leitung, der Mann also, bei dem ich mich acht Jahre zuvor erfolglos beworben hatte. Eil sagte: »Kollege Töpperwien, ich habe mit Ihrem Chef Hanns Joachim Friedrichs abgesprochen, dass Sie unseren Hörern einen Spielbericht liefern. Und zwar in zehn Sekunden, fünf, vier, drei, zwei, eins …« Ich war plötzlich live im Radio, alle Unterlagen aber lagen auf dem Stadiondach. Dennoch meisterte ich diese Herausforderung in meiner damals schon typischen Art und Weise: »Sensation, Sensation! Bundesligist Eintracht Frankfurt am Rande einer Pokalniederlage …« Anschließend kletterte ich wieder aufs Dach zum Kameramann. Für das ZDF fertigte ich aus diesem Pokalspiel einen Bericht von 10:30 Minuten Länge. Er war damit ganze neun Minuten länger, als ursprünglich für dieses Match – bei einem normalen Spielverlauf – vorgesehen war. Nach dem 120 Minuten langen Pokalknaller lud ich auf Wunsch der Redaktion sofort den überragenden Torwart von TuS Schloß Neuhaus, Manfred Wicke, ins »aktuelle sportstudio« ein. Der Keeper wurde am Hermann-Löns-Stadion in Paderborn von einem Fahrer abgeholt und auf schnellstem Weg nach Wiesbaden ins ZDF-Studio gebracht.

Zu jener Zeit gab es im DFB-Pokal noch kein Elfmeterschießen. Nach einem Unentschieden in der Verlängerung wurde stattdessen ein Wiederholungsspiel angesetzt. Das gewann der Bundesligist aus Frankfurt vier Tage später gegen die Amateure von TuS Schloß Neuhaus mit 4:0. Damit zog Eintracht Frankfurt in die dritte Runde des DFB-Pokals ein.

3. Februar 1973: Carmen Thomas übernimmt die Moderation des »aktuellen sportstudios« und ist damit die erste Frau, die eine deutsche Sportsendung moderiert. Berühmt ist ihr Versprecher vom 21. Juli 1973: »Schalke 05«.

Sechs Wochen später erhielt ich für den in meiner langen Karriere einzigen Radio-Reportereinsatz vom *Hessischen Rundfunk* eine Honoraranweisung über 80 Mark. Ich weigerte mich hartnäckig, dieses Honorar entgegenzunehmen. »Weil es so mickrig ist«, wie ich dem HR mitteilte. Als es dennoch auf meinem Konto landete, habe ich es sofort wieder rücküberwiesen.

ERFINDERGEIST: DER »SALTO KIEFER« Am 2. Dezember 1978 spielte der Tabellenführer der Bundesliga, der 1. FC Kaiserslautern, beim Viertligisten SV Südwest 1882 Ludwigshafen in der dritten Runde des DFB-Pokals. Die Amateure vom Rhein gewannen das Spiel mit einem sensationellen 2:1. Das Siegtor schoss in der 78. Minute Willi Kiefer, und er sprang danach aus Freude einen bis dahin auf deutschen Fußballplätzen noch nie gezeigten Salto. Seitdem gibt es den »Salto Kiefer«, wie ich das Kunststück in meiner Reportage bezeichnete. Der Salto nach einem Tor wurde also nicht, wie später fälschlich von Reportern immer wieder behauptet, von Miroslav Klose erfunden, sondern vom Stürmer Kiefer aus Ludwigshafen. Am Abend nach der Pokalsensation wurde der Siegtorschütze ins »aktuelle sportstudio« eingeladen.

Die nächste Pokalsensation folgte am 8. Oktober 1986 im Erstrundenspiel von Alemannia Aachen gegen Werder Bremen. Es war bereits das Wiederholungsspiel, das Hinspiel hatte 0:0 geendet, was auch schon eine dicke Überraschung war, denn Aachen kickte in der Zweiten Liga und der SV Werder Bremen war immer-

24. März 1973: Als erste deutsche Fußballmannschaft spielt die Braunschweiger Eintracht mit Werbung auf ihren Trikots: Sponsor war der Getränkehersteller Jägermeister.

hin deutscher Vizemeister. Ich reiste also an den Tivoli nach Aachen, wo eine unglaubliche Pokalatmosphäre herrschte. Es war wie Fußball aus einer anderen Zeit: Neben den Umkleidekabinen standen noch die Waschmaschinen. Auch das Wiederholungsspiel endete nach Verlängerung 0:0, und es kam zum Elfmeterschießen. Aachen gewann 7:6, da Johannes Kau, der Torhüter der Aachener, den Elfmeter des Werder-Keepers Dieter »Budde« Burdenski parierte.

Nach dem Sieg ging ich mit meinem Team in die Kabine der Sieger. Bei den Alemannen herrschte eine Stimmung, als hätten sie soeben den WM-Titel errungen. Ich war aufgewühlt und wollte unbedingt die gesamte Aachener Elf für den kommenden Samstag ins »aktuelle sportstudio« einladen. Also rief ich noch mitten in der Nacht vom Stadionparkplatz in Aachen aus meinen Chef Dieter Kürten an. Ich wollte ihn davon überzeugen, dass man dieses unglaubliche Spiel am Samstag noch einmal aufarbeiten sollte. Kürten hob schlaftrunken den Hörer ab, blickte auf die Uhr und bezeichnete mich als »wahnsinnig«. Am nächsten Morgen setzte er sich dann aber im Sender dafür ein, dass ich einen fünf Minuten langen Beitrag über diese Pokalsensation in der »tele-illustrierten« absetzen konnte.

Am 27. August 1995 spielte der amtierende deutsche Meister VfB Stuttgart in der ersten Runde des DFB-Pokals beim SV Sandhausen 1916 aus der Oberliga Süd. Es war ein Sonntagsspiel mit Anpfiff um 15 Uhr. Wäre alles normal verlaufen, dann hätte ich ohne Stress den geplanten Acht-Minuten-Spielbericht für die

»SPORTreportage« (17.05 bis 18 Uhr) abliefern können. »Normal« wäre gewesen, wenn der VfB Stuttgart gewonnen hätte. Das Spiel ging jedoch mit 2:2 in die Verlängerung, und auch nach 120 Minuten war der Sieger noch nicht ermittelt. Es folgte – mittlerweile war es 17.20 Uhr – das Elfmeterschießen. Das Ausschießen vom Strafstoßpunkt dauert in der Regel nicht länger als sieben Minuten. Doch auch in dieser Beziehung wurden in Sandhausen alle Fußballgesetze außer Kraft gesetzt: Nach einer Viertelstunde hieß es 11:11, dann nach 18 Minuten 13:13, es folgte das 14:14. Es schüttete wie aus Kübeln, meine Aufzeichnungen waren durchweicht und nicht mehr lesbar. Der Zeitfaktor stresste mich zusätzlich. Die Sandhausener gewannen schließlich 15:14, weil der Stuttgarter Hendrik Herzog nur den Pfosten traf. Da war es 17.45 Uhr.

Völlig durchnässt, aber höchst euphorisch, rannte ich zum Übertragungswagen und kommentierte diese Pokalsensation in einem 14-Minuten-Stück. Der Bericht verlängerte die »SPORTreportage« um vier Minuten, sie endete erst um 18.04 Uhr. Mein Schlusssatz in der Reportage war aus einem Bauchgefühl heraus formuliert und hieß: »Es war das längste Elfmeterschießen in der Geschichte des deutschen Pokals.« Die Vermutung stimmte, mein Fußballinstinkt hatte mich zum Glück nicht getäuscht.

Am 4. Oktober 1995 war ich beim Achtelfinalspiel von Rot-Weiss Essen gegen Bayer 04 Leverkusen im Einsatz. Auch diesmal regnete es unaufhörlich und so stark, dass drei der acht elektronischen Kameras im Georg-Melches-Stadion förmlich »absoffen« und ihren Geist

23. Juni 1973: Günter Netzer wechselt sich im DFB-Pokalfinale zwischen Borussia Mönchengladbach und dem 1. FC Köln zu Beginn der Verlängerung selbst ein und erzielt wenige Minuten später mit dem ersten Ballkontakt den Siegtreffer zum 2:1.

aufgaben. Nach 90 Minuten stand es 4:4, obwohl der Bundesligaclub aus Leverkusen bereits mit 4:2 gegen den Regionalligisten geführt hatte. Die Verlängerung blieb torlos, das Elfmeterschießen musste die Entscheidung bringen: Die Gäste aus Leverkusen gewannen, Endstand 8:5. Nach dem Schlusspfiff war ich so durchnässt, dass ich nicht einmal mehr ein Bier trinken wollte, und das will schon was heißen. Ich rannte im Regen zu meinem Auto und merkte sogleich, das da etwas nicht stimmte: Alle vier Reifen waren durchstochen worden. Hinter dem Scheibenwischer fand ich einen Zettel, darauf stand: »Töpperwien – einfach nur zum Kotzen.« Dieser Fanangriff bezog sich auf einen Bratwursttest, den ich eine Woche zuvor auf Bitten des *Focus*-Chefredakteurs Helmut Markwort für sein Magazin abgeliefert hatte. Als »das Allerletzte« war die Essener Bratwurst dabei nicht gerade glimpflich davongekommen. Meine Begründung: »Dick, prall, fettig. Einfach nur zum Kotzen.«

Am 11. August 1996 kommentierte ich das DFB-Pokalspiel der ersten Runde zwischen der SG Wattenscheid 09 und dem amtierenden Deutschen Meister Borussia Dortmund. Das Unglaubliche passierte: Der Regionalligist aus Bochum besiegte die Dortmunder nach Verlängerung mit 4:3. Es war ein Sonntagsspiel im Lohrheidestadion, und die Zeit bis zur »SPORTreportage« war wegen der Verlängerung wieder überaus knapp bemessen. »Gehen Sie auf Nummer sicher. Verzichten Sie auf Interviews!«, hieß es aus der Redaktion. Ich wollte aber wieder mehr, als nur einen »sauberen«, sicheren Spielbericht abliefern. Ich versuchte deshalb, sowohl ein Interview mit dem Siegtorschützen der Wattenscheider, Frank Bläker, als auch eines mit dem Trainer der Verlierer, Ottmar Hitzfeld, zu führen. Beides gelang, wenngleich auch unter zeitlichem Druck und höchster Anspannung. Der Bericht fiel mit zwölf Minuten drei länger aus als geplant. Dafür war aber alles drin, was für den Zuschauer wichtig war.

Am 15. August 1997 wurde ich beim Erstrundenspiel des DFB-Pokals zwischen DJK Waldkirch und dem FC Bayern München eingesetzt. Das Match endete 1:16. Das war der bis dahin zweithöchste Sieg in der Geschichte des deutschen Pokalwettbewerbs.

Ganz wichtig war mir mein Reportereinsatz am 25. August 2001 beim DFB-Pokal-Erstrundenspiel zwischen dem VfL Wolfsburg Amateure und Borussia Dortmund. Völlig überraschend gewannen die Amateure 1:0. Ich war bei ihnen in der Kabine und stellte damit so etwas wie Normalität wieder her: Es war ein Jahr nach meinem Brandunfall, und spätestens jetzt war allen klar: »Der alte Töppi mit seinen Pokalsensationen ist wieder da!«

WILDFREMDE MENSCHEN … Mein verrücktestes Pokaljahr feierte ich in meiner letzten vollen Spielzeit 2009/2010. Es begann mit dem 3:1-Erfolg des Viertligisten SV Eintracht Trier 05 über den Bundesligaclub Hannover 96. Eine faustdicke Sensation gleich in der ersten Runde des Wettbewerbs. Trainer bei Trier war der später entlassene Mario Basler, ein echter »Spezi« von mir. Für mich stand fest: In Trier musste ich in die Kabine. Basler hatte damit kein Problem. »Wenn wir gewinnen, kannst du von dort so lange berichten, wie du willst«, sagte er mir vor dem Spiel. Das war mir jedoch viel zu banal. Ich wollte in der Halbzeitpause in die Kabine. Dann, wenn es noch spannend ist. Damit mir Mario Basler das ermöglichte, setzte ich ein Lockmittel ein. Ich schilderte die Außenwirkung, die er erzielen könnte. Mit einer solchen Ansprache in der Kabine wäre es ihm möglich, sich via ZDF in der deutschen Fußballöffentlichkeit als »ernsthafter« Trainer zu präsentieren. Das überzeugte ihn. Zur Halbzeit stand es 1:0 für Hannover, und ich betrat mit meinem Team die Trierer Kabine. Ich traute meinen Ohren nicht. Basler stand in der Mitte und sprach zu seiner Mannschaft: »Männer, den anderen geht der Arsch auf Grundeis. Jetzt geht raus und macht sie platt!« Das klang zwar wenig analytisch, schien aber zu helfen: Trier gewann das Spiel und erreichte die zweite Runde des DFB-Pokals.

Auch in dieser Runde war ich als Reporter zugegen, beim Match zwischen dem Drittligisten VfL Osnabrück und dem Hamburger Sport-Verein. Der HSV war zu diesem Zeitpunkt (23. September) Tabellenführer in der Bundesliga. Lothar Gans, der Manager von Osnabrück, begrüßte mich in freudiger Erwartung: »Da kommt ja unser Glücksbringer«, sagte er. Bernd »Fummel« Wehmeyer von den Hamburgern raunte ich froh gelaunt zu: »Ihr könnt doch damit leben, heute hier zu verlieren und am Samstag die Bayern zu schlagen?« Beides trat ein. Es entwickelte sich ein überaus kurioses Pokalspiel. Osnabrück führte lange 2:0, dann 2:1 und kassierte erst in der Nachspielzeit den 2:2-Ausgleich. In der Verlängerung gelang den Hamburgern zunächst

August–Oktober 1973: Töppi arbeitet als »Informant« (Praktikant) in der ZDF-Sportredaktion.

↗ Unter Männern: Mit Mario Basler; ca. 1997

die 3:2-Führung, doch was keiner für möglich gehalten hatte: Osnabrück erzielte in der 116. Minute den Ausgleichstreffer. Ich ließ mich mal wieder zu meinem bekannten Satz hinreißen: »Wildfremde Menschen liegen sich in den Armen.« An diesem Pokalabend war es keine Floskel, sondern entsprach der Realität. Die Stimmung an der Bremer Brücke in Osnabrück ist bei Pokalspielen unter Flutlicht eine der intensivsten in der gesamten Fußballrepublik. Der VfL Osnabrück gewann das anschließende Elfmeterschießen mit 4:2. Wo ich mich nun mit meinem Mikrofon postieren wollte, stand außer Frage: in der Kabine der Sieger selbstverständlich. Das war tabu, der Deutsche Fußball-Bund wies immer wieder darauf hin, aber auch die Deutsche Fußball Liga (DFL), der Zusammenschluss der Bundesligaclubs, sah das überhaupt nicht gern. Doch darum scherte ich mich an diesem Abend nicht und widersetzte mich mal wieder diesen zuschauerfeindlichen Anordnungen. Dafür fing ich mir jedoch einen Rüffel vom ZDF ein. Meine Erwiderung: »Für wen machen wir eigentlich das Programm? Für den Rechtehändler oder für die Zuschauer?«

•

In der dritten Runde des DFB-Pokals am 27. Oktober 2009 war ich der Reporter beim Spiel des Zweitligisten SpVgg Greuther Fürth gegen den VfB Stuttgart. Die Franken gewann 1:0, und damit feierte ich auf meine alten Reportertage noch einmal eine Pokalpremiere: Zum ersten Mal kommentierte ich drei Pokalsensationen hintereinander. Mit dem damaligen Fürther Trainer Benno Möhlmann entwickelte sich vor dem Spiel ein unmissverständlicher Dialog:

30. September 1973: Rolf Töpperwiens erstes Spiel als Reporter für die »ZDF-SPORTreportage«: Regionalliga Nord, Eintracht Braunschweig–Bremerhaven 93 (4:1)

Töpperwien: »Bei Sieg Kabine?«

Möhlmann: »Bei Sieg Kabine!«

Doch diesmal kam es anders. Ich besann mich, gerade noch rechtzeitig, denn mein Sender hatte mir vor meiner Abreise noch einmal sehr eindringlich klargemacht: »Egal was passiert, du darfst nicht in die Kabine!« Ich hielt mich daran und berichtete aus dem Fürther Playmobil-Stadion – mein Standort: ein halber Meter vor der Kabinentür der siegestrunkenen Fürther.

Gleichzeitig gewann Osnabrück gegen Borussia Dortmund (3:2). Nach meinem Reporterabend in Fürth hörte ich auf dem Weg zum Auto noch kurz meine Mailbox ab. Dort war etwas wirklich Außergewöhnliches hinterlegt, ein »dienstliches Geschenk« gewissermaßen: »Wir haben dich als Glücksbringer vermisst«, hörte ich den Osnabrücker Trainer Karsten Baumann sagen. Und dann gab es noch zwei Schlachtgesänge der Osnabrücker Spieler aus der Kabine als Zugabe. Wunderbar!

Seit dem Spiel in Paderborn Schloß Neuhaus im August 1977 hatte ich in der ZDF-Sportredaktion einen »nicht ausgedruckten Pokal-Freifahrtschein«. Auf den ZDF-Besetzungskonferenzen erhielt ich zumeist die DFB-Pokalspiele, über die ich berichten wollte. Diesen »Freifahrtschein« behielt ich bis zum Ende meiner langen Reporterkarriere. Kein Wunder, denn ich lag mit meinen Pokal-Auswahlentscheidungen fast immer richtig und konnte so meinem Sender und den Zuschauern jede Menge unvergessener Sensationen präsentieren.

8. Mai 1974: Finale im Europapokal der Pokalsieger
in Rotterdam: FC Magdeburg–AC Mailand (2:1)

SELBSTZAHLER UND EINE RIESENENTTÄUSCHUNG

Fünf Tage nach dem »K.-o.-Kick« in Kaiserslautern flog ich nach Madrid wegen des noch ausstehenden Ablösespiels von Paul Breitner, der ja zu Eintracht Braunschweig gewechselt war. Es war zugleich das erste Spiel von Uli Stielike, nachdem dieser von Borussia Mönchengladbach zu den »Königlichen« gegangen war. Günter Mast, der Präsident von Eintracht Braunschweig, hatte für diesen Spanientrip eigens eine Maschine der Condor gechartert. Die flog von Hannover nach Madrid, und Mast hatte rund zwanzig Journalisten eingeladen, unter anderen meinen Kameramann Axel Mewes und mich. Als ZDF-Sportchef Hanns Joachim Friedrichs jedoch davon erfuhr, verlangte er von mir: »Lassen Sie sich die Flugkosten ausrechnen. Wir lassen uns von Herrn Mast nicht einladen. Wir zahlen selbst!« Und wir haben bezahlt.

Vor Ort habe ich dann ein außergewöhnliches Interview mit Paul Breitner im Jägermeister-Trikot der Braunschweiger Eintracht und Uli Stielike in der weißen Kluft von Real Madrid geführt. Einen Tag später, am Donnerstag, wurde es in der »drehscheibe« ausgestrahlt.

Am 28. September 1977, zwei Tage nach meinem 27. Geburtstag, erlitt ich meine erste herbe berufliche Enttäuschung. Eintracht Braunschweig empfing an diesem Tag zum UEFA-Cup-Rückspiel Dynamo Kiew (Hinspiel: 1:1), die mit dem damaligen Weltklassespieler Oleg Blochin antraten. Reporter des ZDF-Livespiels war Werner Schneider. Ich befand mich in einer seltsamen Stimmung, einer Mischung aus falscher Selbsteinschätzung und totaler Begeisterung. Ich är-

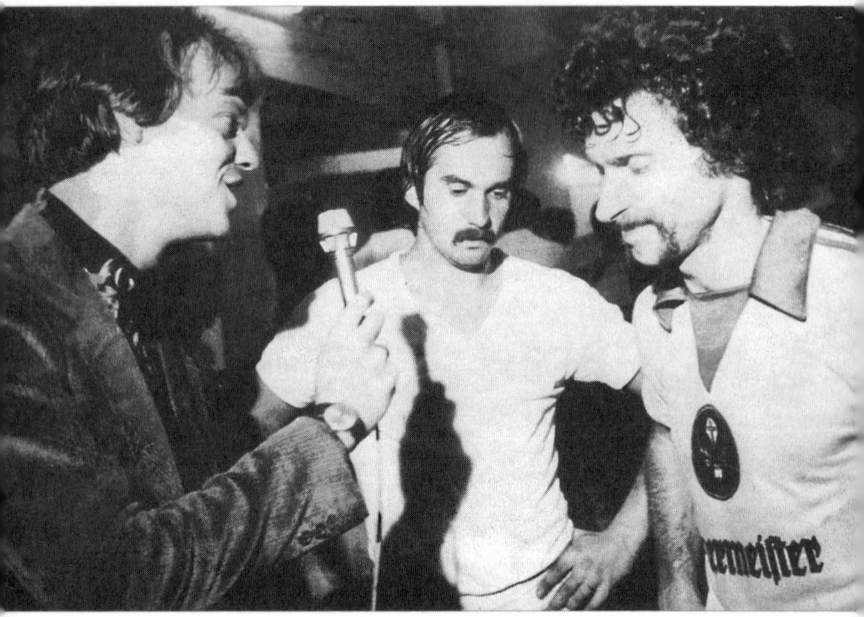

↗ Im Estadio Santiago Bernabéu von Madrid, zusammen mit Uli Stielike und Paul Breitner; August 1977

gerte mich zuallererst darüber, dass Schneider als Reporter eingeteilt worden war und nicht ich. Ich war mir sicher: »Ich weiß doch mit Abstand am meisten über Eintracht Braunschweig. Dieses Spiel muss doch *ich* machen.« Ich hielt mich selbst für die bestmögliche Reporter-Besetzung für diese Partie. Meine Aufgabe an diesem Abend aber war eine völlig andere: Ich wurde als Assistent des Livereporters Schneider eingesetzt. Egal, ich hatte mich vorbereitet wie noch nie zuvor und sämtliche Informationen über die beiden Teams für Schneider zusammengetragen. Das Spiel begann um 19.30 Uhr. Das Stadion in Braunschweig war nicht nur voll, es war übervoll. Ich hatte knapp neun Seiten Ausarbeitung für den Kollegen erstellt.

Was mich skeptisch machte, war die offen zur Schau gestellte Ignoranz von Werner Schneider mir gegenüber schon in den Tagen vor dem Spiel. »Der Fürst aus Düsseldorf«, wie er in der Redaktion genannt wurde, war so etwas wie ein Star in der Sportredaktion, und das zeigte er überdeutlich. Zehn Minuten vor dem Beginn des Spiels kam er auf seinen Reporterplatz. Ich gab ihm meine Ausarbeitung. Was dann geschah, verschlug mir die Sprache: Den Papierstapel wischte Schneider ohne ein Wort beiseite und kommentierte dann ohne sichtliches Engagement. Meine Enttäuschung darüber konnte ich kaum verbergen. Ich wusste alles, und Schneider nur wenig. Ich saß da, vollgepumpt mit Fakten, und erwartete diese in der Reportage. Aber sie kamen einfach nicht. Das Spiel endete 0:0. Braunschweig erreichte die zweite Runde, und ich war trotzdem schwer enttäuscht. Ich verstand das nicht.

Eintracht Braunschweig kämpfte sich noch bis in Achtelfinale vor, schied aber dort gegen den späteren UEFA-Cup-Sieger PSV Eindhoven aus.

13. Juni–7. Juli 1974: Fußball-WM in Deutschland: Töppi nimmt ein Urlaubssemester.

Rolf Töpperwien stellt nicht nur an sich, sondern auch an seine Kollegen hohe Anforderungen. »Wer den Traumberuf Fußballreporter ausüben darf, der muss alles über Fußball wissen. Egal wie alt er ist, 65 oder 25 Jahre. Wer nicht viel über Fußball weiß oder nur den *Kicker* auswendig lernt, der hat seinen Beruf verfehlt«, sagt Töpperwien. Auch aufgrund dieses hohen Arbeitsethos' verzeiht er kaum einen Fehler, der den Kollegen unterläuft.

JÜRGEN SPARWASSER UND EIN NEUER KÜHLSCHRANK ODER WIE ICH DIE STASI AUSTRICKSTE

Am 21. Oktober 1977 führte das Los in der zweiten Runde des UEFA-Pokals den 1. FC Magdeburg und Schalke 04 zusammen. Das Spiel wurde an einem Donnerstag sowohl von der ARD als auch vom DDR-Fernsehen live übertragen. Ich wollte unbedingt dabei sein, schließlich hatte ich ja bereits meine Magdeburg-Erfahrung gemacht. Ich schlug das deutsch-deutsche Duell Wolfram Esser als Nachbericht für »Sport am Freitag« vor, und der Vorschlag wurde prompt angenommen. Ich fuhr also nach Magdeburg. Diesmal allerdings konnte ich den Grenzübergang in Helmstedt schon nach einer halben Stunde und ohne Schikanen passieren. Ich durfte sogar den *Kicker* als Fachliteratur in die DDR einführen. In Magdeburg angekommen, wurde mir wieder eine Art »Aufpasser« zur Seite gestellt, und untergebracht war ich erneut im *Interhotel Magdeburg*. Der DDR-TV-Kollege Heinz Florian Oertel begrüßte mich freundlich (»Hallo Kollege«).

Zum Spiel: Der Magdeburger Starspieler Jürgen Sparwasser, der bei der Weltmeisterschaft 1974 im Hamburger Volksparkstadion das entscheidende 1:0 für die DDR gegen die Auswahl der Bundesrepublik erzielt hatte, führte seinen Schalker Gegenspieler und BRD-Nationalspieler Rolf Rüssmann regelrecht vor. Sparwasser erzielte zwei Tore, und das Match endete schließlich 4:2 für den 1. FC Magdeburg (Rückspiel 3:1 für Magdeburg).

Axel Mewes drehte hinter dem Schalker Tor. Ich selbst hatte zum Spiel noch einen weiteren Aufpasser an die Seite gestellt bekommen. Das Stasi-Duo sollte vereint dafür sorgen, dass ich keine Interviews mit den Magdeburger Spielern führte. Genau das aber war mein Plan, und fünf Minuten vor dem Abpfiff entwickelte ich folgende Strategie: Ich sagte meinen »Begleitern«, dass ich mich nun in Richtung Spielfeld aufmachen würde, weil ich mit dem Schalker Vorstopper Rolf Rüssmann ein Interview führen wollte. Die beiden ließen mich gehen und blieben auf der Tribüne sitzen. Ich ging runter in Richtung Tor. Dort sagte ich zu Mewes: »Wenn der Sparwasser vom Platz kommt, müssen wir das unbedingt drehen!« Jürgen Sparwasser kam auch genau in meine Richtung, und ich stellte mich vor: »Guten Abend, Herr Sparwasser, ich bin Rolf Töpperwien vom ZDF-›sportstudio‹.« Sparwasser: »Ja, ich kenne Sie.« Darauf ich wieder: »Darf ich Ihnen eine Frage stellen?« Sparwasser antwortete kurz und knapp: »Ja, bitte.« Im Augenwinkel sah ich aber bereits meine beiden Aufpasser, wie sie von der Tribüne weg im Laufschritt auf uns zukamen, ich musste mich beeilen. Mein Interview hatte folgenden Wortlaut:

Töpperwien: »Herr Sparwasser, wie fühlt man sich denn, wenn man binnen weniger Jahre zum zweiten Mal gegen eine westdeutsche Mannschaft die entscheidenden Tore schießt?«

22. Juni 1974: Das Spiel der DDR-Auswahl gegen die BRD-Mannschaft in Hamburg endet 1:0 nach dem legendären Treffer durch Jürgen Sparwasser.

Sparwasser: »Ziemlich gut.«

Töpperwien: »Gibt es dafür eigentlich eine besondere Prämie?«

Und dann kam Sparwassers wirklich mutige Antwort, die später häufig zitiert wurde, zumindest in den westdeutschen Medien: »Ich glaube, ein Kühlschrank ist da schon drin.«

In diesem Augenblick hatten uns die beiden Aufpasser erreicht. Sparwasser ging bereits in Richtung Kabine. Wir standen da, mit der Kamera und dem Mikrofon in der Hand. Die beiden Begleiter wollten uns nun zwingen, das gedrehte Filmmaterial, das Interview, herauszugeben. Begründung: »Interviews mit DDR-Bürgern sind Ihnen nicht erlaubt. Das wissen Sie.« Ich sagte zu meinem Kameramann Axel Mewes: »Axel, mach bitte, was die Herren verlangen. Gib die Filmdose raus.« Er verstand den Wink und überreichte ihnen eine Filmdose – allerdings die Reservebox mit einem unbelichteten Film. Nach dieser Aktion packten wir ganz schnell unsere Technik zusammen und fuhren mit dem Auto in hohem Tempo zum Grenzübergang. Wir schmuggelten das belichtete Filmmaterial im Kofferraum unter einer Decke versteckt nach Hause. Am nächsten Tag wurde das Interview gesendet und sorgte für viel Furore, auf beiden Seiten der deutsch-deutschen Grenze.

Seit dem Sparwasser-Interview war Rolf Töpperwiens Lieblingsverein in der DDR der 1. FC Magdeburg, sein Lieblingsspieler der Mittelstürmer Joachim Streich. Ein echter Uwe-Seeler-Typ, der 1975 von Empor Rostock nach Magdeburg gewechselt war. Als die Magdeburger 1999 ihr 25-jähriges Jubiläum als Europapokalsieger der Pokalsieger (8. Mai 1974 in Rotterdam: 1. FC Magdeburg

7. Juli 1974: WM-Finale in München: Deutschland–Niederlande (2:1); die DFB-Elf wird nach 1954 zum zweiten Mal Fußballweltmeister.

gegen AC Mailand, 2:0) feierten, moderierte Töppi die »tolle Gala mit Boney M. und dem Ministerpräsidenten von Sachsen-Anhalt«, wie sich der Reporter gern erinnert.

VERPASSTE SPIELE: EIN HALBES IN MÜNCHEN ...

Am 17. Dezember 1977 sollte ich für »das aktuelle sportstudio« über das Spiel des TSV 1860 München gegen den Hamburger Sport-Verein (2:2) berichten. Geplant war die Anreise per Lufthansa-Flug von Frankfurt nach München. Ich hatte nicht mehr als 20 Mark dabei. Kurz nach dem Start der Maschine kam allerdings die Durchsage: »Aufgrund starken Nebels in München muss die Maschine in Nürnberg landen. Wir erreichen Nürnberg voraussichtlich gegen 14.15 Uhr.« Nach der Landung schnappte ich mir sofort ein Taxi. Zu dem Fahrer sagte ich: »Ich bin Rolf Töpperwien vom ZDF und muss das 1860-München-Spiel gegen den HSV übertragen. Ich habe aber nicht genug Geld für die Fahrt dabei! Würden Sie mich trotzdem zum Olympiastadion nach München fahren? Am Montag zahle ich alles nach. Hier ist mein ZDF-Ausweis.« Der Taxifahrer ließ sich darauf ein. Er fuhr allerdings nicht sonderlich schnell, auch wegen der schlechten Sichtverhältnisse.

Im Radio, wir waren noch weit vor München, hörte ich dann schon den Beginn der Reportage von Sammy Drechsel vom *Bayerischen Rundfunk*. Allerdings konnte der Radiokollege von seiner Reporterposition auch nur grob erahnen, was sich da unten im dichten Nebel auf dem Rasen abspielte. (»Schemenhafte Bewegungen von links nach rechts.«) Pünktlich zur zweiten Halbzeit war auch ich im Olympiastadion. Meine Kameramänner, sie kamen aus München, hatten bereits die Nebelbewegungen der ersten 45 Minuten gedreht. Das Wetter klarte auf. Schlussendlich gelang uns ein wirklich guter Bericht über ein Spiel, dessen erste Halbzeit ich überhaupt nicht gesehen hatte.

... UND EIN GANZES IN BREMEN

Am 9. Februar 1985 verpasste ich mein zweites und damit letztes Bundesligaspiel in meiner Karriere. Wieder waren es »höhere Umstände«. Werder Bremen spielte an diesem Tag gegen Bayern München. Vor diesem Match hatte ich bereits mit dem Werder-Trainer Otto Rehhagel abgesprochen, dass er nach dem Abpfiff im ZDF-Schnittmobil vor dem Weser-Stadion die Analyse vornehmen sollte. Rehhagel würde an einem Monitor zu ausgesuchten Szenen des Spiels und vor laufender Kamera seine Kommentare abgeben. Am Morgen des Spieltags ging ein heftiger Eisregen über Deutschland nieder. Alle Flüge wurden storniert, mit dem Auto zu fahren war zu gefährlich, und die Eisenbahnen standen ebenfalls still. Es gab für mich keine Möglichkeit, nach Bremen zu reisen. Ich fuhr also zum Sender nach Mainz. Dort hätte ich mir das Spiel im Fernsehen anschauen und daraus einen »sauberen« Spielbericht fertigen können. Eigentlich in Ordnung, allerdings nicht angesichts dessen, was ich – dem Spitzenspiel entsprechend – in Bremen mit Otto Rehhagel vorhatte. Zum Glück war Axel Mewes im Bremer Weser-Stadion, weil er vom ZDF-Studio Hannover aus anreisen konnte. Werder Bremen gewann das Spitzenspiel (4:2), und Otto Rehhagel hatte gute Laune. Obwohl ihm der Münchner Trainer Udo

24. August 1974: Erster Reportereinsatz von Rolf Töpperwien in der Ersten Bundesliga: Wuppertaler SV – MSV Duisburg (1:4)

Lattek, wie immer nach einer Bayern-Niederlage, den Handschlag verweigerte. Aber es ist ja bekannt, dass Udo Lattek Otto Rehhagel hasst!

Mewes holte Otto Rehhagel von der Pressekonferenz ab und begleitete ihn um 18 Uhr zum Schnittmobil. Zum Glück gab es in dem VW-Bus ein Funktelefon. Auf diese Weise mit Rehhagel verbunden, konnten wir gemeinsam eine Spielszene herausfiltern, die er analysieren sollte. Dann kommentierte Rehhagel die Sequenz, danach suchten wir die nächste heraus, Rehhagel analysierte wieder und so weiter. Insgesamt dauerte diese Aktion 45 Minuten und lief ausschließlich über das Funktelefon. Mein Kameramann hat Rehhagels Analysen aufgenommen und gegen 20 Uhr zu mir nach Mainz überspielt. Gerade noch rechtzeitig zum Beginn des »aktuellen sportstudios« hatte ich meinen Bericht mit den Bildern und Rehhagels Analysen fertiggestellt. Kein Außenstehender merkte, dass ich das Stück aus Mainz »kalt« produziert hatte, bei dem Spiel selbst nicht zugegen gewesen war. Möglich machten das Rehhagels Geduld und die feine Zusammenarbeit mit Axel Mewes – und meine Hartnäckigkeit.

Nach dem wirklich turbulenten Jahr 1977 folgte das mit der Weltmeisterschaft in Argentinien. Es begann am 28. Januar mit meinem Einsatz beim Spiel Werder Bremen gegen Eintracht Braunschweig (2:1) – und mit der Drohung von Werder-Manager Rudi Assauer, ich würde Stadionverbot an der Weser erhalten. Assauer hatte sich einen wirklich alten Trainer geholt, Fred »Opa« Schulz, 74 Jahre alt. Ein klassischer »Strohmann«, denn er hatte in Bremen nichts zu melden. Der starke Mann auf der Werder-Bank war eindeutig der Manager. Aber deshalb bekam er schon damals eine Menge Ärger mit dem DFB. Der Verband wollte Assauer untersagen, von der Bank aus Spielanweisungen zu geben. Begründung: Nicht er sei der Trainer, sondern »Opa« Schulz.

Ich bewies mit meinem Bericht das Gegenteil, nämlich dass Schulz überhaupt nichts zu sagen hatte, obwohl er formal als Trainer angestellt war. Ich ließ mit einer zusätzlichen Kamera beim Spiel von Werder gegen Braunschweig 90 Minuten lang die Trainerbank der Bremer aufnehmen. Schulz saß bei dem Match (und nicht nur bei diesem) schweigend, fast teilnahmslos neben seinem Manager Assauer. Und Rudi Assauer, das war unüberhörbar, gab die Kommandos in Richtung Spielfeld. Nach der Ausstrahlung des Berichts im ZDF-»sportstudio« war Assauer außer sich und beschwerte sich umgehend bei meinem Redaktionsleiter. Telefonisch drohte er sogar, mir in Zukunft den Zutritt zum Weser-Stadion zu verweigern. Lange war das Verhältnis zu Rudi Assauer unterkühlt, mittlerweile ist es wieder in Ordnung.

Als Highlight von 1978 erinnere ich mich gern an den Bundesliga-Rückblick, den ich in eben diesem Jahr gestalten durfte. Es war unheimlich zeitaufwendig, in der Recherche wie im Schnitt. Man muss Spieltag für Spieltag sehr aufmerksam sein, Ereignisse mitprotokollieren, Filmmaterial sammeln, überspielen und attraktiv wie kurzweilig präsentieren.

Im ZDF lief gerade mit großem Erfolg die Unterhaltungssendung »Der große Preis«, moderiert von Wim Thoelke. Das Besondere an dieser Show war, neben den Maskottchen Wum und Wendelin, die riesige Multimediawand. Ich griff diese Wand als Idee mit meinem Kollegen Christian Posselt auf. Wir wollten sie als eine Art Leitmotiv unseres Liga-Rückblicks verwenden. Jedes Mal, wenn ein Thema (»Schiedsrichter«, »Tore«, »Kuriositäten«) auf der Wand gezeigt wurde, war wieder ein Stückchen eines Puzzles gelegt. Das abschließende Thema sollte »Unser Spieler der Saison« heißen, und

23. Dezember 1975: Abschluss des Studiums

erst mit dem allerletzten Puzzleteil konnten die Zuschauer schließlich erkennen, wer gemeint war. Diese Idee wurde uns genehmigt, sogar als eine 60-minütige Sondersendung mit dem Titel: »Schlusspfiff. Der Bundesliga-Rückblick 1977/78«. Sendetermin war Sonntag, der 30. April. Unser Spieler der Saison war Jürgen Grabowski von Eintracht Frankfurt. Von der Idee bis zur Umsetzung war diese Sondersendung sicherlich eines meiner beruflichen Highlights.

Zur Weltmeisterschaft 1978 in Argentinien wurde ich leider noch nicht vor Ort für das ZDF eingesetzt. Zunächst war ich sehr enttäuscht darüber. Hanns Joachim Friedrichs, der wohl wichtigste Chef meiner Karriere, lieferte die Erklärung: »Nach nur einem Jahr Festanstellung kommt dieses Ereignis noch zu früh für Sie. Ich brauche Sie in der Heimatredaktion!« Das spürte ich auch gleich ganz deutlich. So durfte ich am 21. Juni für die Sendung »WM-aktuell« das Spiel der zweiten Finalrunde zwischen Holland und Italien (2:1) in einer Länge von 26:50 Minuten aus Mainz zusammenfassen. Das empfand ich als eine große Auszeichnung.

WIE ICH RUDI CARRELL KEVIN KEEGAN WEGSCHNAPPTE

Seit 1978 stand der englische Nationalspieler Kevin Keegan beim Hamburger Sport-Verein unter Vertrag. Schnell wurde »Mighty Mouse«, wie ihn die Hamburger Fans nannten, einer der besten und beliebtesten Bundesligaspieler jener Zeit und einer der begehrtesten Interviewpartner für die Fernsehanstalten dazu. Doch der damalige HSV-Manager Günter Netzer hielt seinen Star streng unter Verschluss, »wegen Überbeanspruchung«. Eine Einladung ins »aktuelle sportstudio«

klarzumachen, schien so gut wie aussichtslos. Am 3. Februar 1979 war das Bundesligaspitzenspiel zwischen dem HSV und dem VfB Stuttgart (1:1) angesetzt. Schon zwei Wochen vorher machte ich dem »sportstudio«-Moderator jenes Abends, Dieter Kürten, den Vorschlag, Kevin Keegan einzuladen. Kürten war sehr skeptisch, weil alle bisherigen Versuche gescheitert waren. Warum sollte es nun ausgerechnet mir gelingen, den Engländer zum ZDF zu locken? Ich ließ mich nicht beirren und rief den HSV-Trainer Branko Zebec an, den ich aus seinen Braunschweiger Zeiten gut kannte. Ich lud den jugoslawischen Coach für den 3. Februar ins »aktuelle sportstudio« ein. Zebec hielt wegen seines schwer verständlichen Deutsches nicht viel von Kurzinterviews (»Ich brauche mehr Zeit«), das wusste ich. Deshalb stellte ich ihm in Aussicht, er könne weit mehr als die obligatorischen acht Minuten Redezeit bekommen, nämlich 15 Minuten, wenn er seinen Spieler Keegan mitbringe. Zebec ging darauf ein und erklärte mir nur einen Tag später, dass er nach Wiesbaden anreisen würde – gemeinsam mit Keegan. Dieter Kürten sagte dazu: »Nie und nimmer klappt das. Netzer wird sich da einmischen!«

Einen Tag vor dem Spiel des HSV gegen Stuttgart eröffnete mir Kürten, er hätte erfahren, dass Keegan am Samstag schon der Stargast bei Rudi Carrells Show »Am laufenden Band« (ARD) in Bremen sei. Das hätte ihm der Produktionsleiter von *Radio Bremen* mitgeteilt. Keegans Auftritt bei Carrell sei sogar mit Günter Netzer abgesprochen. Ich sagte, das sei dem Spieler aber sicher nicht bekannt, denn er hätte mit Zebec bereits die Flugtickets von Hamburg nach Frankfurt in Empfang genommen, um am Abend nach dem Spiel in Hamburg bei uns im »aktuellen sportstudio« aufzulaufen. Nur zwei Stunden vor dem Spiel sagten mir Zebec und Kee-

1. März 1976: Rolf Töpperwien zieht nach Wiesbaden.

↗ In der Saison 1983/84 trafen der VfB Stuttgart und der HSV in einem »Endspiel« am letzten Spieltag aufeinander, beide mit Chancen auf den Titelgewinn. Doch die Hanseaten hätten fünf Tore mehr als die Schwaben erzielen müssen, um ihnen den Titel noch wegzuschnappen. Ein Prosit auf die Meisterschaft: Töppi auf dem Begleitmotorrad, im Cabrio Karlheinz Förster (li.), Bernd Förster (re.) und VfB-Präsident Gerhard Mayer-Vorfelder (mi.); Mai 1984

gan ihren Besuch noch einmal ausdrücklich zu. Ich war als Reporter in Hamburg vor Ort eingesetzt. Netzer, zu dem ich bis heute ein distanziertes Verhältnis pflege, versuchte noch bis weit nach dem Schlusspfiff Keegan umzustimmen, er ging auf ihn zu und sagte: »Heute Abend bist du bei ›Am laufenden Band‹.« Antwort Keegan lapidar: »*No!*«

Am 3. Februar um 22 Uhr waren Kevin Keegan und Branko Zebec schließlich im »aktuellen sportstudio« zu Gast. Keegan durfte dort sogar noch sein Lied »Head Over Heels in Love« singen, was es in der deutsche Hitparade bis auf Rang 6 brachte. Rudi Carrell besorgte sich derweil einen Ersatz für seinen angeblich unpässlichen Fußballgast. Und Günter Netzer saß sauer vor dem Fernseher.

Spätestens seit der »Keegan-Nummer« wurde Rolf Töpperwien immer wieder für die Topspiele der Bundesliga besetzt. Auch deshalb, weil er über seine außergewöhnlich guten Kontakte schnell und unkompliziert Gäste für das »aktuelle sportstudio« gewinnen konnte. Das sorgte zugleich für sein hohes »Standing« in der Redaktion des »sportstudios«, aber auch anderswo.

In der ZDF-Sportredaktion gab und gibt es noch immer eine interne Rangliste der Fußballreporter – wenn auch keine offizielle. Rolf Töpperwien stand darauf nach nur kurzer Zeit weit oben und konnte seinen Spitzenplatz bis zum Ende seiner Karriere verteidigen. Er erhielt fast unheimlich oft die Spiele, die er haben wollte. Es setzte aber auch Kritik, so gab es einige Abteilungsleiter in der Sportredaktion (»Sport Aktuell«, »SPORTreportage« »sport-disposition«, »sportstudio«), »die mich, meine Art, meine Popularität nicht sonderlich mochten oder schätzten«, wie Töppi zugibt. So gab es (auch) in der ZDF-Sportredaktion so manche Kollegen, die seine angeblich mangelnde Distanz monierten. Andere Redaktionsleiter wie Wolfram Esser, Eberhard Figgemeier, Thomas Fuhrmann, Béla Réthy oder Markus Lipfert kämpften jedoch für Töpperwien und sorgten für viele attraktive Einsätze des Niedersachsen.

DAS ERSTE FERNSEHURTEIL – DANK MEINER BILDER

Am 8. September des Jahres 1979 spielten in der Bundesliga Eintracht Frankfurt und Bayer 04 Leverkusen (3:0) gegeneinander. Mein Kameramann hinter dem Tor von Leverkusen war Christoph Kutschera. Er drehte jene Sequenz, als kurz vor einem Eckball Bruno Pezzey von Eintracht Frankfurt seinem Gegenspieler Jürgen Gelsdorf kräftig zwischen die Beine griff. Ich integrierte diese Bilder in meinen Spielbericht für das »aktuelle sportstudio« am selben Abend.

Bis zu diesem Zeitpunkt war der Begriff »Fernsehurteil« im deutschen Fußball unbekannt. Hans Kindermann, der DFB-Chefankläger, sagte sinngemäß stets: »Tatsachenentscheidung ist Tatsachenentscheidung, und das Fernsehen kann senden, was es will, das interessiert uns nicht. Uns interessiert nur, was der Schiedsrichter pfeift.«

Doch mit dieser im »sportstudio« ausgestrahlten Szene wurde dieses Dogma außer Kraft gesetzt, und es folgte das erste Fernsehurteil in der Geschichte des DFB. Unsere Bilder wurden in der Beweisführung vor dem DFB-Sportgericht in Frankfurt gegen Pezzey zurate gezogen. Bruno Pezzey wurde für acht Wochen gesperrt und erhielt obendrein eine

Geldstrafe in Höhe von 10 000 D-Mark. Er sprach danach jahrelang nicht mehr mit mir. Als er später beim SV Werder Bremen sein Geld verdiente, trafen wir uns einmal im VIP-Raum des Weser-Stadions. Da sagte der damalige Werder-Trainer Otto Rehhagel zu uns: »Jetzt gebt euch die Hand und vertragt euch wieder.«

MIT PFEIL UND BOGEN: WIE ICH ROBIN HOOD UND »VIV« ANDERSON ZUSAMMENBRACHTE

Im September 1979 hatte ich mal wieder eine Idee, und zwar für einen Vorbericht für ein Europapokalspiel der Landesmeister, in dem der Englische Meister Nottingham Forest gegen den 1. FC Köln antreten musste. Die Engländer interessierten mich zunächst aus demselben Grund wie einst TuS Schloß Neuhaus: Sie trugen einen interessanten Namen. Der erinnerte mich selbstverständlich an Robin Hood. Ich schlug einen Vorschaubericht für die »SPORTreportage« am Sonntag vor. Thema: Nottingham, der Gegner von Köln. Ich also hin nach Nottingham, schwerer Anflug über die Midlands.

Zuvor hatte ich jedoch das ZDF-Filmarchiv aufgesucht, um mir ein paar Szenen aus dem uralten Spielfilm *Robin Hood* rauszusuchen, mit Errol Flynn in der Hauptrolle, nicht ahnend, dass ich bei der Taxifahrt vom Flughafen zum Hotel an einem Robin-Hood-Denkmal vorbeifahren sollte. Allerdings stach mir sofort ins Auge, dass an diesem Denkmal der Pfeil im Bogen fehlte. Ich sprach den Taxifahrer darauf an, und der klärte mich auf: »Der Pfeil wird immer von Touristen geklaut. Und weil die Stadt im Moment mal wieder kein Geld hat, hat Robin Hood gerade keinen Pfeil.«

Bei Nottingham Forest spielte damals der erste farbige Nationalspieler Englands, Vivian »Viv« Anderson, Rückennummer 2. Ein athletischer, toller Typ, einer wie der Tennisspieler Arthur Ashe. Meine Idee war nun, »Viv« Anderson an das Robin-Hood-Denkmal zu stellen. Dort sollte er die Geschichte, die mir zuvor der Taxifahrer berichtet hatte, noch einmal in die Kamera erzählen. Und ich schaffte es, Anderson spielte mit.

Mein Film begann mit einer Originalszene aus *Robin Hood*. Errol Flynn alias Robin Hood kommt hinter einem Busch hervor und schießt einen Pfeil in einen Baum. Umschnitt: »Viv« Anderson steht in Nottingham und erzählt, warum der Pfeil am Denkmal fehlt. Dazu baute ich noch allerlei Fußballinformationen über Nottingham Forest ein. Länge des Berichts: 16:09 Minuten. Ich war happy.

Voller Enthusiasmus flog ich nach Hause. Was mich dort erwartete, machte mich allerdings traurig. Ich betrat eine halbleere Wohnung. Nach neun Jahren hatte mich meine Lebensgefährtin Rosi aus Osterode verlassen. In einer Art Abschiedsbrief, der in der Küche lag, nannte sie die Gründe: Ich hätte nur immer Fußball im Kopf, wäre so oft abwesend und würde ihr nicht genug Aufmerksamkeit schenken. Sie hatte recht, damals war mir wirklich jedes Fußballspiel wichtiger als mein Privatleben, auch aus der Angst heraus, dass mir ein Konkurrent ein Stück wegschnappen könnte. Ich war immer in einer Art Fußball-Alarmbereitschaft. Ein anstrengender Zustand, vor allem für eine Partnerin.

20. Juni 1976: EM-Finale in Belgrad: Tschechoslowakei – Deutschland 2:2 n. V.; im Elfmeterschießen unterliegt die deutsche Auswahl mit 3:5.

EIN REPORTER ALS WILDER JÄGER – ABER VALÉRIEN MACHT NICHT MIT

Kurze Zeit später, am 6. Oktober 1979, war ich der Reporter beim Spiel Eintracht Braunschweig gegen 1860 München (0:0). Ich »sezierte« das Spiel mit meinem enzyklopädischen Wissen über Eintracht Braunschweig. Vor allem aber konzentrierte ich mich darauf, welche Fehler (zum Beispiel Zögerlichkeit bei Ein- und Auswechslungen) dem Braunschweiger Coach Heinz Lucas in den 90 Minuten unterlaufen waren und wie er damit seine Mannschaft um den Sieg gebracht hatte. Ich kritisierte in meinem Bericht Lucas nachweislich, obwohl ich wusste, dass er am selben Abend zu Gast im »aktuellen sportstudio« sein würde, moderiert von Harry Valérien.

Mein Bericht wurde in der Sendung ausgestrahlt. Als er zu Ende war, saßen sich Valérien und Lucas gegenüber. Ich verfolgte das Geschehen bei meinem Freund Stephan Balz in Hannover, einem exzellenten Fußballkenner und blendenden Journalisten der *Hannoverschen Allgemeinen*, und musste mit ansehen, wie Valérien mich »fallen« ließ. Er begann seine Anmoderation in Richtung Studiogast: »Ich höre das, was der Kollege da eben gesagt hat, auch zum ersten Mal. Was sagen Sie dazu?«

Ich hatte etwas völlig anderes erwartet, nämlich dass der Kollege Valérien sich hinter meine Aussagen stellen würde. Stattdessen distanzierte er sich umgehend von meiner Reportage und schlug sich auf die Seite des Studiogastes. Schlimmer noch, im weiteren Verlauf seines Gesprächs ging Valérien nicht auf eine einzige meiner Aussagen über das mangelnde taktische Geschick des Trainers Lucas ein. Am

August 1976: Der belgische Rechtsaußen Roger van Gool wechselt für eine Million D-Mark vom FC Brügge zum 1. FC Köln und ist damit der erste Millionen-Einkauf in der Bundesligahistorie.

Montag suchte ich ihn sofort in seinem Büro auf, um über sein mildes Lucas-Interview zu reden. Ich klagte bitterlich, wie enttäuscht ich sei. Dabei hätte ich doch zuvor alle Fehler des Trainers und Studiogastes detailliert benannt, und er hätte als Moderator diesen Ball doch nur aufnehmen müssen. Dazu Harry Valérien: »Wenn Sie das Stück Wild schon anschießen, ich erlege es dann nicht!«

Wie misst eigentlich ein Fernsehsender wie das *Zweite Deutsche Fernsehen*, ob eine Fußballreportage bei den Zuschauern ankommt oder nicht? Während jeder Sendung, die im ZDF ausgestrahlt wird, wird ein sogenanntes Zuschauerprotokoll angelegt. Hier nimmt die Zuschauerredaktion die Anrufe aus den Fernsehhaushalten entgegen und protokolliert sie detailliert. Der eine schimpft zum Beispiel über Michael Steinbrechers Haarschnitt (»Der soll mal zum Frisör gehen!«). Andere regen sich über die Fußballreporter auf, die mal zu viel, mal zu wenig, mal zu laut oder mal zu leise sprechen. Zu meckern gibt es ja immer etwas.

Allerdings bekommen die Fußballreporter dieses Zuschauerprotokoll so gut wie nie zu sehen. Der Intendant legt es über einen jahrzehntelang unveränderten internen Verteilungsschlüssel immer nur seinen Direktoren, Hauptabteilungsleitern und Redaktionsleitern vor. Diese Führungskräfte behalten die Aufzeichnungen in der Regel für sich und geben ihren Reportern kein Feedback.

Die zweite Reaktion der Zuschauer waren über Jahrzehnte hinweg ihre Briefe. In 37 Berufsjahren erhielt ich keine 100 negativen Briefzuschriften. Das ist eine Traumquote. Ich kenne Kollegen, die mussten pro Reportage 300 negative Briefe einstecken.

Die wichtigste Rückmeldung bezog ich allerdings immer aus dem täglichen Zusammentreffen mit den unterschiedlichsten Menschen. Dabei kommt mir zugute, dass ich gern mit Leuten kommuniziere. 37 Jahre lang war ich ja fast jedes Wochenende in einem Bundesligastadion. Dort unterhielt ich mich mit Zuschauern, Ordnern, Würstchen- und Bierverkäufern und Parkplatzwächtern mindestens ebenso oft und gern wie mit Nationalspielern oder Trainern. Für viele bin ich ja nicht »Herr Töpperwien«, sondern einfach »Töppi«. Und diese Menschen sagen mir offen, was ihnen nicht passt oder was sie an meinen Reportagen mögen.

Als ganz besonderes Lob empfinde ich die Charakteristik, man würde mir Samstag für Samstag anmerken, dass mir Fußball-Berichterstattung unheimlich viel Spaß macht. Bei meinen Reportagen seien die Leute vor dem Fernseher immer »hellwach«, »da wäre was los«, und es gehe sehr stimmungsvoll zu.

EINE NEUE LIEBE

Die ganzen Nordspiele der Bundesliga habe ich auch genutzt, um vor und nach den Matches meine Heimatstadt Osterode zu besuchen. Meist reiste ich am Freitagabend zu meinen Eltern und traf mich dort noch auf eine Currywurst und ein paar Bier mit meinen Freunden, vor allem Rainer Rieke. Am Samstag war ich als Reporter in der Bundesliga zu Gast, und am Sonntag fuhr ich dann oft noch einmal nach Osterode, bevor es am Abend schließlich zurück nach Wiesbaden ging.

So auch am Sonntag, den 7. Oktober. In Osterode fand die Regionalmesse »Tor zum Harz« statt, und meine Freunde Rüdiger Rinne-Wolf und Kenneth Hinrichs hatten mich gebeten, ich möge mich da doch mal sehen lassen. In dem großen Messezelt waren auch einige Hostessen zugegen, und eine fiel mir sofort auf: Doris, die Ehefrau des Werbeleiters der örtlichen Sparkasse. Schon meine Mutter als treue Kundin der Bank hatte immer von ihr geschwärmt. (»Die flotteste Frau im ganzen Ort!«)

Es funkte sofort zwischen uns. Nach Messeschluss gingen wir gemeinsam in den *Ratskeller*. Wir saßen uns gegenüber und begannen bald damit, unter dem Tisch zu füßeln. Ich war ein wenig perplex ob ihrer offensiven Art, machte aber gern mit. Nach dem *Ratskeller* folgte üblicherweise ein Gang zur damals angesagten Disco *Cartoon*. Ich hatte aber meinen Dienstwagen dabei und wusste, dass ich nach Hause ins Bett gehörte. Ich musste schließlich noch 300 Kilometer nach Wiesbaden fahren und am Montagmorgen den Wagen pünktlich um 8.30 Uhr beim Sender abliefern. Doris versuchte noch mit all ihrem Charme, mich ins *Cartoon* zu locken, doch vergebliche Liebesmüh! »Ich fahre jetzt und steige nicht mehr aus. Aber wir können morgen zwischen 13 und 14 Uhr in meiner Sitzungspause telefonieren«, sagte ich noch zu ihr.

Wir telefonierten jeden der darauffolgenden Tage miteinander, und am Ende dieser Woche war ihr klar, dass sie ihren Mann verlassen und zu mir ziehen wollte. Nur dank der Telefonate und ganz »ohne alles«. Im März 1980 heirateten wir, und sie blieb 24 Jahre lang meine Frau.

11. Mai 1977: Finale im Europapokal der Pokalsieger in Amsterdam: Hamburger SV–RSC Anderlecht (2:0)

EINE PEINLICHKEIT FÜRS ZDF, MADE BY TÖPPI

 Zum Bundesliga-Lokalderby FC Bayern München gegen TSV 1860 München am 10. Mai 1980 hatte ich mit meinem Kollegen Sepp Ortmaier eine Idee ausgeheckt, die später als »Peinlichkeit für das ZDF« in dessen Geschichte eingehen sollte. Zu jedem Tor, das die Bayern kassierten, wollten wir den Gassenhauer »Zieht den Bayern die Lederhosen aus« einspielen. Doch nur einfach das Lied, das erschien uns zu langweilig, also sprach ich die mir bekannte Karin Fecht an, die in Wiesbaden den Nachtclub *Parisiana* führte. Sie sollte für uns eine Stripperin an der Stange tanzen lassen, die ein paarmal ihre Lederhose fallen lässt. Das drehten wir dann. 1860 München gewann das Match 2:1, und bei beiden Toren gegen die Bayern spielten wir als Zwischenschnitt die Stripperin ein, natürlich mit fallender Lederhose. Die Reaktionen waren unterschiedlich: Viele im Haus fanden es »sensationell« und klopften mir auf die Schulter. Mindestens ebenso viele Kollegen reagierten wie Harry Valérien. Der urteilte: »Eine Peinlichkeit für das ZDF.«

Noch heftigere Reaktionen (»Töpperwien wegsperren!«, »Töpperwien übergeschnappt!«) fing ich mir 1988 mit einer Filmsequenz zum Stadtderby Hamburger SV gegen FC St. Pauli ein, die später noch oft aus den Archiven geholt wurde. Mein Kollege Thomas Wark und ich hatten eine besondere Idee: Wir wollten den Zuschauern zeigen, dass während des Derbys selbst die berühmte Herbertstraße wie leer gefegt wäre, derart elektrisiert würden die Hamburger sein. Dafür nutzten wir die guten Reeperbahn-Kontakte unseres Kameramanns Jochen Bärwald. Mit Hilfe einer uns vom

25. Mai 1977: Deutsch-deutsches Freundschaftsspiel zwischen dem FC Magdeburg und Eintracht Braunschweig (1:2)

ZDF zur Verfügung gestellten Handkasse von 300 D-Mark konnten wir eine Prostituierte dazu gewinnen, in ihrem Fenster zu stricken, und zwar in der Zeit von fünf bis sechs Uhr morgens, wenn die Herbertstraße zwecks Reinigung ohnehin geschlossen ist. Auf diese Art und Weise inszenierten wir das Hamburger Stadtderby als »Straßenfeger«.

»DIE JUNGEN WILDEN« – BEKOMMEN KEIN DANKESCHÖN

Vom 11. bis 22. Juni 1980 wurde in Italien die Fußballeuropameisterschaft ausgespielt. Zu den attraktivsten Jobs bei einer EM (oder WM) gehörte damals wie heute die Begleitung der deutschen Nationalmannschaft. Bis 1980 wurden mit dieser Aufgabe ausnahmslos die Abteilungsleiter der Sportredaktion betraut. Männer wie Oskar Wark, Wolfram Esser oder Dieter Kürten. Im April kam dann die Besetzungsliste zur EM heraus. Ich las: »Aus dem Lager der Deutschen Fußballnationalmannschaft berichten für das ZDF Rolf Töpperwien und Günter-Peter Ploog.« Die deutschen Spiele kommentierten Eberhard Figgemeier und Werner Schneider.

Diese Meldung schlug in der Sportredaktion ein wie eine Bombe, eben weil die Abteilungsleiter leer ausgingen. Sportchef Hanns Joachim Friedrichs soll seine Besetzung so erklärt haben: »Meine Herren Redaktionsleiter haben genug an ihren Schreibtischen zu tun. Ich jedenfalls schicke die ›jungen Wilden‹ nach Rom.«

Es war eine schöne Europameisterschaft. Wir wohnten im Mannschaftshotel, dem *Hilton Rome*. Mittlerweile gibt es ja eine strikte Trennung von Team und Journalisten. Die Berichterstatter der ARD und damit unsere Konkurrenten waren Fritz Klein (Sportchef beim NDR) und Fritz von Thurn und Taxis *(Bayerischer Rundfunk)*. Wir aber, die jungen ZDF-»No-Names«, haben es den alten ARD-Hasen bei dieser EM kräftig gezeigt. Damit hatte niemand gerechnet.

Wir rissen jede Story auf und sendeten wie die Teufel. Am Ende des Turniers schrieb der *Kölner Express*: »Das EM-Fazit: ZDF-Indianer schossen ARD-Häuptlinge ab.« Was folgte, war allerdings eine herbe Enttäuschung. Ploog und ich mussten uns bei den Kollegen fast dafür entschuldigen, dass wir in der Presse bejubelt wurden. Sie unterstellten uns, wir hätten wohl eng mit den Kollegen vom *Express* zusammengearbeitet und die hätten nur deshalb so wohlwollend über uns berichtet.

TRIKOTTAUSCH IN ROM

Zuvor jedoch gab es für mich noch einen absoluten Reporterhöhepunkt: Am 22. Juni trafen im EM-Endspiel im Olympiastadion von Rom Deutschland und Belgien aufeinander. Das Finale wurde vom ZDF live übertragen. Ich war als Reporter für die Interviews nach dem Spiel eingeteilt. Für solche Einsätze standen uns damals als Ausrüstung eine Kamera, eine 2-Zoll-MAZ (»Magnetische Aufzeichnungsmaschine«) und eine Sackkarre mit einem viel zu langen Kabel zur Verfügung, das unheimlich viel wog und vor allem für einen schnellen, mobilen Interview-Einsatz am Spielfeldrand höchst unvorteilhaft war. Mein Team bestand aus dem Kameramann Ronny Schmidt, dem Kameraassistenten Benno Müller und dem Toningenieur Klaus Köhler.

In jener Zeit sperrte der europäische Fußballverband (UEFA) den Innenraum eines Stadions für Interviews komplett ab und wies die Ordner zudem strengstens an, keine Journalisten passieren zu lassen. Ich überlegte tagelang, wie ich es trotzdem schaffen könnte, meine Spielerinterviews zu führen. Schließlich hatte ich die Idee: Am Morgen des Endspiels stattete ich dem Zeugwart der Deutschen Fußballnationalmannschaft Walter Kohr in dessen Hotelzimmer einen Besuch ab. Ich kannte ihn gut, und er schätzte mich. Auf seinem Hotelteppich habe ich ihn dann die Aufstellung von Bundestrainer Jupp Derwall für den Abend auslegen lassen, und zwar in Form der Trikots. Das filmte ich ab und sendete es später in einem Beitrag. Eine solche exklusive Vorab-Mannschaftsaufstellung, zumal von einem derart ungewöhnlichen Ort aus, hatte es weder zuvor schon einmal im deutschen Fernsehen gegeben, noch gab es sie jemals wieder.

Nicht berücksichtigt in der ersten Elf war Bernd Förster vom VfB Stuttgart mit der Trikotnummer 3. Damals durften die Trainer insgesamt nur fünf Ersatzspieler benennen, die auf der Bank Platz nahmen. Der Rest saß »in Zivil« auf der Tribüne, so wie Bernd Förster an jenem Abend in Rom. Da fragte ich Walter Kohr, ob er mir nicht das Förster-Trikot leihen könne, und zu meiner eigenen Überraschung entsprach er meinem Wunsch. Das Trikot steckte ich mir schnell in meine Reportertasche.

Am Abend ging es dann in das Olympiastadion von Rom zum Finale. Es war spannend, und Horst »Hotte« Hrubesch gelang erst in der 89. Minute der 2:1-Siegtreffer gegen die Belgier. Für mich war das Spiel entschieden, und ich rief meinem Drei-Mann-Team zu: »Wir schlagen uns jetzt in Richtung deutsche Kabine durch. Und ich ziehe mir das Trikot von Bernd Förster drüber.« Die Ordner hielten mich wegen der Kluft mit dem Bundesadler auf der Brust und der dazu passenden schwarzen Hose für einen Spieler, einen echten Euro-

1. Juni 1977: Rolf Töpperwien wird als Redakteur in der ZDF-Hauptredaktion Sport fest angestellt.

pameister. Voller Respekt ließen sie mich mit meinem Team und der Sackkarre im Schlepptau bis vor die deutsche Kabine, wo ich spannungsgeladen wartete. Doch ausgerechnet der Präsident des Deutschen Fußball-Bundes Hermann Neuberger kam als Erster um die Ecke und ging direkt auf mich zu. In diesem Moment dachte ich, meine noch junge Reporterkarriere würde jetzt gleich zu Ende sein. Neuberger gehörte ja auch zur Kommission der UEFA und hätte eigentlich wissen müssen, dass der Aufenthalt von Journalisten im Kabinentrakt strengstens verboten war. Er sah mich und meine drei Leute. Ich reagierte prompt, zog mein Förster-Trikot aus und sagte: »Herr Neuberger, herzlichen Glückwunsch zur Europameisterschaft!« »Danke, ich bin zum Interview bereit.«

Dann erschienen die deutschen Spieler. Einer nach dem anderen machten sie halt vor meinem Mikrofon.

EINE GEBURT AM MORGEN, EIN SPIEL AM ABEND

Am 2. September 1980 wurde meine Tochter Sandra geboren. Ich habe richtig gejubelt, weil ich mir immer so sehr ein Mädchen gewünscht hatte. Am Morgen fuhr ich sofort mit einem Geschenk zu Frau und Tochter ins Krankenhaus. Nach zwei Stunden sagte ich allerdings, dass ich wieder wegmüsse. Begründung: »Wir haben heute Abend einen Bundesligaspieltag.«

»Spätestens da hätte ich wissen müssen, was los ist«, sagte meine Exfrau viele Jahre später im Rückblick auf unsere Ehe.

Ich wurde für das Spiel 1. FC Kaiserslautern gegen 1860 München (3:2) eingesetzt. Wolfram Esser, der die Fußballsen-

6. August 1977: Schiedsrichter Werner Burgers schlägt im Spiel des 1. FC Kaiserslautern gegen Eintracht Braunschweig (2:1) den Braunschweiger Spieler Reiner Hollmann bewusstlos.

↗ Drei Generationen der Töpperwiens: Oma Gertrud, Rolf und Töchterchen Sandra; 1980

dung moderierte, verbreitete mein junges Vaterglück gleich in seiner Anmoderation: »Vom Betzenberg unser Reporter Rolf Töpperwien. Heute Morgen erst Vater geworden, und heute Abend schon wieder für das ZDF am Ball.« Damit

konnte ich mir die Geburtsanzeige sparen, denn nun wusste die halbe Republik, dass ich Vater geworden war.

MEIN ERSTES MAL – AUS DER KABINE

Im folgenden Jahr, 1981, wurde ich am 7. Februar für das Bundesliga-Topspiel zwischen dem 1. FC Kaiserslautern und dem Hamburger Sport-Verein besetzt. In jener Zeit lebte ich fast ausschließlich für den Fußball, gedanklich wie körperlich. Ich war immer auf der Suche nach neuen Ideen für meine Berichterstattung, und in diesem Jahr wollte ich das meistern, was noch keiner geschafft hatte: Mein Ziel war, bei einem absoluten Topspiel der Bundesliga in der Halbzeitpause mit Kamera und Ton aus einer Kabine zu senden.

Das hört sich zunächst einfach an, aber das ist es ganz und gar nicht. Man muss wirklich lange daran arbeiten, denn es muss alles stimmen: Man muss sich den richtigen Trainer aussuchen, zu dem ein Vertrauensverhältnis besteht. Er muss ein Typ sein, der so etwas mitmacht. Das Spiel muss wichtig sein, die Mannschaft muss gut drauf sein, der Halbzeitstand muss spannend sein. Zum Glück hatte der DFB damals den Reportern noch nicht vorgeschrieben, wo sie was drehen dürfen und wo nicht.

Mein Mann in Kaiserslautern war der Trainer der »Roten Teufel«, Karl-Heinz »Kalli« Feldkamp, zu dem ich ein sehr gutes Verhältnis pflegte. Ich fragte ihn schon ein paar Tage

1.–25. Juni 1978: Fußball-WM in Argentinien

vor dem Match, ob ich zur Halbzeitpause mit ihm in die Kabine dürfe. Feldkamp sagte nach einigem Zögern Ja. Das Spiel stand nach 45 Minuten 2:1 für Kaiserslautern, und wir waren alle zusammen in der Kabine: die FCK-Spieler, der Trainer, mein Kamerateam und ich. Das war eine echte Bundesligapremiere.

»Kalli« Feldkamp war immer auch ein bisschen Showman. Er wusste, dass die Kamera läuft, und sagte etwas gestelzt zu seinem Spieler: »Hans-Peter, du musst unbedingt den Hrubesch enger nehmen und decken!« Das nahm ich auf.

In der zweiten Hälfte hielt sich Hans-Peter, gemeint war Briegel, genauestens an die Anweisungen seines Trainers. Der HSV-Stürmer Horst Hrubesch, der in der ersten Halbzeit einen Treffer für sein Team erzielt hatte, hatte gegen Briegel fortan keine Chance mehr. Dennoch schossen die Hamburger durch Ditmar Jakobs noch den 2:2-Ausgleich. Mein Kommentar: »Ein rassiges Spiel, das eigentlich zwei Sieger verdient hätte.«

Nur eine Woche später rettete ich den Schalkern möglicherweise einen Punkt. Die Bayern führten im Parkstadion 2:1 und dominierten die Partie. Ich lief als Reporter während des Spiels an der Außenlinie entlang. Auch das durfte man damals noch. Die Zuschauer waren für Schalker Verhältnisse ungewöhnlich ruhig. Ich machte mich zum Schalker Mannschaftsbetreuer, der Kultfigur Karl-Heinz »Charly« Neumann, auf. Der saß wegen des Rückstands ziemlich geknickt auf der Bank. Das Spiel war fast zu Ende, und ganz Schalke hatte das Match schon verloren gegeben. Ich sagte zu ihm: »Charly, geh mal in die Kurve! Weck die Fans auf und heiz die Stimmung an! Wir senden das dann auch!« Er schritt also vor die Schalker Nordkurve. Die Fans in Blau-Weiß reagierten, begannen zu schreien und feuerten ihr Team mit Pauken und Trompeten noch einmal kräftig an. Die Mannschaft spürte das sofort, der Funken sprang über aufs Spielfeld. Die Schalker kämpften, mobilisierten ihre letzen Kräfte und wurden dafür belohnt. In der 88. Spielminute erzielte Ulrich Bittcher den 2:2-Ausgleich für die Gelsenkirchener.

Meinen zweiten Fernsehbeweis lieferte ich am 11. Mai 1981 erneut durch einen Beitrag fürs »aktuelle sportstudio«. Diesmal traf es Horst Hrubesch, der beim Spiel seines HSV »auf Schalke« seinen Gegenspieler Thomas Siewert kräftig in die Magengrube boxte. Den »Treffer«, den mein Kameramann August Liedke in aller Deutlichkeit aufgenommen hatte, sendete ich. Hrubesch erhielt für seinen Tiefschlag vom DFB zehn Wochen Spielsperre (und sprach zwei Jahre lang nicht mehr mit mir). Im Anschluss lud mich die ARD-Sportreporter-Ikone Rudi Michel in die gute *Südwestfunk*-Sendung »Sport unter der Lupe« ein. Dort kam es zu einem Streitgespräch zwischen dem DFB-Chefankläger Hans Kindermann und mir zum Thema »Fernsehbeweis«.

EIN NEUER CHEF UND EIN KURZER AUSSETZER

1981 wurde Hanns Joachim Friedrichs vom ZDF als Hauptredaktionsleiter Sport abberufen. Er sollte wieder als Korrespondent aus New York berichten. Sein Stellvertreter Alfons Spiegel wurde der neue Mann auf dem Posten. Spiegel war zuvor Referent bei Willi Weyer, dem Präsidenten des Landessportbundes Nordrhein-Westfalen, gewesen, ein Funktionär also und ein Bürokrat obendrein. Seine erste Maßnahme als neuer Sportchef lautete: »Töpperwien macht keinen Fußball mehr.« Begründung: Alfons Spiegel mochte meinen Reporterstil überhaupt nicht. Was ich aus den Stadien ablieferte, war ihm viel zu boulevardesk.

In der Konsequenz sah das dann auch mal folgendermaßen aus: Harry Valérien, der Moderator des »aktuellen sportstudios«, der inzwischen meine Leistungen anerkannte und mich stark unterstützte, wollte mich für das Spiel des FC Bayern München gegen den 1. FC Kaiserslautern mit einem Bericht beauftragen. Er schlug mich auf der Besetzungskonferenz am vorherigen Montag dafür vor. Ich wurde jedoch auf Weisung von Spiegel an diesem Tag für die Weltmeisterschaft im Orientierungslauf in Frauenfeld in der Schweiz, Kanton Thurgau, eingeteilt. Reine Schikane, dachte ich.

In der Folge wurde ich einen Monat lang zu keinem einzigen Fußballspiel entsandt. Doch dann passierte Folgendes: Ein guter Freund von mir aus dem ZDF-Ressort Innenpolitik, Wolf von Holleben, Sohn des damaligen deutschen Botschafters in Brasilien, setzte sich für mich ein. Von Holleben interessierte sich zwar nicht für Fußball, aber wir hatten ein sehr gutes Verhältnis zueinander und gingen abends öfter gemeinsam aus. Von Hollebens Chef war der Hauptredaktionsleiter Innenpolitik, Horst Schättle, dem der Sport recht fremd war. *Im Schwabenstübchen* bei Peter Wien, unserem Stammlokal, klagte ich meinem Freund von Holleben mein Leid. Nach kurzem Nachdenken sagte er zu mir: »Da werden wir mal eine Nummer starten.«

Es trifft sich auch heute noch im ZDF regelmäßig eine ganz spezielle Gruppe, die »Tacheles-Runde«, an der neben dem Chefredakteur nur die Hauptredaktionsleiter (Sport, Innen- und Außenpolitik, Wirtschaft usw.) teilnehmen. Auf einer dieser Sitzungen fragte der Kollege aus der Innenpolitik Horst Schättle ganz unschuldig: »Ich finde das ›sport-

21. Juni 1978: Die Deutsche Fußballnationalmannschaft unterliegt der WM-Auswahl des Nachbarn Österreich mit 2:3, die »Schmach von Córdoba«.

studio‹ seit vier Wochen recht langweilig. Was ist denn da los? Wo ist denn eigentlich dieser Töpperwien, der immer frischen Wind reinbringt?« Antwort Alfons Spiegel: »Ist nächste Woche wieder am Ball!«

Töpperwiens Frust über sein vierwöchiges Fußballverbot war so groß, dass er sogar »Mister Sportschau« Ernst Huberty fragte, ob der nicht Verwendung für ihn hätte. Huberty hatte allerdings gerade einen jungen »Töpperwien-Typ«, Jürgen Bergener, eingestellt, den er aufbauen wollte, und sah darum zu diesem Zeitpunkt keine Chance für einen Wechsel zur ARD.

Rolf Töpperwien hatte in seiner Laufbahn insgesamt dreimal die Gelegenheit, seinen Sender zu verlassen. Einmal lag ihm ein Angebot vom Bezahlfernsehen *Premiere* vor, einmal eines von *Sat.1* (»ran«). Schließlich wollte ihn später auch das *Deutsche Sportfernsehen* (DSF) einkaufen. Töpperwien lehnte stets ab und blieb dem ZDF treu, 37 Jahre lang.

Inzwischen gab es beim ZDF am Freitagabend nicht mehr die Sendung »sport-information«, sondern »Sport am Freitag«. Nach meiner »Sperre«, meiner Zwangspause, wurde ich endlich wieder eingeteilt, und zwar am 22. Oktober für das Freitagabendspiel des Karlsruher SC gegen die Eintracht aus Braunschweig. Allerdings mit einer Auflage vom Chef Alfons Spiegel höchstpersönlich: Ich sollte nur den Spielbericht kommentieren, jedoch keine Interviews führen. Meine Art der Gesprächsführung mochte er bekanntlich ganz und gar nicht.

25. Juni 1978: Finale der Fußball-WM in Buenos Aires: Argentinien – Niederlande 3:1 n. V.

Braunschweig führte 1:0 und machte ein gutes Spiel. Gegen Ende der ersten Halbzeit nahm der Mittelstürmer von Karlsruhe, Emanuel Günther, zehn Meter Anlauf und sprang mit beiden Füßen voran dem Braunschweiger Abwehrrecken »Hasse« Borg in die Beine. Bis hoch auf die Tribüne war das Brechen der Borgschen Knochen zu hören. Braunschweig verlor das Spiel mit 1:2, und der Präsident des Clubs, Johannes »Hennes« Jäcker, war nach dem Schlusspfiff außer sich.

In diesem Augenblick war mir mein Vorgesetzter mitsamt seinen Anweisungen völlig egal. Und ohnehin kenne ich keine Angst. Ich verließ meinen Reporterplatz und führte ein Interview mit dem Präsidenten von Eintracht Braunschweig. »Hasse« Borg war ja nicht zu sprechen, denn der lag bereits mit einem komplizierten Beinbruch im Krankenhaus. Jäcker war vollkommen in Rage, sprach von vorsätzlicher Körperverletzung und nahm kein Blatt vor den Mund. Das Interview war sensationell. Schließlich bekam ich auch noch den »Sünder« vor mein Mikrofon. Emanuel Günther entschuldigte sich vor laufender Kamera für seinen Tritt. Ich integrierte die beiden Interviews selbstverständlich in meinen Bericht, und so wurde dann alles gesendet.

Nach dem Braunschweig-Spiel stellte ich mich darauf ein, am Montag eine Abmahnung zu kassieren. Ich hatte mich ja nicht an die Vorgabe gehalten. Aber der erwartete Angriff des Hauptredaktionsleiters blieb aus. Wir waren schon mit der Auswertung von »Sport am Freitag« fertig, und ich dachte: »Wo bleibt die Kritik?« Stattdessen würdigte Dieter Kürten mich noch einmal ausdrücklich für meinen Einsatz. Vor allem die Interviews mit Günther und Jäcker fand er erwähnenswert.

EIN FREIER SAMSTAG – ODER DOCH NICHT?

104 Für den 14. November 1981 war ich mal wieder nicht als Reporter nominiert. Es war für mich immer eine missliche Situation, wenn ich »spielfrei« hatte. Mir fehlte etwas. Für meine Frau hatte das natürlich etwas Gutes, sie freute sich auf einen gemeinsamen Tag. Aber auch diesen Samstag sollten wir nicht zusammen verbringen. Das Spiel Eintracht Frankfurt gegen Werder Bremen wollte ich mir privat ansehen. Die Bremer waren unter Trainer Otto Rehhagel die beste Aufstiegsmannschaft in der laufenden Spielzeit, das Team wollte ich unbedingt sehen. Ich fuhr also völlig entspannt ins Frankfurter Waldstadion. Doch es sollte wie so oft alles anders kommen als geplant.

Zur Halbzeit stand es bereits 4:1 für die Eintracht aus Frankfurt. Ronny Borchers war der überragende Mann auf dem Platz. Der Stürmer schoss allein drei Tore. Spätestens da wurde aus dem Privatmann Töpperwien, der ohne Auftrag ein Bundesligaspiel besuchte, wieder der ZDF-Reporter. Und zwar ganz schnell.

In der Halbzeit suchte ich ein Telefon und rief Dieter Kürten an, der an diesem Abend das »aktuelle sportstudio« moderieren sollte. Vollkommen euphorisiert schilderte ich ihm die »Torflut« von Frankfurt und vor allem die Glanzleistung des Nationalspielers Ronny Borchers. Ich sagte noch: »Und den sollten wir heute Abend unbedingt als Gast ins ›sportstudio‹ einladen.« Kürten aber blieb gelassen und riet mir, erst einmal die zweite Halbzeit abzuwarten. Dann bat er darum, ich möge mich kurz vor Abpfiff noch einmal bei ihm melden.

In den zweiten 45 Minuten kam es für Werder Bremen noch dicker, sie kassierten ein Gegentor nach dem anderen und verloren schließlich mit 9:2. Ein unglaubliches Ergebnis! Für den Bremer Torwart Hermann Rülander war es das bitterste Spiel seiner noch ganz jungen Bundesliga-Karriere bei Werder Bremen, die nur wenig später abrupt endete. Ich rief also Dieter Kürten an. Der sagte sofort: »Erstens brauchen wir Borchers heute Abend als Studiogast und zweitens von Ihnen eine Reportage.« Ich merkte noch an, dass wir über kein eigenes Bildmaterial verfügten und dass ich eigentlich rein privat im Stadion sei. Kürten interessierte das wenig, er versprach, das Material von der ARD zu besorgen, ich könnte es dann am Abend im Sender bearbeiten. Doch zunächst musste ich den Borchers bekommen. Also, Hörer aufgelegt, Treppe runter in Richtung Kabinengang gesprintet, den Frankfurter Trainer Lothar Buchmann informiert, Borchers dem »Sportschau«-Reporter Hans-Joachim Rauschenbach ausgespannt und zu uns ins »aktuelle sportstudio« eingeladen, dann ab ins Auto und mit Vollgas zum Sender. Ich produzierte den Spielbericht, den ich noch mit einer Grafik, Zeitlupen und diversen Torstatistiken anreicherte. Heraus kam ein sendefertiges Stück, das sich in nichts von einer lange geplanten und gut vorbereiteten Reportage unterschied. Und Ronny Borchers saß abends mit Dieter Kürten im »sportstudio«.

Ich war rundum zufrieden. Ein erfolgreicher Samstag war zu Ende, einer, zu dem ich gar nicht als Reporter eingeteilt gewesen war. Nur meine Frau war unglücklich. Erstens hatte ich einen der ganz wenigen freien Nachmittage wieder in einem Bundesligastadion verbracht anstatt bei Kaffee und Kuchen im heimischen Wohnzimmer, und zweitens kam ich erst fünf Stunden nach Abpfiff nach Hause. Ihr Kommentar:

7. März 1979: Zum ersten Mal kommt es in der Bundesliga nach dem Spiel Eintracht Frankfurt gegen Bayer 04 Leverkusen (3:0) zu einem Fernsehbeweis (gegen den Frankfurter Bruno Pezzey).

»Als ich im Radio hörte, dass es 9:2 steht, ahnte ich schon, dass da noch was auf dich zukommen wird.« Recht hatte sie gehabt.

BERND SCHUSTER, FC BARCELONA UND WASSERBALL

Am 6. Dezember wurde ich nicht für ein Bundesligaspiel eingeteilt. Diesmal erhielt ich, der »Fußballmann«, den Auftrag, zur Endrunde der Landesmeister im Wasserball nach Barcelona zu reisen. Dort trafen im »Final Four« die Teams von Berlin – Wasserfreunde Spandau 04 –, Moskau, Amsterdam und Budapest aufeinander. In der Redaktion wechselte ob meines Beckenrand-Einsatzes die Stimmung zwischen lautem Lachen und irritiertem Kopfschütteln. Es war in etwa so, als würde man einem Finanzbeamten anordnen, nun Pferde zu beschlagen. Ich wusste von der Sportart eigentlich nicht viel mehr, als dass dabei ein Ball im Wasser ist.

Am Montagabend fasste ich jedoch folgenden Plan, den ich auf meiner Dienstreise umsetzen wollte: Der FC Barcelona wurde von Udo Lattek trainiert, und es spielte dort Bernd Schuster. Letzterer hatte über ein Jahr lang kein Fernsehinterview mehr gegeben. Ich dachte mir, das wäre doch eine interessante journalistische Herausforderung. Ich flog mit meinem Kameramann Axel Mewes am Freitag nach Barcelona. Vor Ort, also am Beckenrand, lernte ich Paul Römer, einen Kollegen vom holländischen Fernsehen, kennen. Der sollte für seinen Sender die Wasserballer aus Amsterdam beobachten. Ich fragte ihn, ob er beim Spandau-Spiel für mich Protokoll führen könne, und stellte ihm Axel Mewes an die Seite. Ich selbst aber fuhr nicht in die Schwimmhalle, sondern zum Trainingsgelände des FC Barcelona bei dessen Stadion Camp Nou. Udo Lattek wohnte dort in einem Hotel, dem *Princesa Sofia*, direkt am Stadion. Ich bat ihn um die Vermittlung eines Interviews mit Schuster. Lattek: »Komm morgen wieder, dann weiß ich mehr.« Ich war also am Samstag wieder nicht beim Wasserball, sondern fuhr erneut zu Latteks Hotel. Dort erhielt ich die Zusage für das Interview! Allerdings schickten mir die Schusters einen Fahrer, der mich in die Villa zu Bernd und seiner Frau Gaby bringen sollte. Es ging hoch hinaus in die Berge. In dem prächtigen Haus wartete das Ehepaar auf mich. Gaby saß während des Gesprächs rechts, ihr Mann links, und dazwischen war ein offener Kamin. In diesem schönen Ambiente habe ich ein acht Minuten langes Interview mit Bernd Schuster gedreht. Am Abend bin ich dann zum ersten Mal in die Wasserballhalle gefahren.

Am nächsten Morgen, Sonntag, rief ich sofort Oskar Wark an, der für die »SPORTreportage« verantwortlich war. Ich erklärte, ich hätte eine echte Sensation: Bernd Schuster im Interview! Das erste Gespräch mit dem exzentrischen Mittelfeldstar nach seinem langen Schweigen. »Unfassbar! Sofort überspielen! Aber auch den Bericht vom Wasserball, nur kürzer«, lautete die Reaktion von Wark. Beide Stücke wurden in der »SPORTreportage« ausgestrahlt. Das Schuster-Interview galt als echtes Highlight und sorgte für Furore, es wurde von vielen deutschen Zeitungen im Sportteil zitiert. Wark sprach in der Montagssitzung dafür noch einmal ausdrücklich sein Lob aus. Alfons Spiegel jedoch schlug mit der Faust kräftig auf den Tisch und schrie mich an: »Ich habe Ihnen doch gesagt, Sie sollen zum Wasserball fahren und nicht zum Fußball!« Stille, keiner sagte etwas. Auch ich nicht. Spiegel stand auf und ging, die Sitzung war beendet.

März 1980: Töppis Hochzeit mit Doris

WALDHOF STATT WM

108 Die Reise zur Fußballweltmeisterschaft 1982 wurde mir verwehrt. Ich betrachtete das als Schikane meines Chefs. Zwei Jahre zuvor hatten ja mein Kollege Günter-Peter Ploog und ich (»Die jungen Wilden«) bei der Europameisterschaft in Italien noch Akzente mit den Reportagen aus dem deutschen Lager gesetzt. Zur WM in Spanien sollte Oskar Wark aus dem deutschen WM-Lager in Gijón berichten. Dort ging es drunter und drüber. Für mich war das besonders schwer, weil ich es nur aus der Ferne beobachten durfte. Oben am Hotelfenster standen der Torwart Eike Immel und der Stürmer Uwe Reinders und schossen »Pissbeutel« (mit Urin gefüllte Plastikbeutel) nach unten, was in unserer Berichterstattung allerdings keine Erwähnung fand. Im ZDF-Hauptquartier in Madrid schlugen derweil Eberhard Figgemeier, Dieter Kürten und andere Kollegen dem Redaktionsleiter Alfons Spiegel vor, mich aus Frankfurt einfliegen zu lassen. Ich sollte Schwung in die anscheinend recht langweilige Berichterstattung bringen. Ohne Erfolg. Spiegel blieb stur, und ich zu Hause. So zog diese WM an mir vorbei.

Gott sei Dank gab es ja auch in diesem Jahr die Bundesliga. Jetzt zwang sie mich zu meinem Glück. Im April sollte ich für die »SPORTreportage« eine Story über den SV Waldhof Mannheim drehen. Anfänglich war ich gar nicht begeistert, als echtes »Nordlicht« konnte ich mit dem Arbeiterverein aus der Stadt an Rhein und Neckar kaum etwas anfangen. Als ich meinen Bericht drehte, entdeckte ich jedoch schnell meine Sympathien für den Club und die Menschen aus dieser Region. Waldhof Mannheim war bekannt für seine hervor-

11.–22. Juni 1980: Fußball-EM in Italien

↗ Die wilden Achtziger: Mit dem Trainer des SV Waldhof Mannheim Klaus »Schlappi« Schlappner

ragende Jugendarbeit (Maurizio Gaudino, die Förster-Brüder Bernd und Karlheinz, Dieter Schlindwein, Uwe Zimmermann oder Jürgen Kohler) und hatte einen sehr netten und fachlich kompetenten Trainer, Klaus »Schlappi« Schlappner. All das verwertete ich in meinem Beitrag. Und seitdem verfolgte ich den Aufstieg der »Waldhof-Buben« bis in die Erste Bundesliga mit großer Leidenschaft, ich reiste immer wieder gern ins Stadion am Alsenweg. Später moderierte ich sogar den Vereinsball des SV Waldhof. Das alles entwickelte sich aus einer Geschichte, mit der ich ursprünglich nichts zu tun haben wollte.

»KAMPF« MIT PAUL BREITNER UND EIN GLÜCKLICHER BUM-KUN CHA

Paul Breitner war mein Lieblings-Interviewpartner. Breitner und ich, das war eine ganz besondere, eine spannungsgeladene Beziehung. Sie begann am 17. April 1982 im Frankfurter Waldstadion, dort gastierten die Münchner und verloren das Spiel in der 86. Minute noch mit 3:4. Paul Breitner war sichtlich unzufrieden. Ich stand am Spielfeldrand und dachte mir: Den stellst du zum Interview! Als Breitner den Platz verließ, wischte er als Erstes ganz kräftig ein ARD-Mikrofon zur Seite. Dann kam er auf mich zu. Er hatte einen bösen, aggressiven Blick aufgesetzt. So furchterregend, dass zwei Fotografen sicherheitshalber zur Seite sprangen. Sie sagten später zu mir: »Wir dachten, der haut dir jetzt eine rein.«

Breitner aber machte gerade das nicht, sondern blieb direkt vor mir stehen. Besser gesagt, er musste stehen bleiben, weil ich ihm den Weg versperrte. Ich führte mit ihm ein Interview zur eben erfolgten Niederlage und zur Gesamtsitu-

↗ Paul Breitner vor Töppis Mikro; April 1982

ation seines Clubs, dem FC Bayern, in dem es mal wieder ordentlich kriselte. Es war spannend, denn bei Breitner wusste man vorher ja nie, was er sagen und wie er reagieren würde. Fortsetzung folgt …

112 Am 9. Oktober 1982 führte ich mit dem Stürmer von Eintracht Frankfurt, Bum-kun Cha (genannt »Tscha-Bum«) ein Interview, obwohl er noch kaum ein Wort Deutsch konnte. Der südkoreanische Nationalspieler zeigte im Spiel der Frankfurter gegen den VfB Stuttgart (3:0) eine hervorragende Leistung, schoss selbst ein Tor und war der Matchwinner. Über den damaligen Frankfurter Trainer, Branko Zebec, erreichte ich, dass ich nach Schlusspfiff die Eintracht-Kabine betreten durfte. »Tscha-Bum« saß noch ungeduscht auf einer Bank. Ich bin gleich mit dem Mikrofon zu ihm hin, setzte mich neben ihn und fragte: »Interview?« Er lächelte. Diese Reaktion zeigte er nun bei jeder Frage, die ich ihm stellte, immer ein Lächeln, aber keinen einzigen Satz ins Mikrofon. Nun war ich aber schon mal in der Kabine und wollte unbedingt einen filmischen Beleg dafür. Und sei es nur ein halber Satz. Ich wandte mich also noch einmal Bum-kun Cha zu. Fast schon verzweifelt flehte ich ihn an: »Können Sie nicht einfach sagen: ›Ich bin sehr glücklich, und alles war sehr schön‹?« Er lächelte, natürlich. Ich stellte ihm also die typische Sportreporterfrage: »Sie sind der Gewinner dieses Spiels. Was geht in Ihnen vor?« Antwort: »Ich sein sehr glücklich!« Das sendeten wir. Es war das erste »Interview« von »Tscha-Bum«, das er einem deutschen TV-Journalisten gab. Anschließend entwickelte sich eine intensive Freundschaft zwischen Bum-kun Cha und mir. Wir trafen uns immer wieder gern in vielen Stadien dieser Welt. Er arbeitete später erst als Trainer der südkoreanischen Nationalelf, dann als Fußballfunktionär seines Landes, und ich wie immer als Reporter.

---

22. Juni 1980: EM-Finale in Rom: Das deutsche Team gewinnt gegen die Mannschaft aus Belgien 2:1 und wird damit zum zweiten Mal Fußballeuropameister.

Zu diesem Zeitpunkt war ich bereits dazu übergegangen, meine Interviews am Spielfeldrand recht offensiv zu führen, etwas, das ich bis zum Ende meiner Karriere praktizierte. Dazu kam jetzt auch noch das »Eindringen in die Kabinen«. Am 16. Oktober 1982 trafen in der zweiten Runde des DFB-Pokals Eintracht Braunschweig und Bayern München aufeinander. Für mich war dieses Spiel immer mein persönlicher Höhepunkt der Saison. Der Braunschweiger Trainer Uli Maslo hatte mir vertrauensvoll zugesagt, dass ich in der Halbzeitpause in die Braunschweiger Kabine dürfe. Einzige Voraussetzung: Nach den ersten 45 Minuten musste das Ergebnis für Braunschweig »halbwegs normal« sein. Das war der Fall, es stand 1:0 für die Eintracht. Ich drehte die Kabinenansprache von Maslo. Es war überhaupt erst das zweite Mal, dass ein Fernsehteam in der Kabine eines Bundesligisten drehen durfte. Das Spiel endete 2:0 für Eintracht Braunschweig.

Der Kabinendreh ist eigentlich gar nicht so aufregend, wie es sich die meisten Leute vorstellen. Der eine Spieler trinkt etwas, der andere wischt sich den Schweiß von der Stirn. Dann ergreift der Trainer das Wort: »Hört mal alle zu!«, und legt los. Es gibt eine Menge Trainer, die sich trotz einer Fernsehkamera nicht verstellen, vor allem die erfahrenen Bundesligacoachs. Wenn ich jedoch bei Mannschaften aus den unteren Ligen zu Gast in der Kabine war, dann war nichts mehr wie zuvor. Die Trainer witterten die Chance ihres Lebens und redeten mit einem ganz besonderen, oft gestelzten und angelernten Vokabular. Nicht selten war die Mannschaft dann von der Ansprache richtig überrascht, und die Spieler fragten sich: »Was ist denn plötzlich mit dem los?«

Im November 1982 trieb ich meine »Kabinenmanie« weiter, und zwar beim Spiel Eintracht Frankfurt gegen Borussia Dortmund. Ich bat »Kalli« Feldkamp, mittlerweile Trainer in Dortmund, mich in die Kabine zu lassen, und er willigte ein.

Am letzten Spieltag der Saison 1987/88 betrat ich die Kabine von Werder Bremen, gemeinsam mit dem SV-Präsidenten Franz Böhmert. Otto Rehhagel hatte es ausdrücklich erlaubt. Kein Wunder, denn an diesem Tag gewannen die Bremer im Frankfurter Waldstadion die Deutsche Meisterschaft, und ich war mittendrin.

KALLE BLOMQUIST SPIELT MIT

Am 3. November 1982 reiste ich als Livekommentator nach Schweden. In der zweiten Runde des UEFA-Cups führte das Los den SV Werder Bremen und IK Brage aus Borlänge zueinander. Das Hinspiel hatten die Werderaner bereits mit 2:0 im heimischen Weser-Stadion gewonnen. Dennoch gestaltete sich die Reise der Bremer in den hohen Norden als extrem spannend. Zunächst wegen des Wetters, vor dem mich alle warnten. Für die *Bild* ging es in die »Kältekammer Nordschwedens«, und alle Freunde und Kollegen rieten mir eindringlich, einen dicken Wollpullover einzupacken. In Borlänge angekommen, war alles halb so schlimm. Die Kleinstadt lag in Mittelschweden, und das Thermometer zeigte drei Grad.

Viel wichtiger aber war, dass mir auf meinem Reporterplatz in dem mit 3500 Zuschauern gefüllten Stadion Domnarvsvallen die Mannschaftsaufstellung der Schweden Sorgen bereitete: Wenige Minuten vor dem Anpfiff durch Schiedsrichter McKnight aus Nordirland hatte ich sie in die Hand gedrückt bekommen, und mir war gleich aufgefallen, dass hier etwas nicht stimmte. Zu jener Zeit ging es auf dem Spielbogen noch klassisch zu: Die Nummern 1 bis 11 waren für die aktiven Spieler reserviert und die Nummern 12 bis 16 für die Ersatzspieler. Hinter den Nummern der schwedischen Ersatzspieler jedoch fehlten die Namen. Ratlos schaute ich mich um, bis ich einen Kollegen vom schwedischen Fernsehen entdeckte. Ich bat ihn auf Englisch um die Spielerauskunft, doch der zuckte auch nur ratlos die Schultern.

Ich sah ein großes Problem auf mich zukommen, dann nämlich, wenn einer dieser namenlosen Spieler eingewechselt werden würde. Wie sollte ich darauf in meiner Reportage reagieren? Ich hoffte also auf ein von schwedischer Seite einwechselfreies Spiel. Werder führte bis zur 60. Minute mit 5:1. Dann nahm das Unglück seinen Lauf, es wurde die Nummer 13 von Borlänge eingewechselt. Ich entschied mich dazu, den Namen einfach nicht zu erwähnen. Werder schoss in der 88. Minute durch Norbert Meier sogar noch das 6:1. Doch in der 90. Minute erzielte just der Einwechselspieler der Schweden das 2:6. Was tun? Wenn ich live im Fernsehen ehrlich zugegeben hätte, dass mir der Name des Torschützen unbekannt war, wäre mir das mit Sicherheit als schlechte Vorbereitung ausgelegt worden. (»Bezahlt von unseren Gebühren, und dann so was!«) Ich dachte genau zweieinhalb Sekunden nach, und dann sagte ich aus dem Bauch heraus: »Tor durch Kalle Blomquist!« Der Name von Astrid Lindgrens Kinderbuchfigur *Kalle Blomquist Meisterdetektiv* fiel mir gerade in diesem Augenblick und gerade noch rechtzeitig ein. Der echte Name des Spielers war, wie ich später recherchierte, Hans Arnberg.

2. September 1980: Geburt der Tochter Sandra

↗ Auszeichnung: Der »Entenorden« für Töppi, verliehen vom KG Rote Funken Recklinghausen für die Kalle-Blomquist-Story. Mit dabei als Laudatorin: Hella von Sinnen; Januar 1984

Wieder zu Hause schwieg ich und erwartete Kritik im ZDF. Doch die blieb aus. Es schien sogar niemandem aufgefallen zu sein, wen ich da eigenmächtig eingewechselt hatte. Erst ein knappes halbes Jahr später verriet ich dem Karnevalsverein Rote Funken Recklinghausen mein Geheimnis. Dort fand man das so witzig, dass mir im Festsaal der Stadt der »Entenorden« verliehen wurde. Damit zeichnete der Verein Journalisten für die Ente des Jahres aus, und nun wurde mir diese Ehre zuteil für meine Kalle-Blomquist-Einwechslung. Damit war die Story in der Öffentlichkeit. Heute würde ich mich lieber gleich und sogar live im Fernsehen zu einem Fehler bekennen, bevor es die Kollegen oder andere herausfinden.

DER REPORTER

Ich wollte immer das Besondere realisieren. Natürlich auch aus dem Druck heraus, dass ich um 22 Uhr den Zuschauern des »aktuellen sportstudios« nicht mehr nur den dritten Aufguss der ARD-»Sportschau« servieren konnte, denn die zeigte ja bereits vier Stunden früher alle Spiele.

Ich bin zu jeder Partie hundertprozentig vorbereitet. Für ein normales Bundesligamatch am Samstag lese ich mich den ganzen Donnerstag ein. Ich rufe befreundete Journalisten an, die in den Städten der beiden Bundesligamannschaften wohnen, oft auch die Manager oder Trainer der Clubs und hole sämtliche Informationen rund um das Spiel ein. Ich lese neben dem *Kicker* als Pflichtlektüre die Lokalzeitungen aus den Bundesligastädten. Oft finde ich gerade da die Story. Selbstverständlich recherchiere ich auch noch in meinem eigenen umfangreichen und gut sortierten Archiv.

Für den Fußball war ich pro Jahr rund 50 000 Kilometer

13. Juni–11. Juli 1982: Fußball-WM in Spanien; erstmals treten 24 statt bislang 16 Teams in der Vorrunde an.

mit dem Auto unterwegs. Oft reiste ich bereits einen Tag vor dem Anpfiff an. Dann verfolgte ich die Pressekonferenz, besuchte die Mannschaften in ihren Hotels und redete mit Spielern, Trainern und Betreuern. Das ist die Basis für

einen guten Bericht. Welche Story ich dann aus dem Spiel aufgreife und den Zuschauern erzähle, ergibt sich für mich erst während der 90 Minuten. Zwar habe ich immer schon vor dem Anpfiff eine Geschichte im Kopf. Aber wenn mir das Spiel neue Geschichten erzählt – und das macht es nicht selten –, muss ich sofort in der Lage sein, die gespeicherten Ideen zu löschen.

Ich war zudem immer an schwierigen Spielern und Trainern interessiert. Mit Typen wie Zebec, Breitner oder Oliver Kahn, der sich mir über Jahrzehnte hinweg selbst nach bitteren Niederlagen immer zum Interview stellte, habe ich viel lieber Geschichten gesendet, als mit »pflegeleichten Ja-Sagern«, von denen es in der Bundesliga leider viel zu viele gibt.

Dennoch setzte ich auch Grenzen. Mein erster solcher Fall war Branko Zebec: Seine Alkoholprobleme waren drei Journalisten bekannt, und ich war einer davon. Wir gaben dieses Wissen nicht nach draußen. Als der HSV-Coach bei einem Spiel in Dortmund sichtlich vom Alkohol gezeichnet war, verzichtete ich auf die Ausstrahlung dieser Bilder.

Einer meiner Lieblings-Interviewpartner war Christoph Daum, und das von Anfang an, noch in seiner Zeit als »No-Name-Coach«. Daum hatte viele Gesichter. Auf der einen Seite war er das, was man allgemein als »locker« bezeichnet, ein idealer Gesprächspartner, der immer etwas zu sagen hatte. Andererseits war Daum aber auch ein unheimlich aggressiver Typ mit scharfen, blitzenden Augen. Mir jedenfalls lag seine Art. Nach dem Spiel am 6. November 1999 zwischen Borussia Dortmund und Bayer 04 Leverkusen (1:1) nahm mein

25. Juni 1982: »Schande von Gijón«: Das frühe 1:0 der Deutschen gegen die Österreicher sichert beiden Teams das Weiterkommen in die WM-Finalrunde – ernsthafte Angriffsbemühungen werden den Rest des Spieles über eingestellt.

Interview mit Bayer-Trainer Daum im Dortmunder Westfalenstadion fast schon Duellcharakter an. Allerdings den eines Duells auf Augenhöhe. Daum war an diesem Abend merkwürdig aggressiv. Wir fochten unseren Streit vor laufender Kamera aus, und die strittige Frage war, ob die soeben beendete Partie als ein Topspiel einzuordnen sei oder nicht. Er und ich hatten da völlig konträre Ansichten und hielten damit auch nicht hinter dem Berg, sondern diskutierten das vor dem Mikrofon aus.

Egal wen ich interviewt habe: Das ZDF konnte sich immer auf meinen vollen Einsatz, mein totales Engagement verlassen. So wartete ich einmal über eine Stunde vor der HSV-Kabine in Mailand, um ein einziges, kurzes Interview zu führen. Die Hamburger waren am 14. Dezember 1984 durch ein Eigentor ihres Verteidigers Michael Schröder gegen Inter Mailand im Europapokal ausgeschieden (2:1; 0:1). Schröder hatte sich dann aus Scham in der Kabine verschanzt. Nach einer halben Stunde stiegen alle Journalisten in den Pressebus und rauschten davon, auch mein ZDF-Kollege Marcel Reif. Nur ich blieb stur und harrte aus. Mit Erfolg, ich war an diesem Abend der einzige deutsche Reporter, der Schröder zum Interview vors Mikrofon bekam. Reif sagte: »So lange hätte ich nie gewartet und das nie mit mir machen lassen. Aber du bist ja schmerzfrei!« Meine Antwort: »Mir macht das überhaupt nichts aus.«

Ähnlich war es am 28. April 1996, als ich über zwei Stunden auf den Manager von Bayer Leverkusen, Reiner Calmund, wartete. Ich wollte unbedingt ein Statement von ihm, denn er sollte gerüchteweise an diesem Abend seinen Trainer Erich Ribbeck gefeuert haben. Calmund sprach in mein Mikrofon, als alle anderen Journalisten längst weg waren. Auch da hatte sich meine Beharrlichkeit ausgezahlt, das »aktuelle sportstu-

11. Juli 1982: WM-Finale in Madrid: Italien besiegt Deutschland mit 3:1 und wird zum dritten Mal Weltmeister.

↗ Auf ein Bier mit Christoph Daum; November 1997

dio« konnte die Entlassung zuerst vermelden. In Sachen Interview, das gebe ich zu, bin ich fast schon Masochist und gehe weit über die Grenzen des Normalen hinaus.

Fast meine gesamte Karriere drehte sich um Fußball. Ich dachte von Montag an kaum mehr an etwas anderes als an mein Spiel am darauffolgenden Samstag. Mir schwirrte tagelang im Kopf herum, wie ich ein Match für das »aktuelle sportstudio« attraktiv aufarbeiten könnte. Ich hatte allerdings nie die Angst, dass mir gar nichts einfällt. Denn selbst wenn mir nichts Besonderes in den Sinn gekommen wäre, hätte ich immer noch einen »sauberen« Spielbericht abliefern können. Aber natürlich legte ich die Latte, das Level meiner Berichte, immer höher an, je länger ich Fußballreportagen produzierte, für die Zuschauer, für mich selbst und erst an dritter Stelle für die ZDF-Redaktion, genau in dieser Reihenfolge. Ich habe mich ja immer mehr als der verlängerte Arm des Publikums empfunden, denn als der klassische Journalist! Mein Ziel war es, »Deutschlands liebstes Kind«, den Fußball, für die Menschen sichtbar zu machen. Für die Zuschauer also, die sich entschieden hatten, das ZDF einzuschalten, und die dafür Monat für Monat Gebühren zahlten.

Für mich muss eine Berichterstattung informativ, aber dennoch immer begeisternd und mitreißend sein. Ich distanziere mich ganz bewusst von dem Ansatz, den viele andere von mir geschätzte Kollegen gewählt haben. Die betreten ein Fußballstadion und sagen sich: »Anstoß 15.30 Uhr. Ab jetzt bin ich auf der Suche nach der ersten Krise.« Ich hingegen möchte erst mal die Freude rüberbringen, die in dieser Form nur der Fußball den Menschen bieten kann. Wenn eine Krise sichtbar ist, wird sie von mir sicher nicht außer Acht gelassen, sie ist aber nicht das vordergründige Objekt oder das Ziel meiner Berichterstattung.

Viele meiner Kritiker, vor allem jene aus der *Süddeutschen Zeitung*, nahmen meinen Reporteransatz zum Anlass, mich zu kritisieren. Sie warfen mir »mangelnde journalistische Distanz« vor. Allerdings streckten genau diese Redakteure in den Bundesligastadien und bei großen Turnieren ihre Aufnahmegeräte in die Richtung meiner Interviews, hin zu Spielern und Trainern, die sie selbst nie zum Gespräch bekommen hätten, eben weil sie so distanziert waren. Anschließend zitierten sie dann auch noch aus den von mir geführten Interviews in ihren Blättern. Wie sie aber an diese »O-Töne« herangekommen waren, unterschlugen sie ihren Lesern. So etwas nenne ich »Wegelagerer-Journalismus«!

Was meine Kritiker aber wohl ganz besonders ärgert, ist die Tatsache, dass ich zu meinem journalistischen Ansatz als Mittler zwischen Fans und Akteuren immer gestanden und ihn offen verteidigt habe. Ich halte diese Berufsauffassung für mich und vor allem für die Zuschauer bis heute für richtig und würde es wieder so machen.

UND WIEDER BREITNER ...

Am 20. November 1982 trafen der FC Kaiserslautern und der FC Bayern München in der Bundesliga aufeinander. Und wieder konnten die Bayern auf dem Betzenberg nicht gewinnen, diesmal verloren sie 2:3. Es war das zehnte Mal in zehn Jahren, dass die Münchner dort die Punkte ließen. Paul Breitner war außer sich, wie so oft. Die ARD-Kollegen Walter Johannsen und Fritz von Thurn und Taxis, eingesetzt von der »Sportschau«, ließen einen schnaufenden Breitner vorbeiziehen. Ich stand mit meinem Kamerateam am Spielfeldrand und wartete auf ihn. Es entwickelte sich ein vielzitiertes Interview:

1. Januar 1984: Die PKS (ab 1985: Sat.1), der erste private Fernsehveranstalter, nimmt den Sendebetrieb auf; das duale Rundfunksystem in Deutschland ist geboren – und viele Sendeplätze für Sportberichterstattung entstehen.

Töpperwien: »Paul, Sie sind doch ein intelligenter Mensch. Sie haben zehn Jahre hintereinander hier nicht mehr gewonnen. Warum schicken Sie die Punkte nicht besser gleich per Post nach Kaiserslautern?«

Breitner: »Sie können mich mal kreuzweise am Arsch lecken! Und eines sage ich Ihnen auch noch: Hier spiele ich nie wieder!«

Das war natürlich ein Hammer! Mit einem echten Hochgefühl fuhr ich anschließend das Material von Kaiserslautern nach Mainz zum ZDF, ich war mir sicher, dass ich da etwas ganz Besonderes eingefangen hatte. In Mainz angekommen, erklärte mir Dieter Kürten, dass es einen Anruf vom Präsidium des FC Bayern gegeben hätte. Die Münchner würden nachhaltig darum bitten, dass das von mir geführte Interview nicht gesendet wird. Begründung: Paul Breitner hätte in seinem letzten Satz seinen Rücktritt angedeutet. Das wolle man vonseiten des FC Bayern jetzt noch nicht in die Öffentlichkeit geben. So hatte ich den Satz gar nicht interpretiert! Allerdings wollte ich mich nicht geschlagen geben und kämpfte eine halbe Stunde lang wie ein Löwe mit Kürten um mein Interview, so lange, bis er schließlich zustimmte, es zu senden. Wie er danach mit den Bayern klarkam, weiß ich nicht mehr. Mit diesem Breitner-Interview ging mein leider WM-loses, aber dennoch spektakuläres Jahr 1982 zu Ende.

1983 wurde Dieter Kürten der neue Leiter der Hauptredaktion Sport. Das Jahr begann für mich mit einem Abendspiel im Europapokal. Zu jener Zeit hatten wir im ZDF noch die späten, aber wunderschönen Europapokal-Abende von 22.30 bis 24 Uhr. Gezeigt wurden vier Highlightspiele, jeweils 30 Minuten lang. Die Manie von heute, jedes Spiel live zu zeigen, kann ich nach wie vor nicht nachvollziehen. In einem Fuß-

↗ Weltmeisterschafts-Party des Autoherstellers Lancia: Als Moderator mit »Kaiser« Franz Beckenbauer in Hamburg; Sommer 1982

ballspiel kann man üblicherweise 70 Minuten herausschneiden und 20 Minuten Höhepunkte senden, das reicht. Das hat übrigens Franz Beckenbauer gesagt. Allerdings geben die Zuschauerquoten Beckenbauer und mir unrecht.

AN DER SCHIEFERTAFEL: TAKTIK MIT TÖPPI

Ich sollte das UEFA-Cup-Viertelfinalspiel am 2. März zwischen dem 1. FC Kaiserslautern und dem rumänischen Vertreter FC Universitatea Craiova in einer halben Stunde zusammenfassen. Natürlich wollte ich auch zu diesem Spiel den Zuschauern wieder etwas Außergewöhnliches bieten. Deshalb animierte ich den damaligen Trainer von Kaiserslautern, Rudolf »Rudi« Kröner dazu, mich mit meinem Kamerateam eine halbe Stunde vor Anpfiff in seine Trainerkabine zu lassen. Dort erklärte Kröner mir und den ZDF-Zuschauern an einer Schiefertafel exklusiv die taktische Ausrichtung seiner Mannschaft für das Spiel gegen Craiova. Das nahmen wir auf und sendeten es. Kaiserslautern gewann das Spiel zwar, allerdings nur knapp mit 3:2.

Was folgte, war Kritik an meiner Arbeit, und zwar wieder mal von den eigenen Kollegen aus dem ZDF. Sie argumentierten, ich hätte diesen etwas unbeholfen wirkenden und rhetorisch schwachen Trainer nicht an der Schiefertafel »vorführen« dürfen. Ja, ich hätte ihn sogar gegen seinen Willen zu dem Dreh an der Tafel genötigt, was nicht der Wahrheit entsprach.

Kröner blieb jedenfalls nicht mehr lange im Amt: Der 1. FC Kaiserslautern verlor zwei Wochen später in Craiova 0:1 und flog damit aus dem UEFA-Cup, fünf Tage später

12.–27. Juni 1984: Fußball-EM in Frankreich

wurde »Rudi« Kröner entlassen. Später meinten so manche Fußballkenner, ich hätte ihm mit meinem Bericht das Grab geschaufelt. Er hätte Nein sagen können, oder nicht?

EIN SIEG IN IZMIR UND DIE BESTEN LAMMKOTELETTS

Im Jahr 1983 erlebte ich eine meiner erlebnisreichsten Fußballreisen, und zwar gemeinsam mit der Deutschen Fußballnationalmannschaft. Seitdem 1983 in der Nachfolge von Alfons Spiegel Dieter Kürten zum Hauptredaktionsleiter aufgestiegen war, war ich wieder fester Bestandteil des Reporterteams für das deutsche Nationalteam. Im April war eine Länderspielreise während der Qualifikation für die EM 1984 in Frankreich angesetzt. Zunächst ging es nach Izmir gegen die Türkei, dann nach Wien gegen Österreich. Es war die leider viel zu kurze Phase der deutschen Nationalelf mit dem Spieler Bernd Schuster und dem Bundestrainer Jupp Derwall.

Diese Reise war wirklich außergewöhnlich, aus den verschiedensten Gründen. Am 22. April produzierte ich einen Vorbericht auf das Türkei-Spiel. Allerdings hatten wir keine Schnittmöglichkeit in Izmir. Es gab dort schlichtweg keine, Izmir war nicht Istanbul oder Ankara. Zum Glück wussten wir das vorher und hatten darum erstmalig in der Geschichte der ZDF-Sportredaktion eine mobile Schnitteinheit im Gepäck.

An meiner Seite war der Kameramann Kurt Drews. Der interessierte sich zwar nicht für Fußball, war dafür aber ein kluger Tüftler und wusste mit der Schnitteinheit umzugehen. Er baute mir das Gerät in meinem Hotelzimmer auf. Damals,

27. Juni 1984: EM-Finale in Paris: Die Mannschaft des Gastgebers Frankreich erzielt einen 2:0-Erfolg gegen die »Selección«, das Team des Nachbarn Spanien.

↗ Mit »Häuptling Silberlocke«: Bundestrainer Jupp Derwall im Interview während der Fußball-WM in Frankreich; Juni 1984

1983, galt das als eine echte technische Sensation. Den Vorschaubericht Türkei gegen Deutschland fertigten wir also im Hotel *Efes* an und überspielten ihn von dort nach Mainz.

Einen Tag später dann das Spiel. Es endete 3:0 für Deutschland. Ich wurde sehr oft gefragt, welche Stadien ich weltweit für die stimmungsvollsten halte. Ich antwortete: »Es sind das Aztekenstadion in Mexiko-Stadt, Wembley in London, der Betzenberg in Kaiserslautern und das Izmir-Atatürk-Stadion.« Ich habe bis heute das Bild, die Geräusche, diesen Ton im Kopf, die ich dort 1983 erlebt habe. Das Stadion war mit 72 000 Zuschauern bis auf den letzten Platz ausverkauft. Auf den Aschenbahnen vor den Tribünen hatte sich das türkische Militär postiert, Körper an Körper nur Soldaten mit Stahlhelmen und geschulterten Gewehren, und alle standen mit dem Rücken zum Spielfeld. Es war die Zeit, als das türkische Militär in dem Land herrschte. Für mich war das beängstigend.

Alle vier voll besetzen Tribünen in Izmir hatten vor dem Anpfiff wohl eine Absprache getroffen. In einer genauen Reihenfolge, in einer Art Kanon, feuerten sie ihr Team akustisch an. Es gab zwar später die La-Ola-Welle als Anfeuerungsritual in Form einer körperlichen Bewegung. Aber einen solchen intensiven und kunstvoll inszenierten Sound, wie er mir im Izmir-Atatürk-Stadion zu Ohren kam, habe ich bis heute nicht mehr erlebt. Es kam mir vor wie ein Bienenschwarm, der durch das Stadion kreiste und dabei infernalisch laut war.

Nach dem Abpfiff führte ich am Spielfeldrand meine Interviews, diesmal mit drei Spielern gleichzeitig. Das war etwas Besonderes. Es werden mittlerweile fast ausschließlich Einzelinterviews geführt. Meine Partner in Izmir waren Erdal Keser, ein Türkisch und Deutsch sprechender Natio-

12. Mai 1985: Hellas Verona wird mit dem deutschen Spieler Hans-Peter Briegel in seinen Reihen italienischer Fußballmeister.

↗ Voll besetzt: Stimmungsvolle Kulisse im Izmir-Atatürk-Stadion; April 1983

↗ Voll konzentriert: Töppi hinter einer mobilen Schnitteinheit im Hotelzimmer in Izmir; April 1983

nalspieler, der damals bei Borussia Dortmund unter Vertrag stand, der Mittelfeldspieler Hans-Peter »Hansi« Müller (»Der schöne Hansi«) und Bernd Schuster. Schuster, Müller, Töpperwien, Keser, genau so waren wir aufgestellt am Spielfeldrand von Izmir.

Doch der erfolgreiche Tag war längst noch nicht zu Ende. Abends nach dem Spiel wollte ich mit einigen ZDF-Kollegen etwas essen gehen. Das Hotel *Efes* organisierte uns eine Kutsche, mit der wir an der Hafenmole von Izmir entlangfuhren. Wir hielten schließlich vor einem Restaurant, in dem ich die bis heute besten Lammkoteletts meines Lebens gegessen habe. Wir saßen zusammen und waren zufrieden mit dem Tag, dem leckeren Essen und dem türkischen Bier. Dazu schauten wir in der Taverne den Grand Prix d'Eurovision de la Chanson, der an diesem Abend aus Deutschland ausgestrahlt wurde, weil ein Jahr zuvor Nicole mit »Ein bißchen Frieden« den Wettbewerb für sich entschieden hatte.

Von Izmir ging es dann weiter nach Wien, wo vier Tage später im Praterstadion die Österreicher die deutsche Nationalmannschaft empfingen. In Wien waren die Arbeitsbedingungen deutlich angenehmer und vor allem weitaus komfortabler als in Izmir, wir besaßen in der österreichischen Hauptstadt sogar ein eigenes Studio. Dort interviewte ich nach dem Spiel (0:0) die deutschen Nationalspieler Karlheinz Förster und Karl-Heinz Rummenigge sowie den Torwart der Österreicher, Friedrich »Friedl« Koncilia. Die Gespräche wurden live nach Mainz gesendet. Damit ging für mich eine sehr ereignisreiche wie kompakte Auslandsreise zu Ende.

29. Mai 1985: Vor dem Anpfiff zum Finale im Europapokal der Landesmeister zwischen dem FC Liverpool und Juventus Turin (0:1) kommt es im Brüsseler Heysel-Stadion zur Katastrophe: 39 Menschen sterben, als nach einer Massenpanik eine Mauer einstürzt.

PAUL BREITNER ZIEHT DIE SCHUHE AUS

132 Ein halbes Jahr nachdem Paul Breitner in Kaiserslautern in mein Mikrofon andeutungsweise sein Karriereende verkündet hatte, gab er am 1. Mai 1983 in München sein Abschiedsspiel. Breitners letzte 90 Fußballminuten wurden vom *Bayerischen Fernsehen* live gezeigt. Anschließend wollte jeder Journalist ein Interview mit dem streitbaren Weltmeister führen, ich natürlich auch. Ich suchte für mein letztes Breitner-Gespräch die Kabine der Bayern auf. Der Ort an sich war schon etwas besonders, aber noch spezieller war der Zeitpunkt: Ich befragte Paul Breitner, während er seine Schuhe auszog. Genau in diesem Augenblick fragte ich ihn die Mutter aller Fußballerfragen: »Paul, Sie ziehen zum letzten Mal die Fußballschuhe aus – was geht in Ihnen vor?«

1984 war das Jahr der Europameisterschaft in Frankreich. Doch zunächst durfte ich am 26. Februar bei einem meiner Lieblingsspiele dabei sein: Real Madrid gegen den FC Barcelona. Im damals wie heute emotionalsten spanischen Fußballduell (»El Clásico«) spielten auch Bernd Schuster (Barcelona) und Uli Stielike (Madrid) gegeneinander. Wie immer in Spanien erwarteten mich schwierigste Arbeitsbedingungen: keine Arbeitskarte, kein Durchfahrtsschein, nichts organisiert. Und wie immer gelangte ich mit meinem Kameramann irgendwie in den Innenraum, wo ich nach Spielschluss sowohl Bernd Schuster als auch Uli Stielike interviewen konnte. Auftrag erfüllt!

19. März 1986: Das »Wunder von Uerdingen«: Bayer Uerdingen besiegt im deutsch-deutschen Spitzenspiel sensationell Dynamo Dresden mit 7:3.

In dieser Zeit schlug mein Herz bereits für den SV Werder Bremen. Das ZDF besaß abwechselnd mit der ARD die Übertragungsrechte für die Freitagabendspiele der Bundesliga. Die Werderaner spielten oft am Freitagabend, und ich reiste dafür immer wieder gern ins Weser-Stadion. Der Unterhaltungswert der Freitagspiele des SV war damals schon extrem hoch, und so ist es ja bis heute geblieben.

Von Anfang an fiel mir auf, dass das Verhältnis des damaligen Werder-Trainers Otto Rehhagel zum Sportchef von *Radio Bremen*, Jörg Wontorra, nicht das beste war. Ich spürte zudem: Je mehr Rehhagel gegen Wontorra eingestellt war (das ging bis zum VIP-Raum-Verbot für Wontorra im Weser-Stadion), umso mehr war er mir zugeneigt. Ich kam immer öfter an ihn heran, was schon damals sehr schwierig war. Meine Annäherung an Otto Rehhagel wurde denn auch ein langwieriger Prozess.

Wir hatten beim ZDF eine neue Idee entwickelt, an der ich Rehhagel beteiligen wollte. Voraussetzung dafür war ein technischer Fortschritt: Mit einem elektronischen Griffel waren wir in der Lage, an einem speziellen Monitor Spielszenen für die Zuschauer erkennbar nachzuzeichnen. Am 21. April, zum Spiel des SV Werder Bremen gegen den FC Bayern München (3:2), wollte ich ihn erstmals einsetzen. Allerdings sollte nicht ich den Griffel schwingen und den Fußballlehrmeister der Nation spielen, sondern Otto Rehhagel war mein Mann, der mit dem Gerät das Spiel für die Zuschauer analysieren sollte. Er sagte zu und kam nach dem Schlusspfiff und der obligatorischen Pressekonferenz in

31. Mai–29. Juni 1986: Fußball-WM in Mexiko: In der Viertelfinalbegegnung Argentinien gegen England erzielt der argentinische Kapitän Diego Maradona ein Tor mit der Hand zum 1:0, der »Hand Gottes«, wie er später erklärt.

↗ »Otto Rehhagel betritt deutschen Boden«: So kommentierte Rolf Töpperwien die Rückkehr des Trainers von Europapokalsieger Werder Bremen nach dem Match gegen den AS Monaco (2:0); Mai 1992.

unseren Übertragungswagen vor dem Weser-Stadion. Das war die erste MAZ-Analyse mit einem elektronischen Griffel für »das aktuelle sportstudio«.

OTTO UND ROLF Mein Verhältnis zu Otto Rehhagel ist außerordentlich gut, das ist allgemein bekannt. Ich bin einer der wenigen Journalisten, der Otto Rehhagel duzen darf. Und das kam so:

6. Mai 1992, Lissabon: Im Endspiel des Europapokals der Pokalsieger traf der SV Werder Bremen auf den AS Monaco. Am Nachmittag verriet mir Rehhagel seine Aufstellung. Überraschend war die Nominierung von Klaus Allofs in der Startelf. Der Trainer lieferte folgende Begründung: »Allofs hat schon bei Marseille und Bordeaux in Frankreich gespielt. Das hilft.« Rehhagel behielt recht. Bremen gewann mit 2:0, die Tore erzielten Klaus Allofs und Wynton Rufer.

Beim anschließenden Siegerbankett in einem schönen Hotel an der Algarve kam Werder-Präsident Franz Böhmert mit zwei Gläsern Champagner in der Hand auf mich zu und führte mich weiter zu Rehhagel. Der saß an einem Tisch weit hinten in einer Ecke, wie immer abgeschirmt durch seine Ehefrau Beate. Böhmert sagte in Richtung Rehhagel: »Trainer, ich glaube, es ist Zeit für euch, Brüderschaft zu trinken.« Otto Rehhagel stand auf, nahm eins der Gläser und sagte: »Ich heiße Otto.« Ich antwortete: »Angenehm, Töppi.« Darauf Rehhagel: »Quatsch, für mich heißt du Rolf.«

29. Juni 1986: WM-Finale in Mexiko-Stadt: Argentinien besiegt Deutschland mit 3:2 und wird zum zweiten Mal Fußballweltmeister.

EINE STARKE WOCHE: ERST OLAF THON, DANN »DALLAS-LUCY«

Eines der wohl meistbeachteten Interviews meiner Laufbahn führte ich am 2. Mai 1984 im Gelsenkirchener Parkstadion. Im DFB-Pokalhalbfinale trafen sich dort der Zweitligist Schalke 04 und der FC Bayern München. Es war kein Livespiel, sondern wurde in einer Abendsendung »ZDF SPORT-extra« in 30 Minuten zusammengefasst. Der Kommentator des Spiels war mein Freund und Kollege Eberhard Figgemeier, ich war als Interviewreporter eingesetzt. Während des Spiels saß ich neben Figgemeier, und wir verfolgten eines der spannendsten, ungewöhnlichsten und dramatischsten Pokalspiele in der Geschichte des deutschen Fußballs. Das Spiel endete nach Verlängerung 6:6, und ich schlug Figgemeier bei jedem der zwölf Treffer so kräftig auf die Schulter, dass er zum einen jeweils euphorisch »Tor!« schreien musste und mich zum anderen später für eine schmerzhafte Schulterprellung verantwortlich machte.

Unmittelbar vor dem Abpfiff lief ich von der Tribüne runter in Richtung Spielfeld. Als die wahnsinnige Partie zu Ende war, holte ich mir Olaf Thon zum Interview. Er war der Held des Spiels, tags zuvor gerade mal 18 Jahre alt geworden und an diesem Abend dreifacher Torschütze. Doch ich war nicht allein: Eine riesige Schalker Fantraube außer Rand und Band kam immer näher, »umzingelte« uns und skandierte »Schalke, Schalke!«, oder auch »Olaf, Olaf!« Vor lauter Menschen konnte ich so gut wie nichts mehr sehen. Inmitten der Fans sprach ich im Interview das an, was für viele Schalker eine echte Sensation war: Olaf Thon war als Jugendlicher ein überzeugter Bayern-Fan gewesen – und hatte zu Hause in

↗ Ein Wahnsinns-Match: Rolf Töpperwien am Abend des 6:6 in der DFB-Pokalbegegnung des Schalke 04 gegen den FC Bayern München; Mai 1984

↗ »Lucy« aus der Serie »Dallas« auf großer Fahrt im Hamburger Volksparkstadion im Mai 1984

Bayern-Bettwäsche geschlafen. Thon bestätigte das vor laufender Kamera, das Interview wird heute im Schalker Fußballmuseum gezeigt.

An diesem Gelsenkirchener Abend war ich in Hochform, und die wollte ich unbedingt halten. Besser noch, ich wollte nach meinem Parkstadion-Auftritt noch eins drauflegen. Und ich glaube, das ist mir bereits drei Tage später auch gelungen. Am 5. Mai spielte in der Bundesliga der Hamburger Sport-Verein gegen den FC Bayern München (2:1). Der Reporter dieser Partie war Eberhard Figgemeier, und ich war der »Storymaker«.

Zu dieser Zeit verkehrte ich gern in dem berühmten Hamburger Fußballlokal *Buttstädt's* in der Rothenbaumchaussee direkt gegenüber dem NDR-Hörfunkgebäude. Die Kneipe war nach ihrem Besitzer benannt: Werner Buttstädt war Leiter der »Aktuellen Schaubude«, der ältesten live gesendeten Unterhaltungsshow im deutschen Fernsehen. In der Kneipe verkehrte damals ein »buntes Volk«, also HSV-Spieler, Fernsehleute wie Carlo von Tiedemann und Schlagerstars wie Nicole, Bernhard Brink, Frank Zander oder Bernd Clüver. Ich gesellte mich als angereister Reporter immer gern dazu.

Zwei Wochen vor dem Match war ich bereits zu Besuch in Hamburg gewesen und natürlich bei *Buttstädt's* eingekehrt. Schon zu diesem Zeitpunkt redeten die Hanseaten nur noch vom »Spiel des Jahres« gegen die Bayern aus München. Werner Buttstädt erzählte aber auch, dass »die Aktuelle Schaubude« an eben diesem Spielabend einen ganz großen Star zu Gast hätte, nämlich die US-Schauspielerin Charlene Tilton. Tilton spielte in der auch in Deutschland ausgestrahlten und äußerst populären Fernsehserie »Dallas« die Lucy Ewing. Eine Woche vor dem Spiel erfuhren Eberhard Figgemeier und ich, dass wir für dieses Match besetzt wurden. Von diesem

25. Juni 1988: EM-Finale in München: Die Niederlande gewinnen gegen die Mannschaft aus der UdSSR mit 2:0 und erringen damit den ersten internationalen Titel.

Zeitpunkt an bastelte ich an einer Idee. Ich rief sofort meinen alten Freund Buttstädt an und fragte ihn: »Wäre es möglich, dass wir zum Anstoß um 15.30 Uhr die »Dallas«-Lucy in einem Cabrio ins Hamburger Volksparkstadion fahren lassen? Genau dann, wenn die Mannschaften einlaufen?« Er war begeistert und versprach mir seine Hilfe (»Ich arbeite dran!«). Am Freitag vor dem Spiel stand fest: »Lucy« machte mit. Das allein reichte mir aber nicht, ich wollte noch eins draufsetzen. Deshalb suchte ich am Abend vor dem Spiel die Managerin von Tilton im Hamburger *InterConti* auf. Meine Bitte: »Lucy« sollte unmittelbar nach der Einfahrt ins Volksparkstadion noch einmal kurz aussteigen, und dann mit meinem Mikrofon die Zuschauer des »aktuellen sportstudios« zum Spiel HSV gegen Bayern begrüßen. Ich bekam die Zusage, dass die Schauspielerin auch bei dieser Aktion nicht kneifen würde. Eine Frau, ein Wort: Charlene Tilton alias Lucy Ewing fuhr in einem weißen Cabrio mit einem Cowboyhut auf dem Kopf und in Westernstiefeln ins Stadion ein. Die Fans jubelten ihr zu. Wir drehten diese Sequenz mit gleich zwei Kameras. Dann stieg sie aus dem offenen Wagen aus und sprach in mein Mikro: »Hi, I am Charlene Tilton, better known as Lucy from Dallas, Texas, and I want to introduce you to the soccer game Hamburger SV against Bayern Munich.« Das war der On-Aufsager, und so starteten Eberhard Figgemeier und ich unseren Bericht. Danach habe ich mich bei Charlene Tilton für diese Aktion ganz herzlich auf Englisch bedankt. Tilton, damals ein echter Weltstar, erwiderte: »Thank you, that you gave me the opportunity to make this.« Unglaublich, diese Amerikanerin!

Im Sommer dieses wirklich aufregenden Jahres folgte meine zweite Teilnahme an einer Fußballeuropameisterschaft (vom 12. bis 27. Juni). Diesmal in Frankreich und dies-

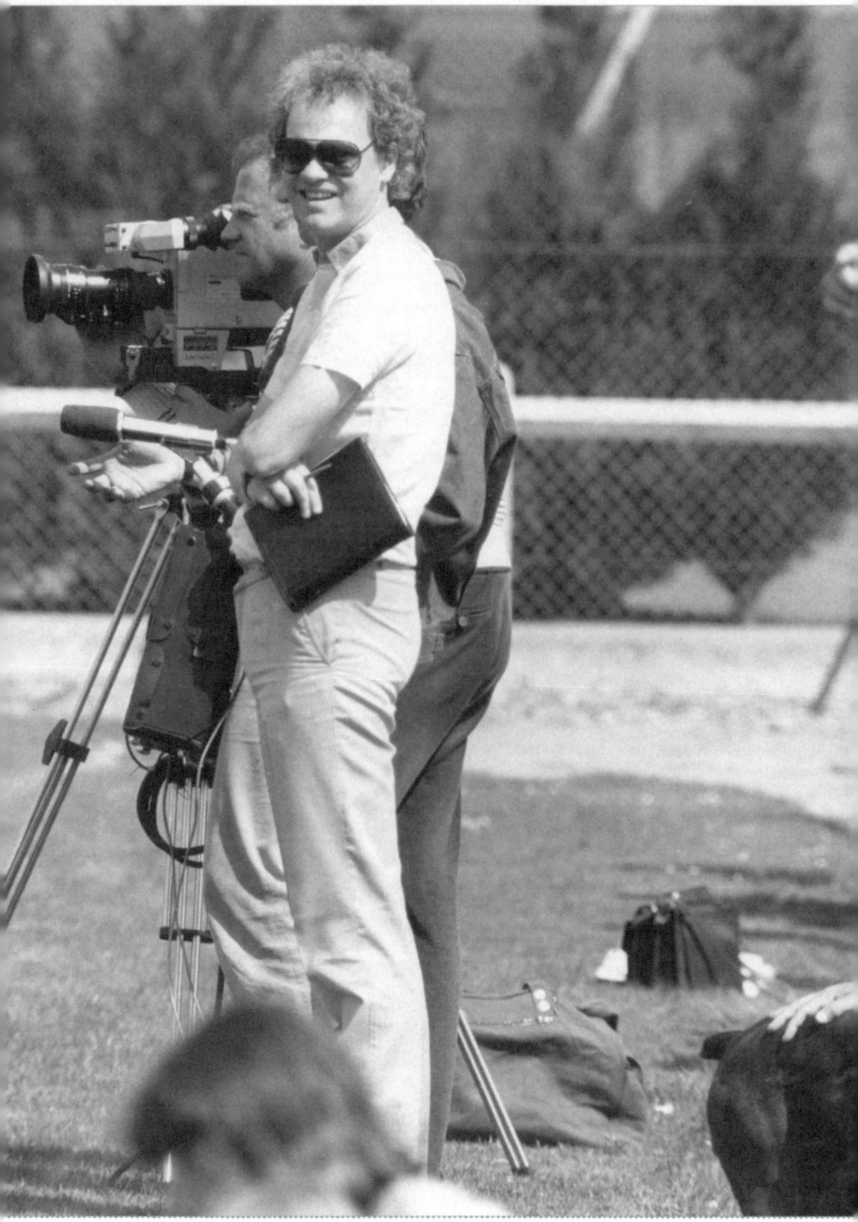

↗ Mit Kameramann Detlev Stahl während der Fußball-EM in Frankreich im Juni 1984

mal in einem Reporterteam gemeinsam mit dem Kollegen Michael Palme.

Paris, 20. Juni, Prinzenpark: Deutschland war so gut wie in der nächsten Runde, ein Unentschieden im letzten Gruppenspiel gegen Spanien hätte gereicht, und die Mannschaft mit ihrem Trainer Jupp Derwall wäre drei Tage später in Lyon im Halbfinale auf Dänemark getroffen. Ich hatte bereits eine Fahrkarte für den TGV, den damals schnellsten Zug der Welt, nach Lyon gelöst. Dieses letzte Vorrundenspiel der deutschen Mannschaft strahlte die ARD aus. Palme und ich waren für das ZDF vor Ort in Paris, um nach dem Schlusspfiff die Interviews für unseren Sender zu führen. Zudem waren fast alle ZDF-Journalisten im Prinzenparkstadion auf den sogenannten *observer seats* (Beobachterplätzen) versammelt.

Dann passierte das Unglaubliche: In der 90. Spielminute flog der Ball, eher durch Zufall, dem spanischen Libero Antonio Maceda an den Kopf. Das Leder senkte sich ins Tor von Harald Schumacher – und damit war Deutschland ausgeschieden. Wir alle, Kürten, Esser, Wark, Reif, Palme und ich standen in diesem dunklen Stadion und schauten uns fassungslos an. »Raus aus dem Turnier, kein Lyon mehr. Was machen wir jetzt?«, fragten wir uns. Der nächste Tag war ein hoher Feiertag in Deutschland, Christi Himmelfahrt, an einem solchen Tag wurde traditionell keine Sportsendung im ZDF ausgestrahlt, nicht einmal die »drehscheibe«. Dennoch war uns sofort klar: Wir müssen unbedingt eine Geschichte über dieses unerwartete Vorrunden-Aus des Derwall-Teams drehen. Michael Palme und ich fuhren noch am selben Abend zum deutschen Quartier in den Pariser Vorort Saint-Germain-en-Laye. Dort warteten wir stundenlang im Park vor dem Mannschaftshotel. Wir konnten durch die Fensterscheiben in erleuchtete Räume sehen, wo die deutschen Spie-

8. Juni–8. Juli 1990: Fußball-WM in Italien

↗ Trauer nicht nur bei Karl-Heinz Rummenigge: Nach dem Ausscheiden der deutschen Mannschaft gegen Spanien bei der Fußball-EM in Paris; Juni 1984

ler erst zu Abend aßen, dann noch etwas tranken. Damals kam man wenigstens noch auf das Gelände, aber schon nicht mehr in das Hotel hinein. Es wurde Mitternacht, ein Uhr, schließlich zwei Uhr. Dann endlich ließ sich der Kapitän der Nationalmannschaft, Karl-Heinz Rummenigge, bei uns Reportern blicken und stellte sich unseren Fragen. Allerdings sprach Rummenigge weder über den Trainer Derwall noch über den Zustand der Mannschaft. Er drückte nur seine tiefe Enttäuschung über das schlechte Abschneiden des Teams aus. Dann kam der Anruf von Dieter Kürten (es gab bereits die ersten Mobiltelefone) mit der Nachricht, dass man für den folgenden Tag doch noch eine halbstündige Sondersendung eingeplant hätte. Die sollte aus dem ZDF-Studio in der Rue Goethe in Paris gesendet werden. Ich drehte also mit unserem Kameramann Christoph Kutschera die halbe Nacht vor dem deutschen Quartier.

Am nächsten Morgen waren wir bereits um 8.30 Uhr alle wieder zum Filmschnitt im Studio versammelt. An diesem Tag machte die unbestätigte Meldung die Runde, die *Bild* würde am darauffolgenden Tag mit der Schlagzeile »Derwall zurückgetreten – Beckenbauer neuer Teamchef« aufwarten. Das traf uns wie ein Schlag, wir wussten von all dem überhaupt nichts. Karl-Heinz Rummenigge hatte uns diese Entscheidung, so überhaupt eine gefällt worden war, im Interview vorenthalten, so dachten wir. Jupp Derwall hatten wir ja die ganze Nacht ohnehin nicht vors Mikrofon bekommen.

Unsere ZDF-Recherchen Wochen später ergaben dann: Das war in jener Pariser Nacht keine Entscheidung des Deutschen Fußball-Bundes gewesen, sondern ein Alleingang der *Bild*-Zeitung. Die wollte mit dieser Schlagzeile nichts anderes, als eine Art Versuchsballon starten, den DFB aus der Reserve locken und zu einer Reaktion zwingen. Erwartet wurde

8. Juli 1990: Im Finale der Fußball-WM in Rom treffen erneut Deutschland und Argentinien aufeinander. Die deutsche Auswahl unter ihrem Teamchef Franz Beckenbauer gewinnt mit 1:0 und wird zum dritten Mal Weltmeister.

entweder ein heftiges Dementi dieser Meldung oder die stillschweigende Akzeptanz. Der Deutsche Fußball-Bund entschied sich für die zweite Variante.

An diesem Tag hatte die *Bild* also Jupp Derwall als Bundestrainer entlassen und Franz Beckenbauer als Teamchef eingesetzt. Ein bis heute einmaliger Vorgang in der Geschichte des deutschen Fußballs.

TÜR AN TÜR MIT MILVA

Am 7. Oktober 1984 produzierte ich ein Stück für die die »SPORTreportage«, das ich mit für das Beste halte, was ich je in meiner Karriere abgeliefert habe. Dafür flog ich nach Italien, denn es war eine Story über ein Spiel in der ersten italienischen Liga, der Serie A. Das war damals noch ganz einfach, Mitte der achtziger Jahre stand die Frage der Übertragungsrechte im internationalen Fußball noch nicht so streng auf der Tagesordnung wie heute.

Im Oktober 1984 war das Serie-A-Topspiel zwischen Inter Mailand und Hellas Verona journalistisch besonders interessant. Erstens, da Hellas Verona mit Hans-Peter Briegel im Mailänder Giuseppe-Meazza-Stadion (ehedem »San Siro«) antrat und überaus erfolgreich in die Liga gestartet war. Hellas Verona wurde zum Ende der Spielzeit 1984/85 überraschend italienischer Meister. Zweitens, weil bei Inter Mailand Karl-Heinz Rummenigge, der Kapitän der deutschen Nationalmannschaft, unter Vertrag stand. Drittens, weil mir zu diesem Match mit den beiden deutschen Nationalspielern mal wieder der besondere Clou einfiel: Ich hatte nämlich vorab in einer Zeitung gelesen, dass sich Rummenigge und seine Frau Martina in Blevio am Comer See mit dem italienischen Weltstar Milva eine Doppelhausvilla teilten. Milva und Rummenigge Tür an Tür, das wollte ich in meinem Beitrag unbedingt zeigen.

Deshalb zog ich zunächst einige Milva-Scheiben aus meinem Schallplattenschrank und hörte sie mir an, als musikalische Einstimmung gewissermaßen. Ich fand schnell einen großen Milva-Hit, der auch als Single ausgekoppelt worden war. Der Song trug den Titel »Zusammenleben«. Das passte natürlich genau zu meiner Geschichte. Mir fiel auf, dass das Stück einen wunderschönen Instrumentalvorspann hat, bevor Milva mit ihrem Gesang loslegt. Das alles schwirrte mir im Kopf herum, als ich mich bei Karl-Heinz Rummenigge zum Dreh anmeldete. Er sagte mir ein Interview zu, allerdings mit der Einschränkung, nur im Inter-Trainingslager »Appiano Gentile« mit mir sprechen zu wollen. (»Privat geht gar nichts!«)

Daraufhin habe ich die deutsche Plattenfirma von Milva angerufen und um einen Kontakt zu der großen italienischen Künstlerin gebeten. Ich wurde an Milvas Deutschland-Managerin Rosa Pape verwiesen. Ich nahm mit ihr Kontakt auf, mit einem unguten Gefühl, denn ich hatte mit den meisten Vertretern aus dem Showgeschäft keine guten Erfahrungen gemacht. Die meisten standen dem Fußballsport eher ablehnend gegenüber. Ganz anders Rosa Pape, die mich aus dem Fernsehen kannte und sich sogar als großer Fußballfan outete: »Ich gehe alle 14 Tage zum HSV. Was möchten Sie denn?«, fragte sie mich. Ich bat um ein Interview mit Milva, natürlich am Comer See vor ihrer Villa.

In der Vorbereitung zu dem Milva-Interview hatte ich mir die erste Sequenz ihres Songs genau ausgestoppt: 14 Sekunden dauerte der Instrumentalteil von »Zusammenleben«. So lange sollte mein Kameramann Gelhardt über den Comer See

2. September 1990: Erster Spieltag der neu gegründeten Fußball-Bundesliga der Frauen

(»Seetotale«) schwenken. In dem Moment aber, in dem Milva anfängt zu singen, musste der Fernsehzuschauer die Villa sehen. Das Haus also, das die Rummenigges und Milva gemeinsam bewohnten. Und schließlich sollte die Sängerin natürlich auch noch etwas in mein Mikrofon sprechen. Rosa Pape war von dieser Idee begeistert, und ich erhielt die Interviewzusage für den Samstagnachmittag, den Tag vor dem Spiel. Ich fuhr also mit meinem Team zum Comer See und klingelte bei Milva. Die Tür wurde geöffnet, und sie gab mir ein Interview. Wir waren fertig und wollten gerade weg, da kam Karl-Heinz Rummenigge vom Training nach Hause. Er schimpfte, und es entwickelte sich ein kleiner Schlagabtausch:

Rummenigge: »Du solltest doch nichts Privates von mir drehen!«

Töpperwien: »Ich drehe hier überhaupt nichts über dich, sondern etwas über Milva.«

Am Sonntag schnitt ich dann die Szenen am See, die Musik, die Spielsequenzen von Inter gegen Verona (0:0) und die O-Töne von Rummenigge und Briegel zu einem unterhaltsamen Beitrag zusammen. Das Stück wurde in der »SPORTreportage« ausgestrahlt und erzielte große Aufmerksamkeit und weithin Anerkennung.

Rolf Töpperwien galt in seiner gesamten Karriere immer als der klassische Schwarz-Weiß-Typ. Eine kreative Ader im Filmemachen wurde ihm nicht unbedingt nachgesagt, das »Künstlerische« war ihm auch eher fremd, wie er offen zugibt. Dennoch zeigt die Rummenigge-Milva-Story, dass Töppi filmisch sehr ambitionierte Sportstücke drehen und umsetzen konnte – wenn er nur wollte und genug Zeit dafür hatte.

TRAKTOR STATT THRAKIEN ODER REISEN BILDET

 Nur einen Monat später und fast exakt sieben Jahre nach Beginn meiner Festanstellung 1977 beim Zweiten Deutschen Fernsehen durfte ich mein erstes Fußballspiel in voller Länge live kommentieren. Es war am 11. November, ein Europapokal-Rückspiel, die Partie lautete AFD Trakia Plovdiv gegen FC Bayern München (2:0). Trakia Plovdiv war ein Vertreter Bulgariens, und dementsprechend langwierig und anstrengend war unsere Anreise. Als Livereporter durfte ich mir einen Redakteur zur Seite nehmen, einen Mann meines Vertrauens. Diese »Regelung des zweiten Mannes« gilt im ZDF übrigens heute noch. Ich entschied mich für meine Bulgarienreise für den Kollegen Christian Posselt. Zunächst ging es mit dem Flugzeug von Frankfurt am Main in die bulgarische Hauptstadt Sofia und anschließend weiter mit dem Bus nach Plovdiv, immerhin die zweitgrößte Stadt des Landes. Bulgarien präsentierte sich mir während der Busfahrt als ein schönes Agrarland. Wir fuhren kilometerlang an zahllosen Äckern vorbei, auf denen sich unzählige riesige Traktoren abarbeiteten und ernteten, was der bulgarische Boden so hergab. Das Bild, das sich mir während der Busreise einprägte, waren Äcker, Traktoren, noch mehr Äcker und noch mehr Traktoren. Vor dem Match am nächsten Tag fragte ich den Kollegen Posselt: »Was bedeutet eigentlich Trakia?« Mir, der Geschichte studiert hatte, fiel es nicht ein. Mein Kollege antwortete: »Das hat sicher was mit der Landwirtschaft zu tun und steht für Traktor.« Nach dem, was ich bisher gesehen hatte, klang das logisch.

In meiner Livereportage erklärte ich dann selbstsicher,

28. Februar 1991: Sendestart von *Premiere*; ab der Saison 1991/92 zeigt der Pay-TV-Sender Liveübertragungen der Bundesliga.

aber ungeprüft, Bayern Münchens Gegner hieße Trakia Plovdiv, weil die Gegend durch Landwirtschaft und vor allem durch Traktoren geprägt sei. Diese Bemerkung brachte mir einen Kommentar auf der Titelseite der *Frankfurter Allgemeinen Zeitung* ein. Unter der süffisanten Überschrift »Reisen bildet« stand geschrieben, Töpperwien hätte wohl erstens noch niemals etwas von den Thrakiern gehört und reduziere zweitens, viel schlimmer noch, diese stolze, geschichtsträchtige Volksgruppe allesamt zu Traktorfahrern.

KLEINE SPIELE, GROSSE WIRKUNG: »HAMBURGER KLASSENKAMPF« UND EIN GEBROCHENER ARM

Oft suchte ich die ganz besonderen kleinen Begebenheiten. So auch am 10. April 1983. Während meiner ganzen Karriere verlor ich nie die kleinen Clubs aus den Augen, ich kannte mich in den unteren Fußballligen genauso aus wie in der höchsten deutschen Spielklasse. Ich las ja seit meiner Jugend jeden Montag und Donnerstag den *Kicker* – rund vier Stunden lang. Aber nicht nur die Spiel- und Hintergrundberichte, sondern mindestens genauso akribisch jede Tabelle, die im *Kicker* abgedruckt war, weil mich auch richtig interessierte, was »da unten« vor sich ging.

Das erste Mal entdeckte ich im April 1983 ein interessantes Spiel abseits des großen Bundesligafußballs. In der Amateur-Oberliga Nord trafen der Hummelsbütteler SV und der SV Lurup aufeinander. Das waren zwei Hamburger Stadtteilvereine, die in der Saison 1982/83 ordentlich für Furore sorgten, weil sie ebenso erfolgreich wie unterschiedlich waren. Der eine Verein, der Hummelsbütteler SV, hatte mit dem erfolgreichen Immobilienmakler Peter Bartels einen richtigen Mäzen. Der andere Club, der SV Lurup, wurde von Uwe Einsath geführt, einem kernigen Mann und Besitzer einer Gerüstfirma. Wochenlang beobachtete ich im Vorfeld die Entwicklung der beiden Vereine, so lange, bis das Ligaspiel zwischen den beiden Teams an einem Sonntag angesetzt wurde. Der ZDF-Besetzungskonferenz schlug ich daraufhin dieses ganz besondere Nordderby als Beitrag für die »SPORTreportage« vor. Mein Vorhaben wurde angenommen.

Neben dem »Hamburger Klassenkampf« war ich aber noch auf einen anderen Kampf in Hummelsbüttel aufmerksam geworden, nämlich den einer Rentnerin, die direkt am Fußballplatz wohnte. Sie klagte schon seit geraumer Zeit gegen die fußballerische Lärmbelästigung an den Sonntagen. Aus Rache rückte sie all die Bälle, die regelmäßig über einen Zaun hinweg in ihren Garten flogen, nicht mehr an den Verein heraus.

In Hummelsbüttel angekommen, sagte ich zu meinem Kameramann Andreas Teichmann: »Zum Garten, da müssen wir hin!« Teichmann schlich sich auf ein Nachbargrundstück und kletterte auf eine Holzgarage. Von dort konnte er den ansonsten uneinsichtigen Garten der fußballleidigen Seniorin beobachten. In dem Augenblick aber, als ihm der Assistent die Kamera hinaufreichte, brach das gesamte Garagendach ein. Andreas Teichmann krachte nach unten, stürzte und brach sich den Arm. Aber er stand wieder auf und fing sowohl das Spiel als auch den Garten mit seiner Kamera ein. Das Stück wurde in der »SPORTreportage« am Sonntagnachmittag gesendet und erntete viel Lob. Der Held des Spiels und des Berichts aber war eindeutig Andreas Teichmann.

Das Große im Kleinen fand ich auch im Ruhrgebietsfußball, und zwar in Essen. Am 8. April 1985 trafen in der

15. Juni 1991: Karl-Heinz »Charly« Körbel beendet seine Spielerkarriere, die er ausschließlich bei Eintracht Frankfurt verbracht hat; mit 602 Einsätzen hält er den Bundesligarekord.

Oberliga West die beiden Traditionsteams Rot-Weiss und Schwarz-Weiß Essen aufeinander. Wer Fußball liebt, der hätte dieses Spiel dem Redaktionsleiter vorgeschlagen, ja vorschlagen müssen. Es war ein Sonntagsspiel um 15 Uhr an der Essener Hafenstraße.

Ich konnte aus Zeitgründen keine Story absetzen, sondern wollte einen klassischen Spielbericht für die »SPORTreportage« liefern. Die Zeit war so knapp, dass ich den Bericht vor Ort anfertigen musste. Deshalb schickte das ZDF einen Übertragungswagen nach Essen. Es war das erste Mal, dass die »SPORTreportage« einen Ü-Wagen mit voller Besetzung zu einem Amateurspiel anreisen ließ. Dass ich dem Spielbericht ein Interview mit dem einmaligen Willi »Ente« Lippens anschloss, versteht sich wohl von selbst.

Am 11. Mai 1990 traten in der Bayernliga 1860 München mit dem Trainer Karsten Wettberg und Schweinfurt 05, trainiert von Werner Lorant, zum Südschlager gegeneinander an. Es war ein Freitagabendspiel unter Flutlicht vor 30 000 Zuschauern. Weil die ZDF-Sendung »Sport am Freitag« an diesem Abend nur über zwei Bundesligaspiele berichtete, konnte ich die Partie (3:3) als zusätzlichen Beitrag durchsetzen. Schließlich war es ein Endspiel, ging es doch um den Aufstieg in die Zweite Bundesliga. In meiner Reportage zeigte ich allerdings auch, wie es in einem Oberligaspiel so zugeht. Die Bedingungen im Städtischen Stadion an der Grünwalder Straße in München waren alles andere als komfortabel. Der Schiedsrichter klagte darüber, in seiner Kabine gebe es kein warmes Wasser und er müsse nach dem Match kalt duschen. Mein Interesse stieß auch auf die Anzeigetafel im »Sechzger-Stadion«: Der Spielstand, die Tore, wurde auf zwei Tafeln, eine für die Gäste und eine für die Heimmannschaft, angezeigt. Für das Aufhängen gab es eigens einen

16.–30. November 1991: In der Volksrepublik China wird die erste Fußball-WM der Frauen ausgetragen. Die USA werden nach einem 2:1-Sieg gegen Norwegen Weltmeister.

↗ Bruder, Trainer, Schwester: Rolf und Sabine Töpperwien nehmen Felix Magath in die Mitte; Oktober 2001.

Experten, der seine Aufgabe gewissenhaft mit einem langen Besenstil bewerkstelligte! Natürlich interviewte ich diesen Mann.

Am 8. Juni 1985 wurde der FC Bayern München Deutscher Fußballmeister, und zwar in Braunschweig. Zu diesem Reportereinsatz nahm ich zum ersten Mal meine Schwester Sabine mit. Sie wollte schon immer mal ihrem großen Bruder bei der Arbeit zusehen. In Braunschweig wurde Sabine erstens Bayern-Fan und entdeckte zweitens ihren Traumberuf: Sportreporterin. Gegen ihre Fanliebe war ich machtlos. Von ihrem Berufswunsch riet ich ihr aber ab. »Du bist nicht der Typ dafür. Beim Fernsehen befindest du dich in einer Schlangengrube«, warnte ich.

Aber es half nichts. Zum Glück, denn später wurde sie die erste Frau, die – für den NDR-Hörfunk – einen Einsatz als Fußballreporterin hatte (HSV gegen FC St. Pauli). Heute ist sie beim WDR-Hörfunk Redaktionsleiterin Sport und erfährt überall im Lande große Anerkennung. Sabines Urteil über meine wöchentlichen Reporterleistungen waren mir immer sehr wichtig. Nach jedem »sportstudio« telefonierten wir miteinander und analysierten meinen Bericht sowie die gesamte Sendung.

6. Mai 1992: Finale im Europapokal der Pokalsieger in Lissabon:
Der SV Werder Bremen und AS Monaco trennen sich 2:0.

SCHUNKELN MIT TÖPPI »AN DER NORDSEEKÜSTE«

 Zum Nordderby Werder Bremen gegen den Hamburger Sport-Verein (2:0) am 31. August 1985 ließ ich mir mal wieder etwas Besonderes einfallen. Und das hatte erneut etwas mit Musik zu tun. Dass jedoch am Ende dieser Aktion der deutschlandweite Durchbruch für ein bis dahin unbekanntes Gesangsduo stehen würde, damit hatte ich natürlich nicht gerechnet.

Ein mit mir befreundeter Musikmanager, Jo Geistler, machte mich auf das norddeutsche Duo Klaus & Klaus aufmerksam, insbesondere auf ihren Song »An der Nordseeküste«. Die beiden waren noch ziemlich unbekannt, allenfalls eine lokale Größe. Aber Geistler, der Exmann der Sängerin Gitte Hænning, war überzeugt von Klaus & Klaus. Ich sollte die beiden doch unbedingt mal »ins Fernsehen bringen«, legte er mir ans Herz. Neugierig geworden, hörte ich mir den Song an. Die eingängige Melodie gefiel mir auf Anhieb. Und der Text passte wie kein anderer exakt zum Nordderby.

Ich fragte Klaus Büchner und Klaus Baumgart, ob sie im Bremer Weser-Stadion ihr Lied singen würden. Allerdings unter einer Bedingung: Der eine Klaus sollte im Werder-Trikot und der andere Klaus im HSV-Trikot auftreten. Sie sagten sofort zu, die Genehmigung von Werder und dem HSV holte ich ebenfalls ein, und schon ging es los: Stadionsprecher Christian Günther, legendärer DJ von *Radio Bremen* und ein guter Freund von mir, ließ das Lied vom Band laufen, als beide Teams – angeführt von Klaus & Klaus – einliefen. Es dauerte keine Minute, da schunkelten die 40 000 Zuschauer im Stadion eifrig mit. Ebenso mein Kameramann Jochen

10.–26. Juni 1992: Fußball-EM in Schweden

↗ »An der Nordseeküste«: Mit Klaus & Klaus hatte Töppi im August 1985 im Weser-Stadion vor Spielbeginn im Nordderby des SV Werder Bremen gegen den Hamburger Sport-Verein zum ersten Mal geschunkelt; hier etwas später bei einem Prominentenspiel.

Bärwald, der sein Objektiv im Rhythmus bewegte und so für einprägsame Bilder sorgte. Das war mein Einstieg zu meinem »sportstudio«-Bericht für dieses Nordderby.

Angenehmer Nebeneffekt des Stadionauftritts für Klaus & Klaus: Der Song »An der Nordseeküste« wurde ein Gassenhauer in fast allen deutschen Stadien und stürmte wenige Wochen darauf die Spitze der deutschen Single-Charts. Später erhielt das Duo sogar eine »Goldene Schallplatte«. Als Dank durfte ich bei der Verleihung in Hamburg als Ehrengast dabei sein.

IM CLINCH MIT ULI HOENESS

Der Beginn meiner »Hassliebe« zum FC Bayern München und seinem Manager Uli Hoeneß nahm seinen Anfang in München. Der SV Werder war am 23. November 1985 zu Gast im Olympiastadion. Das Spiel war vor allem geprägt von einem wirklich bösen Foul des Bayern-Liberos Klaus Augenthaler an Werder-Stürmer Rudi Völler. »Auge« haute den durchbrechenden Völler im wahrsten Sinne des Wortes um. Die Konsequenz: Rudi Völler war ein halbes Jahr lang

↗ Ein starkes Trio: Bayern-Trainer Giovanni Trapattoni, Rolf Töpperwien und Uli Hoeneß; Januar 1998

verletzt. Auf diesen brutalen »Einstieg« Augenthalers sprach ich nach dem Match Uli Hoeneß im Interview an. Doch der antwortete lapidar: »Was kann der Augenthaler denn dafür, wenn der Völler so schnell ist?« Für mich war diese Reaktion unfassbar. Von da an war das Verhältnis zwischen mir und den Bayern sowie Uli Hoeneß gestört. Lange gab es Reibungspunkte, wenn wir aufeinandertrafen. Schließlich beruhigte sich die Lage irgendwann, wohl auch aufgrund unser beider einsetzenden Altersmilde. Was aber bleibt, ist die Wertschätzung gegenüber Uli Hoeneß als Bayern-Manager und Präsident des Vereins sowie die Erkenntnis, dass die Interviews mit ihm zweifelsohne zu den Höhepunkten meiner Laufbahn zählten.

DAS WUNDER VON UERDINGEN

1986 fand nicht nur die erste Weltmeisterschaft statt, bei der ich als Reporter vor Ort war, sondern auch ein »Jahrhundertspiel«: Im UEFA-Pokal der Pokalsieger wurde am 5. und 19. März das deutsch-deutsche Duell zwischen der SG Dynamo Dresden und dem FC Bayer 05 Uerdingen ausgespielt. Das Hinspiel in Dresden übertrug die ARD live. Ich reiste dennoch in die Elbstadt, um eine Geschichte über das Spiel zu drehen. Es war mein bis dahin dritter Besuch in der DDR. Ich mochte die Stadt Dresden auf Anhieb und fühlte mich dort sehr wohl. Das Spiel endete 2:0 für die Gastgeber. Danach rechnete jeder mit dem, was mir Dynamo-Stürmer Andreas Thom ins Mikrofon sprach: »Im Rückspiel lassen wir uns die Butter nicht mehr vom Brot nehmen.« Ich war mir da nicht so sicher. Neben der besonderen politischen Brisanz des Spiels plädierte ich eine Woche später zusammen mit anderen Kollegen in der ZDF-Redaktionskonferenz auch aus diesem Grund für eine Liveübertragung des Rückspiels. Die Alternative war das Viertelfinalspiel im Europapokal der Landesmeister zwischen dem FC Bayern München und dem

RSC Anderlecht (2:2). Dafür besaß das ZDF ebenfalls die Übertragungsrechte. In der Konferenz entwickelte sich eine lebhafte Diskussion. Die Befürworter des Bayern-Spiels wiesen vor allem darauf hin, dass aus dem Uerdingen-Spiel vermeintlich die Luft schon raus sei, und so etwas schließe eine gute Zuschauerquote aus. Ich widersprach und brachte noch einmal ausdrücklich die »deutsch-deutsche Note« des Matches ins Spiel. Die Uerdingen-Fraktion setzte sich schließlich ganz knapp durch. Uerdingen statt München im ZDF! Dieter Kürten, der Sportchef, beendete die Sitzung jedoch mit einer ernsten Warnung in meine Richtung: »Wenn es nach einer halben Stunde 1:0 für Dresden steht, dann bekommen Sie echte Schwierigkeiten!«

Es kam noch schlimmer, als Kürten befürchtet hatte. Dresden führte zur Halbzeitpause 3:1 und damit in der Addition der beiden Ergebnisse sogar bereits 5:1. Ich war als Spielfeldreporter vor Ort und hatte meinen Stuhl in der Uerdinger Grotenburg-Kampfbahn genau zwischen die Trainerbänke gestellt, also zwischen Klaus Sammer (Dynamo Dresden) und Karl-Heinz Feldkamp (Bayer Uerdingen). Zur Halbzeit raunte mir Sammer, dem ich vor Spielbeginn von unserer Redaktionsdebatte erzählt hatte, noch siegessicher zu: »Da werden Sie nächsten Montag in der Konferenz wohl einen schweren Stand haben!« Aber es kam ganz anders.

In der zweiten Halbzeit geschah das Unfassbare, das, was später völlig zu Recht als das »Wunder von Uerdingen« bezeichnet wurde: Die Uerdinger drehten in der Grotenburg-Kampfbahn das Match und gewannen 7:3. Das Spiel schrieb

26. Juni 1992: EM-Finale in Göteborg: Dänemark besiegt Deutschland mit 2:0.

↗ Zur Halbzeitpause: Rolf Töpperwien steht gespannt am Spielfeldrand vor der Uerdinger Tribüne, noch kann keiner absehen, was hier in den zweiten 45 Minuten passieren wird …; 19. März 1986.

↗ Nach dem Jahrhundertspiel Bayer Uerdingen gegen Dynamo Dresden am 19. März 1986: Im Gespräch mit den Uerdinger Siegern Matthias Herget und Wolfgang Funkel

echte Fußballgeschichte, und dass es im ZDF übertragen wurde, war ein Highlight! Nach diesen unglaublichen 90 Minuten führte ich diverse Interviews, aufgewühlt und selbst voller Emotionen und Mitgefühl für die Gäste aus Dresden. »Wir trauen uns nicht, nach Hause zu fahren, so beschämend ist das«, gestand mir Andreas Thom. Der Dynamo-Linksaußen Frank Lippmann nahm diese Worte übrigens für bare Münze und blieb im Westen. Mit Klaus Sammer, der mir vor dem Spiel schon ein Interview versprochen hatte, traute ich mich gar nicht mehr zu reden. Sammer jedoch kam auf mich zu und sprach mich an: »Herr Töpperwien, Sie wollten mich doch interviewen.« Das machte ich dann auch mit einem sichtlich niedergeschlagenen, erschöpften Dresdner Trainer. Das Spiel war der Auslöser dafür, dass Sammer nach der Saison 1985/86 als Dynamo-Cheftrainer zurücktreten musste und durch Eduard Geyer ersetzt wurde.

Ganz anders verliefen verständlicherweise die Gespräche mit dem Sieger-Coach »Kalli« Feldkamp und dem dreifachen Torschützen Wolfgang Funkel auf Uerdinger Seite, die ihr Glück kaum fassen konnten. Sie sprangen vor Freude fast bis hinaus in den Nachthimmel. Bayer Uerdingen hatte das Halbfinale im Europapokal der Pokalsieger erreicht. Es ist der bis heute größte Erfolg in der Vereinsgeschichte.

GASTSPIELE Am 12. April 1986 bestritt ich mein erstes »Gastspiel« im ZDF. Ich wurde zur ZDF-Show »Wetten, dass..?« eingeladen. Das war (und ist) Europas größte und erfolgreichste Unterhaltungssendung. Ich war aber kein Wettgast, sondern ich wurde als Reporter gebraucht. Ich sollte im Ludwigspark, dem Stadion des 1. FC Saarbrücken, die Außenwette kom-

14. August 1992: Ausstrahlungsbeginn des wöchentlichen Sat.1-Fußballformats »ran«; Moderator ist neben anderen Jörg Wontorra.

mentieren: Ein Kandidat hatte gewettet, er könne eine 1000-Meter-Strecke in einer ganz bestimmten Zeit laufen – ohne Uhr. Er gewann. Übrigens traf ich bei der anschließenden After-Show-Party meinen Lieblingstrainer Otto Rehhagel, der zusammen mit der Schauspielerin Anja Kruse, dem TV-Kommissar Horst Tappert (»Derrick«) und anderen Prominenten auf Frank Elstners Couch gesessen hatte.

Zwei Jahre später, am 15. Dezember 1988, folgte eine Einladung zu »Ihr Einsatz bitte«, eine ZDF-Unterhaltungssendung, moderiert von Dieter Thomas Heck. Dann folgte mein für viele Menschen ungewohnter Auftritt in Anzug und Schlips in Thomas Gottschalks »Na siehste!« auf der Internationalen Funkausstellung (IFA) in Berlin. Gottschalk musterte mich von oben bis unten und ließ einen Kommentar zu meinem Outfit los: »Und ich dachte, Fußballreporter sind immer verschwitzt, haben hässliche Pullover an und brüllen im Stadion ganz laut: ›Tor!‹«

Bereits seit den frühen achtziger Jahren häuften sich die Anfragen für »Nebentätigkeiten«. Das war bis dahin ein Privileg der Moderatoren gewesen und für Reporter wie mich eher ungewöhnlich. Ich begann, Weihnachtsfeiern von Clubs, Sommerfeste, Messen und Firmenfeiern zu moderieren. Das alles trug zu einer durchaus willkommenen Gehaltsaufbesserung bei. Was ich mir in meinem Leben angespart habe, ist das Ergebnis dieser »Nebentätigkeiten«. Jedes einzelne meiner »Gastspiele« musste jedoch von meinem Arbeitgeber genehmigt werden. Das war ein langer Weg, der mitunter sechs Wochen von der Abgabe des Antrags bis zu dessen Bewilligung dauerte. Es ging

17. Juni–17. Juli 1994: Fußball-WM in den USA

↗ »Wetten, dass ..?« mit Horst Tappert, Anja Kruse, Otto Rehhagel, dahinter Töppi, Nicole und vielen anderen in Saarbrücken; April 1986

↗ Aus der Showrubrik: Gemeinsam mit
»Mister Hitparade« Dieter Thomas Heck

über den Redaktionsleiter, den Hauptredaktionsleiter, den Personalrat und schließlich noch ganz hoch in die ZDF-Chefredaktion. Dennoch überspannte ich einmal, unwissentlich, die hohen moralischen ZDF-Standards in Sachen Schleichwerbung.

Am 14. Mai 1994 war ich beim DFB-Pokalendspiel zwischen dem SV Werder Bremen und Rot-Weiss Essen im Berliner Olympiastadion eingesetzt. Nach dem Erfolg der Bremer (3:1) führte ich ein Interview mit dem Werder-Trainer Otto Rehhagel im Mannschaftshotel der Hanseaten. Das Gespräch wurde live nach Mainz geschaltet. Werders Sponsor war damals »DBV«, und Werder-Manager Willi Lemke klebte mir vor dem Interview, ohne dass ich es bemerkte, von hinten einen DBV-Aufkleber auf mein Anzugrevers. Dieses Logo war mit im Fernsehbild und verursachte beim ZDF ziemlich großen Ärger. Mir wurde ja ohnehin seit geraumer Zeit eine Nähe zu Werder Bremen nachgesagt, nun aber unterstellte man mir auch noch, dass ich für den Bremer Sponsor im Fernsehen Werbung machen würde. »Jetzt ist der Bogen endgültig überspannt!«, »Das gibt eine Abmahnung!«, bekam ich vom ZDF zu hören. Ich beteuerte meine Unschuld und erhielt zum Glück Unterstützung: Werder-Präsident Franz Böhmert persönlich stellte die Sache beim Sender richtig.

Weitaus entspannter ging es dagegen am 15. Mai 1997 als Gast der Unterhaltungssendung »Die Pyramide« mit Dieter Thomas Heck zu.

Im selben Jahr versuchte Tommi Ohrner, mich in seiner Sendung »Versteckte Kamera« mit einer fingierten Skigeschichte auf einer Alm an der Nase herumzuführen. Es gelang ihm nicht, denn ich merkte schnell, dass da etwas nicht stimmte, und drehte den Spieß einfach um. Letztendlich wurde Ohrners Team von mir vorgeführt. Gesendet wurde es trotzdem.

Am 14. Dezember 1997 lud mich Johannes B. Kerner in seine Sendung »Menschen 1997« ein. Mit dabei war auch der Sänger Guildo Horn (»Guildo hat euch lieb!«). Horn wünschte sich, »einmal im Leben auf die Torwand zu schießen, und Töppi kommentiert das«. Diesen Wunsch erfüllten wir dem Sänger. Horn traf sogar zweimal, in Socken!

Meinen vorerst letzten TV-Auftritt in einer sportfremden Sendung hatte ich am 29. April 2010, ein halbes Jahr vor meinem Karriereende im ZDF bei »Volle Kanne« gemeinsam mit meiner Schwester. Wir wünschten uns zum Frühstück eine gebratene Gans und bekamen sie von Fernsehkoch Armin Roßmeier auch tatsächlich serviert.

WM IN MEXIKO,
1:0 FÜR JÖRG WONTORRA

Im Sommer 1986 folgte die Fußballweltmeisterschaft in Mexiko. Es war mein erster Einsatz, meine Premiere bei einer WM. Und was für eine! Mit dem Kollegen Michael Palme war ich für die Storys aus dem Lager der deutschen Nationalmannschaft in Querétaro verantwortlich. In den insgesamt sieben Wochen, die ich vor Ort war, nahm ich mir nur einen halben Tag frei, aus Angst, eine Geschichte zu verpassen. Denn Palme und ich trafen in Mexiko auf harte Konkurrenz: Für die ARD waren Jörg Wontorra und Uli Köhler im deut-

10. Juli 1994: Im Viertelfinale der Fußball-WM trifft das Team aus Bulgarien auf die deutsche Mannschaft und gewinnt mit 2:1; der amtierende Weltmeister ist damit ausgeschieden.

schen Lager im Einsatz. Palme und ich lieferten uns mit den beiden einen echten journalistischen Zweikampf um die besten Geschichten. Es war auch so etwas wie die Fortsetzung des ewigen Wontorra-Töpperwien-Duells.

Noch im Höhentrainingslager von Morelia gelang es mir, den Nationaltorhüter Toni Schumacher für ein Interview zu gewinnen. Das war ungewöhnlich, denn Schumacher hatte bis zu diesem Zeitpunkt in Mexiko mit keinem deutschen Journalisten geredet. Als ich dann das Gespräch stolz nach Mainz überspielte, kam die Meldung zurück, die ARD hätte ebenfalls ein Gespräch mit Schumacher geführt. Schlimmer noch, es wurde sogar schon in der »Sportschau« gesendet. Ich konnte mir das nicht erklären und schaute mir das ARD-Stück an. Ich entdeckte, wie Jörg Wontorra mit einem langen Mikrofon von einer höher gelegenen Terrasse aus die Antworten, die mir Schumacher gegeben hatte, »gestohlen« hatte! Anschließend hatte er seine Fragen draufgeschnitten und das Ganze als ARD-Interview verkauft. 1:0 für Jörg Wontorra.

EIN WORT ZUM »SPORTSTUDIO« Bis in die achtziger Jahre hinein sind die Bundesligaspieler, auch ganze Mannschaften, sehr gern zum »aktuellen sportstudio« angereist. Sie ließen sich dafür selbst mit dem Hubschrauber nach Mainz ins Studio einfliegen. »Sie wären sogar zu Fuß gekommen«, erinnert sich Töpperwien. Das änderte sich dann mit Einführung des Privatfernsehens als Erstrechteinhaber deutlich. Das »sportstudio« konnte in der Folge bei Spielern wie Trainern nicht mehr den großen Reiz als Interviewort versprühen, den es einstmals in der gesamten Bundesliga innegehabt hatte. Es wurde für die Redaktion immer

17. Juli 1994: WM-Finale in Los Angeles: Brasilien und Italien trennen sich nach Elfmeterschießen 3:2 (0:0 n. V.); die Südamerikaner sichern sich den vierten Stern auf ihren Trikots.

schwieriger, Gäste nach Mainz zu locken. »Früher sind die Mannschaften zur Meisterschaftsfeier gern ins ›sportstudio‹ angereist, heute reist das ›sportstudio‹ in die Städte der Meister«, sagt Töpperwien. Er sieht das Format mittlerweile als eine Art »Verschiebeware«, das zeitlich nach Belieben hin und her geschoben wird, meistens nach hinten. Immer dann, wenn zuvor »Wetten, dass..?« ausgestrahlt wird. »Je länger ›Wetten, dass..?‹ sendet, desto mehr gewinnt das ZDF«, heißt es im Sender. Dass das »aktuelle sportstudio« dann erst nach 23 Uhr, manchmal sogar erst nach Mitternacht beginnt, kritisiert nicht nur Rolf Töpperwien heftig. Bezeichnenderweise erzielte ein am 17. März 2001 in die »Wetten, dass..?«-Show integriertes »sportstudio« die höchste Quote in der Geschichte der Sendung: Die Zusammenfassung des Matches TSV 1860 München gegen den FC Bayern München (0:2), kommentiert von Töppi, verfolgten 10,8 Millionen Zuschauer.

Als Konsequenz aus der Schwierigkeit, Topgäste nach Mainz zu bekommen, führte das ZDF im Jahr 2007 ein sogenanntes Ministudio ein. Es konnte vor Ort in den Stadien platziert werden. Die langen, oft mühseligen Anfahrtswege der potenziellen Studiogäste reduzierten sich auf ein paar Meter von der Kabine zum Studio, wo sie von den ZDF-Reportern empfangen und interviewt werden konnten. Sein Debüt feierte das Ministudio in der Münchner Allianz Arena am 15. September 2007. Nach dem Spiel Bayern München gegen Schalke 04 (1:1) wurden die beiden Torhüter Oliver Kahn und Manuel Neuer von Rolf Töpperwien interviewt.

Am 15. Dezember 2007 baute das ZDF das Ministudio in Berlin auf. Anlass war das Spiel Hertha BSC

15. Dezember 1995: Das »Bosman-Urteil« des Europäischen Gerichtshofs ergeht. Fortan sind innerhalb der EU Spielerwechsel nach Vertragsende ablösefrei und Begrenzungen der Anzahl von Ausländern in einer Mannschaft ungültig.

gegen Bayern München (0:0). Zu Gast waren die Hoeneß-Brüder, zu denen Töpperwien ein sehr unterschiedliches Verhältnis pflegt. Töppis Begrüßung: »Hallo Dieter, Guten Abend, Herr Hoeneß.«

FAST GEHEIM UND EIN RÜCKZIEHER

Was mich weitaus weniger störte als Wontorras Punktsieg, war eine »Ermahnung« des Weltfußballverbandes (FIFA), der mir persönlich und dem ZDF mit dem Entzug meiner WM-Akkreditierung drohte. Und das kam so:

Nach dem müden Vorrundenspiel gegen Uruguay (1:1) hieß der nächste Gegner für die deutsche Mannschaft Schottland (2:1). Bei den »Bravehearts« war ein Geheimtraining angesetzt, die Anwesenheit von Reportern war dabei natürlich strengstens verboten! So etwas weckte erst recht meinen Ehrgeiz, darüber zu berichten. Es gelang mir, und ich konnte aus einem Versteck heraus sogar Trainingsbilder drehen und baute diese in einer Art »Edgar-Wallace-Story« zusammen. Passend zum Thema Geheimtraining produzierte ich ein Stück mit leeren Straßen, verschlossenen Türen und Fenstern und (fast) unüberwindbaren Mauern. Eine spannende und vor allem Deutschlands nächsten Gegner nicht gerade erfreuende Story.

Im allerletzten Spiel dieser Weltmeisterschaft verließ mich dann allerdings der Mut. Am 29. Juni trafen zum WM-Finale in Mexiko-Stadt Argentinien und Deutschland (3:2) aufeinander. Am Morgen des Endspiels lief noch alles beinahe außergewöhnlich gut. Vor allem dank meiner Beziehung zum Zeugwart der deutschen Nationalmannschaft, Manni

Drexler. Vier Stunden vor dem Anpfiff versteckte ich mich in Absprache mit Drexler zusammen mit meinem Lieblingskameramann Axel Mewes im Kleinbus des DFB-Zeugwarts, um so unerkannt mit ihm ins Innere des Aztekenstadions zu gelangen. Schließlich waren wir in der Kabine, in der sich am Nachmittag zum Endspiel die deutsche Mannschaft umziehen sollte. Ein Husarenstück der besonderen Art! Dort filmten wir, wie Drexler die deutschen Trikots in der richtigen Reihenfolge hinlegte. Mit diesen außergewöhnlichen und exklusiven Bildern setzten wir einen stimmungsvollen Vorbericht zum ZDF nach Mainz ab. Nebenbei sah ich noch den Brasilianer Romualdo Arppi Filho, den Leiter des Endspiels. Er rauchte eine Zigarette nach der anderen. Vielleicht war auch er nervös.

Das Aztekenstadion war mit 114 000 Zuschauern voll besetzt, die Stimmung wahnsinnig gut, und es war mindestens ebenso wahnsinnig heiß. Ich musste mich mit meinem Team hinter dem Tor von Toni Schumacher platzieren und sah durch das Tornetz hindurch, wie Jorge Burruchaga in der 84. Spielminute den 3:2-Siegtreffer für Argentinien erzielte. Eigentlich hatte ich schon zu diesem Zeitpunkt einen Hitzeschlag und war sprichwörtlich »am Ende«. Dennoch rannte ich, wie mindestens hundert andere Fotografen und Reporter auch, nach dem Schlusspfiff zum Mittelkreis. Dort feierten die Argentinier ausgelassen ihren WM-Sieg. Natürlich wollte ich unbedingt ein Interview mit Diego Maradona führen. Allerdings gab ich dieses Ziel schnell wieder auf, als ich sah, was da um ihn herum los war: Fotografen schlugen mit Kamerastativen wild um sich, um an Maradona heranzukommen. Dabei bekam ich es mit der Angst zu tun.

Ich änderte sofort meine Strategie, zog mich aus dem Tumult zurück und wartete am Spielfeldrand auf Hans-Peter

8.–30. Juni 1996: Fußball-EM in England

Briegel, den deutschen Verteidiger, der im Finale so grandios gegen Maradona gespielt hatte. Er schlich zu mir, den Kopf tief gesenkt. »Die Walz aus der Pfalz« weinte bitterlich und erklärte ihren Rücktritt aus der Deutschen Fußballnationalmannschaft in mein Mikrofon.

Es war meine bis dahin schönste, aber sicher auch stressigste und intensivste Zeit als Fußballreporter. Nach der Rückkehr aus Mexiko fuhr ich nach Mallorca in den wohlverdienten Urlaub. Dort erlitt ich eine Woche später einen Kreislaufkollaps.

AUSGLEICH GEGEN WONTORRA – DIE SCHLACHT VON BREMEN

In dem immer wieder aufregenden wie spannenden Duell gegen meinen Reporterkollegen Jörg Wontorra von der ARD konnte ich im Jahr 1988 endlich den Ausgleich erzielen, und zwar beim Spiel Werder Bremen gegen Bayern München am 26. März. Ich hatte zuvor mit Werder-Trainer Otto Rehhagel abgesprochen, dass er bei einem Erfolg seines Teams als Gast ins »aktuelle sportstudio« anreisen würde. Außerdem hatte ich mich vorsorglich noch mit dem Schiedsrichter Joachim Kautschor (Eschweiler) nach dem Schlusspfiff und dem Duschen in unserem ZDF-Schnittmobil verabredet. Werder gewann 3:1. Nach dem Spiel war die Aufregung groß, denn der Unparteiische Kautschor hatte zwei Elfmeter verhängt und nicht weniger als sechsmal die Gelbe Karte gezückt. Wontorra-Assistent Thomas Klementz wollte nun Kautschor zu Jörg Wontorra bringen, der die »Sportschau« live aus dem VIP-Raum des Weser-Stadions moderierte. Aber die Rechnung hatten die Kollegen diesmal ohne mich gemacht. Ich schnappte der ARD Joachim Kautschor vor der Nase weg und »entführte« ihn in unser Schnittmobil vor dem Stadion. Hier sollte der Schiedsrichter an einem Monitor seine umstrittenen Entscheidungen kommentieren.

Ich versprach ihm jedoch, dass wir gegen 18.30 Uhr fertig sein würden und er dann in aller Ruhe zum ARD-Interview gehen könne.

Allerdings wendete ich eine Verzögerungstaktik an. Ich spielte Kautschor seine Analyse noch einmal zur Abnahme vor. Mit dem Argument, in diesem Beitrag müsse wirklich alles einwandfrei und stimmig sein, auch und gerade in seinem Sinne. Die gesamte Aktion im Schnittmobil zog sich bis kurz vor 19 Uhr hin. Das war dann viel zu spät für Wontorra, um mit dem Referee noch ein Interview zu führen, denn die »Sportschau« hatte damals bereits um 19 Uhr Sendeschluss. Otto Rehhagel entschwand gleich nach der Pressekonferenz im Hubschrauber Richtung Mainz. Kein Kautschor, kein Rehhagel! Was Jörg Wontorra und der ARD-»Sportschau« von diesem Abend blieb, waren Interviews mit den Verlierern aus München.

Nach dem Spiel verbrachte ich einen lustigen Abend mit meinen Kollegen Thomas Wark und Markus Jestaedt in der Bremer Discothek *Shabbalabba*, unter anderem auch hinter dem DJ-Pult am Mikrofon. Als zu später Stunde dort ein sichtlich mitgenommener »Wonti« hereinschneite, begrüßte ich ihn in Anlehnung an ein altes Paul-von-Hindenburg-Zitat, der nach der Schlacht von Tannenberg zum unterlegenen Gegner gesagt hatte: »Ihr habt nur einen Kampf, aber noch nicht den Krieg verloren.«

Am 21. September 1988 wurde ich zum ersten Mal in meiner Karriere als Livereporter bei einem deutschen Länderspiel eingesetzt. In Düsseldorf spielte Deutschland gegen die

30. Juni 1996: EM-Finale im Londoner Wembley-Stadion: Deutschland besiegt die Mannschaft aus Tschechien mit 2:1 nach einem Golden Goal von Oliver Bierhoff.

↗ Zwei, die sich gut verstehen: Rolf Töpperwien und Weltmeister Andreas Möller; Oktober 2000

Sowjetunion. Das Freundschaftsspiel endete 1:0. Wichtiger aber als das Ergebnis war die Tatsache, dass es sich um die Länderspielpremiere von Andreas Möller handelte. Seit diesem Spiel sind wir befreundet. Auch weil er genau wie meine

Tochter Sandra an einem 2. September Geburtstag hat.

Im Sommer folgte die Europameisterschaft in Deutschland. Allerdings erreichte das deutsche Team nicht das Endspiel, sondern schied im Halbfinale in Hamburg mit 1:2 gegen den späteren Europameister Niederlande aus. Durch Zufall traf ich in der Discothek *Insel* neben dem Hotel *Inter-Continental* die holländische Mannschaft bei ihrer Siegesfeier. Besonders mit Arie Haan entwickelte sich aus dieser Party ein gutes, fast freundschaftliches Verhältnis.

»HEUTE SEID IHR REAL MADRID« In meiner Berichterstattung machte ich keine Unterschiede. Egal wo der Verein spielte, in einer Amateurliga, in der Ersten oder Zweiten Bundesliga. Wenn es zu unterklassigen Teams ging, wollte ich gerade diesen Clubs ein besonderes Gefühl vermitteln: »Heute seid ihr meine Mannschaft. Heute seid ihr für mich Real Madrid.« Ich strengte mich bei einem Match zweier Amateurteams genauso an, wie bei Bayern München gegen Schalke 04, wie bei einem Länderspiel oder wie im Interview mit Franz Beckenbauer. Das galt auch abseits des Platzes. Ich nahm den Platzwart, den Ordner oder den Zeugwart genauso wichtig wie die Spieler oder den Trainer. Sie begrüßten mich immer herzlich. (»Hallo Töppi, viel Erfolg heute! Da hinten liegt schon deine Bratwurst bereit!«)

---

21. Mai 1997: Der FC Schalke 04 gewinnt gegen Inter Mailand mit 4:1 nach Elfmeterschießen den UEFA-Pokal. Den letzten Strafstoß verwandelt Marc Wilmots.

KAMPF UM DIE PLÄTZE – DIE WELTMEISTERSCHAFT 1990

Die WM 1990 in Italien war wirklich etwas Besonderes. Sie war mein zweites großes Weltturnier, bei dem ich vor Ort eingesetzt wurde. Allerdings waren die Bedingungen für uns Fernsehjournalisten längst nicht mehr so »paradiesisch« wie bei den großen Turnieren davor. Der Weltfußballverband führte in Italien eine neue, strenge Interviewregelung ein. Zu diesem Turnier durften wir Reporter uns nicht mehr frei am Spielfeldrand bewegen. Stattdessen wies uns die FIFA einen festen Platz zu, die »International Flash Zone«, und nach dem Spiel war uns lediglich in diesem Bereich erlaubt, mit den Gesprächspartnern Interviews zu führen. Zudem war auch deren Dauer limitiert: Ein Interview musste nach 90 Sekunden beendet sein. Anschließend hatte man diesen Platz schnell wieder zu verlassen, der nächste Reporter wartete ja schon. Darüber hinaus war es untersagt, seinen Kopf mit in die Kamera zu recken. Über all diese rigiden Auflagen wachte ein sogenannter FIFA-Commissioner, also ein ziemlich strenger Kommissar des Weltfußballverbandes.

VERLÄNGERUNG

Nach dem wirklich fulminanten WM-Auftaktsieg der Deutschen Fußballnationalmannschaft gegen Jugoslawien (4:1) in Mailand wartete ich also in dem »FIFA-Flash-Zone-Studio«, welches das ZDF für die besagten 90 Sekunden gebucht hatte. Der Erste, der dort entgegen jeglicher Absprache eintraf, war der Trainer der Jugoslawen Ivica Osim. Was sollte ich machen? Meine Interviewzeit lief, also begann ich das Gespräch mit dem überhaupt nicht eingeplanten Coach des deutschen Gegners.

Dann erschien Franz Beckenbauer, der Teamchef der deutschen Nationalmannschaft. Jetzt steckte ich in einem echten Dilemma. Meine Zeit war eigentlich abgelaufen, und der FIFA-Commissioner machte mich unmissverständlich darauf aufmerksam. Zudem stand auch schon der TV-Kollege aus Jugoslawien bereit, um meinen Platz einzunehmen. Er wollte sein Interview mit dem jugoslawischen Trainer führen. Das alles hatte ich im Blick. Dennoch war mir Beckenbauer zu wichtig, um ihn einfach davonziehen zu lassen. Ich entschied mich spontan dazu, die Flash Zone nicht zu verlassen und stattdessen ein Interview mit Beckenbauer zu führen. Sowohl der FIFA-Aufpasser als auch der Kollege aus Jugoslawien schauten ziemlich verdutzt, hinderten mich aber nicht daran. Der Ärger sollte erst später kommen: Das jugoslawische Fernsehen beschwerte sich am nächsten Tag massiv bei der FIFA über mein Verhalten. Und das ZDF erhielt dafür eine Ermahnung (»Mr. Töpperwien made much trouble.«). Bei einer weiteren Zuwiderhandlung wurde mir der Entzug meiner WM-Akkreditierung, der Arbeitsberechtigung, angedroht. Es passierte aber nichts dergleichen.

Allgemeines Rätselraten gab es um ein Interview mit Lothar Matthäus im deutschen WM-Quartier in Erba. Ich wollte eine Einschätzung des deutschen Spielführers zum Achtelfinalgegner einfangen. Das Problem war jedoch, dass der Gegner zu dem Zeitpunkt noch gar nicht feststand, entweder wären es die Engländer oder die Niederländer gewesen. Das sollte sich erst am Abend entscheiden. Ich fand eine Lösung, indem ich mit Matthäus das Interview in zwei Versionen führte: Variante 1 mit England, Variante 2 mit den

1. November 1997: Das Münchner Stadtderby 1860 München–FC Bayern München (2:2) ist das 1000. Bundesligaspiel, das von Töppi kommentiert wird.

Niederlanden als gegnerische Mannschaft. Lothar Matthäus vertraute darauf, dass ich – wie versprochen – die richtige Kassette senden würde, sobald der tatsächliche Gegner feststand. Es sollten die Engländer sein, und im ZDF war folgerichtig die England-Variante zu hören. Der DFB und die FIFA beschwerten sich im Anschluss an die Ausstrahlung mal wieder heftig beim ZDF, weil sie der Meinung waren, ich hätte dieses Interview außerhalb der offiziellen Pressezeiten geführt.

Töppis Methoden waren schon eigenartig. So auch am 11. April 1998, als sich Bayern-Trainer Giovanni Trapattoni nach dem Spiel gegen Borussia Mönchengladbach (3:1) und nach der Pressekonferenz im Münchner Olympiastadion in den Aufzug davonschleichen wollte. Trapattoni fühlte sich in München nicht mehr wohl und bereitete seinen Abgang aus der bayerischen Landeshauptstadt vor. Töppi merkte das und stellte seinen Fuß in die Lichtschranke des Fahrstuhls. Die Tür konnte sich nicht schließen, und Töpperwien und Trapattoni standen sich gegenüber. Daraus entwickelte sich vor laufender Kamera ein Interview zwischen Tür und Angel:

Töpperwien: »Wohin geht's?«

Trapattoni: »Ich jetzt wollen nur noch nach Hause!«

Töpperwien: »Wo ist das?«

Trapattoni: »Mailand. Lassen Sie mich bitte nach Hause.«

Zum Ende der Saison wurde der italienische Trainer von Bayern München entlassen.

IM COCKPIT MIT BREHME

 Durch einen 1:0-Erfolg gegen Argentinien im Olympiastadion von Rom wurde Deutschland Weltmeister. 1990, im Jahr der deutschen Einheit, war dies ein ganz besonderer, symbolträchtiger Erfolg. Standesgemäß wurde die Mannschaft mit der deutschen Regierungsmaschine aus der italienischen Hauptstadt abgeholt. Es war die Maschine des damaligen Bundeskanzlers Helmut Kohl, die Richtung Frankfurt am Main abhob. Mit an Bord waren mein ZDF-Kollege Michael Palme und ich sowie das ARD-Konkurrenzteam Wontorra/Köhler. Von guter Stimmung konnte keine Rede sein: Folgen der durchzechten Nacht im Mannschaftsquartier des frischgebackenen Weltmeisters. Plötzlich schallte eine Durchsage durchs Flugzeug: »Herr Töpperwien, ZDF, bitte ins Cockpit!« Ich ging unter dem Gelächter vieler Passagiere nach vorn, wo mich der Bordingenieur in Empfang nahm und mir ein Funkgerät übergab. »Ein Anruf für Sie. Ihr Sender«, sagte der Flugoffizier. Es war die Kollegin Magdalena Müller, die den Sport für das »mittagsmagazin« moderierte. Sie fragte mich, ob sie nicht ein Interview mit einem der Weltmeister führen könne. Das sollte dann live ins »mittagsmagazin« übertragen werden. Ich verließ das Cockpit und ging durch den Gang in Richtung Reihe 6. Hier saß, besser: hier lag Andreas Brehme, der einzige Torschütze des Finales. Der WM-Held war noch ein bisschen benommen, dennoch fragte ich ihn, ob er gemeinsam mit mir im Cockpit ein kurzes Interview machen würde. Brehme willigte ein. Technisch war das Ganze nicht einfach, redaktionell sowieso nicht. Aber am Ende klappte es. Alles paletti!

↗ »Lieblingskameramann« Axel Mewes
während der Fußball-WM 1990 in Italien

TRAINERRETTUNG

180 Im Jahr 1990 ging es Hannover 96 mal wieder richtig schlecht. Der Traditionsverein aus Niedersachsen kickte in der Zweiten Bundesliga, und auch da nur mit mäßigem Erfolg. Am 12. August trafen die 96er auf den SC Fortuna Köln. Was den Trainer der Hannoveraner Michael Krüger betraf, war das Spiel im Niedersachsenstadion bereits lange vor dem Anpfiff in den Rang eines sogenannten Schicksalsspiels erhoben worden. Sollte sein Team das Heimspiel nicht gewinnen, würde auch Krüger eine Menge verlieren, hieß es, nämlich seinen Arbeitsplatz. Das Spiel war angeblich seine letzte Chance!

Die Kölner gingen 3:0 in Führung. Hermann Albrecht, SpVgg Kaufbeuren, pfiff einen offensichtlich unberechtigten Elfmeter gegen Hannover. Überhaupt wurden die Niedersachsen an diesem Nachmittag oft benachteiligt, konnten aber dennoch den 3:3-Ausgleich erzielen. Die Partie endete also unentschieden, und wirklich jeder rechnete nun mit der Entlassung des Trainers Michael Krüger. Er hatte nun mal nicht gewonnen! Ich aber hielt in meinem »SPORTreportage«-Bericht einen flammenden Appell für den Trainer, den man wegen diverser Schiedsrichterfehlentscheidungen nicht bestrafen dürfe. Davon war ich fest überzeugt und kommentierte das auch so. Mein Bericht machte auf den Vorstand von Hannover 96 mächtig Eindruck, wie mir später bestätigt wurde. Die Konsequenz: Der Verein hielt an Michael Krüger fest und schließlich auch die Klasse.

10. März 1998: Zwei Tage nach dem 0:1 des FC Bayern München gegen Schalke 04 kritisiert Giovanni Trapattoni öffentlich die Leistung seiner Spieler und beendet die Pressekonferenz aufgebracht: »Ich habe fertig!«

AUSFLÜGE IN DEN FUSSBALLOSTEN

Kurz nach der Wende reiste ich in die ehemalige DDR, um über Fußball zu berichten. Zunächst über ein DFB-Pokalspiel am 27. Juli 1991. In der ersten Runde trafen der ESV Lok Cottbus und der VfB Oldenburg (0:3) aufeinander. Der ESV Lok Cottbus war, wie der Name unschwer vermuten ließ, ein Eisenbahner-Sportverein. Das reizte mich ebenso wie die Stadt Cottbus selbst. Außerdem war mein alter Freund Klaus Baumgart inzwischen Vizepräsident des VfB geworden. Deshalb suchte ich mir das Spiel aus, und ich wurde nicht enttäuscht.

Mein zweites Spiel nach der Wende, über das ich berichtete, war ein UEFA-Cup-Match. Am 2. Oktober 1991 spielten in der ersten Runde Rot-Weiß Erfurt und der niederländische Vertreter FC Groningen gegeneinander. An das Spiel im Steigerwaldstadion habe ich nur beste Erinnerungen. Es ging dort sehr stimmungsvoll zu, zudem waren die Erfurter überaus freundlich und empfingen mich herzlich. Außerdem bis heute in Erinnerung geblieben sind mir der wunderbare Duft der einmalig leckeren Thüringer Rostbratwurst sowie das unerwartete Weiterkommen des ehemaligen DDR-Clubs in die nächste Runde, wo die Erfurter allerdings gegen den späteren UEFA-Cup-Gewinner Ajax Amsterdam ausschieden.

LEITUNGSSTÖRUNGEN

Am 1. September 1982 spielte Arminia Bielefeld gegen Eintracht Frankfurt. Durch den 2:1-Heimerfolg waren die Arminen erstmalig in ihrer wechselvollen Bundesligageschichte

Tabellenführer. Ein ganz besonderer Tag für die Ostwestfalen. Ich war als Reporter vor Ort, doch im ZDF-Übertragungswagen gab es große technische Probleme. Die Leitungsverbindung nach Mainz war nachhaltig gestört, trotz aller Bemühungen der anwesenden Techniker. Die Übertragung aus dem Ü-Wagen war damit »gestorben«. Zum Glück stand vor dem Bielefelder Stadion, der »Alm«, noch ein grauer Postwagen, von dem aus im Notfall gesendet werden konnte. Also musste ich, aus mangelnder technischer Alternative, meinen Bericht aus diesem Postwagen absetzen. Das war nicht so einfach. Es war dort sehr eng, und der Schwarz-Weiß-Monitor nur briefmarkengroß. Im Stehen musste ich meinen Beitrag live vor der winzigen Mattscheibe kommentieren. Aber es ging und war gleichzeitig die erste Livekommentierung eines Bundesligaspiels aus einem Postwagen.

Am 1. November 1991 kam es noch schlimmer als neun Jahre zuvor in Bielefeld. Diesmal war ich als Reporter zum Spiel MSV Duisburg gegen Eintracht Frankfurt eingesetzt. Die Zusammenfassung der Partie sollte in der Sendung »Sport am Freitag« (22.45 bis 23.15 Uhr) gesendet werden. Das Match entwickelte sich spektakulär, Frankfurt gewann mit 6:3. Ich war völlig begeistert (»Schnallen Sie sich an! Gehen Sie nicht ins Bett!«) und produzierte einen Bericht von 10:33 Minuten Länge. Doch das ging schief: Das pflichtversessene Zutun eines Mannes im Hauptschaltraum der Kölner Post – er schaltete vorschriftsmäßig Punkt 23 Uhr ab – verhinderte die vollständige Übertragung.

Ähnlich chaotisch ging es ein Jahr später zu. Uwe Reinders wurde am 6. März 1992 lange nach Schlusspfiff als Trainer von Hansa Rostock entlassen. Mein Spielbericht inklusive Interviews war aber bereits fertiggestellt und sollte wenige Minuten später in der Sendung »Sport am Freitag« eingespielt werden. Trotzdem ich derart kurzfristig von Reinders' Entlassung erfuhr, wollte ich diese Nachricht unbedingt noch in meinem Beitrag unterbringen. Nur wie? Gemeinsam mit meinen Technikern kam ich auf die behelfsmäßige Idee, am Ende des fertigen Beitrags ein Fotostandbild von Uwe Reinders einzublenden, mit dem ich die gerade erfolgte Suspendierung »verkaufen« konnte – per Telefon. Standbild und Telefon, das war Fernsehen der fünfziger Jahre und galt schon damals als unmöglich. In diesem Fall aber war es hochaktuell und nicht anders zu realisieren gewesen.

Wiederum ein Jahr darauf folgte die nächste schwere Panne. Vom 15. bis zum 23. Dezember 1993 begleitete ich die Deutsche Fußballnationalmannschaft auf ihrer Auslandsreise in die Vereinigten Staaten und nach Mexiko. Dieser Trip sollte der Vorbereitung auf die Weltmeisterschaft 1994 in den USA dienen. Zunächst, am 15. Dezember, spielte die Nationalelf in Miami gegen Argentinien (1:2), dann, drei Tage später, in San Francisco gegen die amerikanische Auswahl (3:0) und schließlich am 22. Dezember in Mexiko-Stadt gegen Mexiko (0:0). Für mich standen aber nicht nur diese drei Matches auf dem Programm, sondern ich reiste zwischendurch auch noch ins mexikanische Guadalajara, wo ich zur Vorbereitung auf die Weltmeisterschaft das Spiel zwischen Mexiko und Brasilien beobachten wollte. Mittendrin ging es nach Las Vegas, von dort übertrugen wir die WM-Auslosung, wo ich am Rande des Geschehens den US-Superstar James Brown traf. Ich begrüßte ihn aufs Herzlichste. Er klatschte mich ab (»Give me five!«), obwohl wir uns gar nicht kannten.

Es war die wohl intensivste und spektakulärste Reise, die ich bis dahin für das ZDF absolviert hatte. Nach dem Ausflug von San Francisco schloss ich mich dem Co-Trainer des

1. April 1998: Vor dem Champions-League-Halbfinale zwischen Real Madrid und Borussia Dortmund (2:0) fällt im Estadio Bernabéu ein Tor um; der »Torfall von Madrid« verzögert den Anpfiff um 76 Minuten, die Marcel Reif und Günther Jauch live kommentieren.

deutschen Teams, Holger Osieck, an, der sich ebenfalls das Spiel Mexiko gegen Brasilien im Estadio Jalisco anschauen wollte. Wir wurden in Guadalajara empfangen, untergebracht und bewirtet wie die VIPs. Das *Gran Hotel*, die Fahrt in einer schwarzen gepanzerten Limousine mit Blaulicht, vorbei an endlosen Staus und fast immer auf der Gegenfahrbahn – das alles war für mich äußerst beeindruckend.

Doch ich landete ganz schnell wieder auf dem Boden der Tatsachen, und zwar in Mexiko-Stadt, beim Freundschaftsspiel zwischen Mexiko und Deutschland. Die Bedingungen dort waren außergewöhnlich: mittags 114 000 Zuschauer im Aztekenstadion und 40 Grad im Schatten. Ich war der Livekommentator des Spiels. Das Bild und mein Ton sollten über einen Satelliten, den das ZDF gebucht hatte, in die Sendezentrale und von da aus in alle Fernsehhaushalte transportiert werden. Doch das ging gründlich schief. Der Ton fiel andauernd aus. Schlimmer noch, oft lag ein völlig anderer Ton auf dem Bild. In der Not musste Eberhard Figgemeier aus Mainz 60 Minuten lang das Spiel kommentieren. Ich aber, der live vor Ort war, hatte nur 30 Minuten lang eine »saubere« Tonleitung und war dementsprechend deprimiert. Als ich dann Heiligabend erschöpft und niedergeschlagen nach Hause kam, schlief ich sofort unter dem Weihnachtsbaum ein.

Am 26. September 1997 kam es an einem Freitagabend zu einem Topspiel der Ersten Bundesliga. Der FC Bayern München traf auf den FC Schalke 04 (1:1). An diesem Tag feierte ich meinen 47. Geburtstag. Besser gesagt, ich wollte ihn in der Münchner Disco *Maximilians* feiern. Zuvor jedoch sollte ich noch einen kurzen, zusammenfassenden Bericht über das Spiel für das »heute journal« absetzen. Doch daraus wurde nichts. In dem Moment, da ich mit meinem Livekommentar

9. Mai 1998: Der 1. FC Kaiserslautern schafft den Durchmarsch und wird unter seinem Trainer Otto Rehhagel als Aufsteiger sensationell Deutscher Fußballmeister.

beginnen wollte, gab es kein Bild im ZDF-Übertragungswagen. Ich saß sprichwörtlich im Dunkeln, weil – wie sich später herausstellte – ein Bayern-Fan aus Frust über das Unentschieden das Hauptkabel herausgerissen hatte. Ich ärgerte mich fürchterlich, ging ins Hotel und blieb meiner eigenen Geburtstagsfeier fern. Seit diesem Vorfall wird beim ZDF immer das Hauptkabel überwacht!

In meiner vorletzten vollständigen Bundesligasaison, 2008/2009, erlebte ich noch einmal eine meiner größten Stresssituationen als Reporter. Dies ärgerte mich umso mehr, weil sie zu vermeiden gewesen wäre. Am 2. Mai 2009, es war der viertletzte Bundesligaspieltag, trafen in der Volkswagen Arena der VfL Wolfsburg und 1899 Hoffenheim (4:0) aufeinander. Nach dem Spiel wollte ich wie gewohnt meinen Bericht fertigstellen. Doch im Schnittmobil saßen keine Profis, sondern Amateure, die den hohen technischen Anforderungen in keiner Weise gewachsen waren. Mein Zeitplan geriet völlig aus den Fugen. Normalerweise beginne ich um 18.15 Uhr mit der Arbeit an meinem Stück und bin knapp drei Stunden später damit fertig. Danach wird, wenn alles gutgeht, der fertig geschnittene Bericht in Bild und Ton nach Mainz überspielt, wo er schließlich im »aktuellen sportstudio« ausgestrahlt wird.

In Wolfsburg jedoch gelang an diesem Abend so gut wie gar nichts. Der Bericht wurde nicht pünktlich fertig. Deshalb ging ich die höchste »Reporter-Risikostufe« ein. Ich wollte retten, was noch zu retten war, und musste darum, aus der technischen Not heraus, meinen sieben Minuten langen Spielbericht inklusive eines Interviews mit Felix Magath live aus dem Wolfsburger Schnittmobil direkt ins »sportstudio« sprechen. Die Bilder konnte ich immerhin auf dem Monitor im Schnittmobil sehen. Für diese Aktion setzte ich mir einen Kopfhörer auf und platzierte mich neben dem Cutter. In der Regel sitzt man zum Sprechen ganz woanders, in der schalldichten Fahrerhauskabine. Das »sportstudio« wurde an diesem Abend von Michael Steinbrecher moderiert, der ein paarmal ansetzte, um mich zu erreichen. Das Bild lief, mein Text kam allerdings nicht in Mainz an. Alles live, und das einige Versuche lang! Es wurde dann vollends peinlich, als statt meines Kommentars mein Handy zu hören war, das neben mir im Schnittmobil läutete. In der Hektik hatte ich vergessen, es auszuschalten. »Töppi im All verschwunden«, sagte ein souveräner Steinbrecher schließlich zu den Zuschauern, als er nichts mehr von mir hörte. Wir brachen den Versuch ab, und der Bericht lief erst viel später als geplant.

WIE ICH BEI EINEM FUSSBALLSPIEL 1000 D-MARK VERLOR Am 7. April 1992 war ich als Reporter bei einem legendären DFB-Pokalspiel zugegen: Im Halbfinale trafen Borussia Mönchengladbach und Bayer Leverkusen aufeinander. Nach der regulären Spielzeit hieß es 1:1, nach der Verlängerung 2:2, und es kam zum Elfmeterschießen. Uwe Kamps, der Gladbacher Torhüter, wurde der Held dieses Elfmeterdramas, als er von fünf Elfmetern der Leverkusener nicht weniger als vier parieren konnte. Gladbach gewann das Elfmeterschießen mit 2:0. Danach verschwand Kamps unter einer siegestrunkenen Traube von ausgelassenen Fans und Spielern auf dem Gladbacher Bökelberg. Ich war mit meinem Mikrofon mittendrin, um mit dem »Elfmeterkiller« ein Interview zu führen. Als sich die Lage beruhigte hatte und ich das Stadion verließ, wollte ich meine Geldbörse aus der Hose ziehen. Sofort merkte

10. Juni–12. Juli 1998: Fußball-WM in Frankreich

ich, dass etwas nicht stimmte. Zum einen war der Taschenknopf hinten an meiner Hose abgerissen, und zum anderen fehlte das Portemonnaie. Das ärgerte mich an diesem Tag ganz besonders, denn mir war viel Geld gestohlen worden, genau 1000 D-Mark. Die hatte ich mitgenommen, weil ich mit meinem Freund Carsten Wettig eine Wette laufen hatte: Bei dem anderen DFB-Pokalhalbfinale zwischen Hannover 96 und Werder Bremen (1:1 n. V., 6:5), das einen Tag später stattfinden sollte, hatte ich auf einen Sieg der Hannoveraner gewettet. Der Einsatz: 500 Mark. Die anderen 500 Mark benötigte ich für meine geplante Übernachtung im *Maritim*-Hotel in Hannover, deren Preis aufgrund einer Messe so extrem hoch war. Als der Verlust öffentlich bekannt wurde, reagierten sowohl Borussia Mönchengladbach als auch mein Arbeitgeber gleichermaßen großzügig. Der Gladbacher Vizepräsident Hans-Peter Moll überwies mir die eine Hälfte des Verlustes, und die andere Hälfte zahlte die ZDF-Versicherung.

VERGESSENE KAMERA

Absolute Hochspannung beim Bundesligafinale der Saison 1991/92! Gleich drei Teams lagen vor dem letzten Spieltag punktgleich auf den ersten drei Rängen, nämlich Eintracht Frankfurt vor dem VfB Stuttgart und Borussia Dortmund. Die Frankfurter hatten die größten Titelchancen. Dank der weitaus besten Tordifferenz mussten sie nur noch das letzte Spiel beim F.C. Hansa Rostock gewinnen. Eine leichte Aufgabe für die spielstarke Eintracht, dachte jeder, zumal die Hansestädter schon als Absteiger feststanden. Auch die

ZDF-Sportredaktion rechnete damit, dass die Frankfurter unter ihrem Trainer Dragoslav Stepanović die Meisterschale holen würden, und schickte mit Béla Réthy, Günter-Peter Ploog und mir drei Reporter nach Rostock. Ich machte mich allerdings schon einen Tag vorher auf den Weg in Richtung Ostsee, weil ich für die Abendsendung »Sport am Freitag« einen letzten Stimmungsvorbericht vom Fast-Meister aus Frankfurt produzieren wollte. Am mir bis dahin völlig unbekannten Flughafen der mecklenburgischen Stadt Barth, wo mich mein Kamerateam vom ZDF-Studio Schwerin treffen sollte, erwartete ich die Ankunft eines Jets mit dem Eintracht-Kader an Bord. Allerdings hatte mein Team etwas sehr, sehr wichtiges vergessen, wie sie sogleich eingestanden: Ihre Kamera! So etwas hatte ich zuvor noch nie erlebt und auch danach gab es das in meiner gesamten Karriere nicht mehr. Ich war derart entsetzt, dass ich sprachlos war, und das passiert mir höchst selten. Das Team versuchte sofort, mich zu trösten. Sie hätten ihr Missgeschick selbst schon bemerkt und mit einem Eilzug die Kamera aus dem Studio Schwerin aufgegeben. Die beiden hofften nun inständig, dass das Gerät wenigstens abends pünktlich zum Training in Graal-Müritz ankommen würde.

Wir drehten also das Abschlusstraining von Eintracht Frankfurt. Es lag aber eine bestimmte Stimmung in der Luft, und die verhieß nichts Gutes. Ich bemerkte die ungewohnt »bleihaltige«, fast schon aggressive Atmosphäre unter den Eintracht-Spielern. Eigentlich völlig unverständlich, einen Tag vor dem entscheidenden Match um die deutsche Meisterschaft. Torhüter Uli Stein pöbelte gegen Andy Möller und umgekehrt. Ich setzte den Beitrag ab und ging danach in mein Hotel, das *Grand Hotel Graal-Müritz*, ein ehemaliges

4. Juli 1998: Viertelfinale der Fußball-WM in Lyon:
Die deutsche Mannschaft unterliegt Kroatien mit 0:3.

↗ Töppi mit dem langjährigen Verwaltungsrat von Eintracht Frankfurt Wolfgang Steubing sowie Beate und Otto Rehhagel

Bildungs- und Erholungsheim aus DDR-Zeiten. Dort waren auch der gesamte Eintracht-Tross sowie alle Journalisten untergebracht. Ich sagte zu meinem Freund und Förderer der Frankfurter Eintracht, Wolfgang Steubing: »Wolfgang, für morgen habe ich kein gutes Gefühl.«

Es kam leider so, wie ich es vermutete. Tags darauf verlor die Eintracht mit 1:2 in Rostock und damit auch die Deutsche Meisterschaft. Besonders ärgerlich für die Hessen: Ihnen wurde ein hundertprozentiger Elfmeter durch Schiedsrichter Alfons Berg nicht gegeben. In der Spielanalyse mit Eintracht-Trainer Stepanović war ich anschließend schwer beeindruckt, als sich »Stepi« vor der Kamera dennoch jeder – berechtigten – Schiedsrichterschelte verweigerte. Das fand ich erstaunlich, weil ich so etwas nur selten in meiner Karriere erlebt habe.

Nachdem Schiedsrichter Berg eine Stunde lang geduscht hatte, war er schließlich bereit, mir vor seiner Schiedsrichterkabinentür in den düsteren, kalten Katakomben des Ostseestadions seine umstrittene Entscheidung noch einmal zu erläutern. Zu diesem Zweck hatten wir einen kleinen tragbaren Monitor besorgt, um ihm die entscheidenden Szenen noch einmal vorzuspielen. Zwei Assistenten hielten den Monitor, Alfons Berg schaute sich die Situation an und gab vor laufender Kamera zu, dass er eine Fehlentscheidung getroffen hatte. Auch das fand ich höchst bemerkenswert. Der DFB allerdings ebenfalls: Fortan war den Schiedsrichtern verboten, den Fernsehanstalten eine Stellungnahme zu geben, während sie an Monitoren eine Spielszene betrachten.

Eigentlich hätte ich am Abend die Meisterschaftsfeier der Eintracht in Frankfurt moderieren sollen. So jedenfalls war es geplant gewesen, und aus diesem Grund hatte ich einen der begehrten Plätze im Privatjet der Eintracht erhalten

12. Juli 1998: WM-Finale in Paris: Die »Équipe Tricolore« schlägt Brasilien mit 3:0 und wird zum ersten Mal Fußballweltmeister.

und auch schon Schlips und Jackett zurechtgelegt. Nach der Pleite änderte ich sofort mein Programm. Statt den Heimweg anzutreten und in den Flieger zu steigen, blieb ich noch eine Nacht in Rostock. Gemeinsam mit dem F.C.-Hansa-Trainer Erich Rutemöller verfolgte ich in der inzwischen verwaisten Vereinskneipe *Hansa Kogge* im Ostseestadion meinen »sportstudio«-Bericht. Dieter Kürten moderierte die Sendung an diesem Abend, und sein Gast war Christoph Daum. Der Trainer war an diesem Samstag mit seinem Club, dem VfB Stuttgart, geradezu sensationell Deutscher Meister geworden. Ein Tor in der 86. Minute von Guido Buchwald sorgte für den 2:1-Erfolg der Schwaben bei Bayer Leverkusen und den Gewinn der Schale.

Die Stuttgarter waren außer Rand und Band. VfB-Meistertorwart Eike Immel schickte mir noch während der Sendung einen Gruß nach Rostock: »Ich grüße Töppi, der beim falschen Spiel war.« Er »rächte« sich damit für meine vollmundige Ankündigung eine Woche zuvor, als Immel zu Gast im »sportstudio« gewesen war und mich beim anschließenden Essen in der *Ente vom Lehel* in Wiesbaden gefragt hatte, wo ich am darauffolgenden Wochenende sein würde. Ich hatte erklärt: »Natürlich da, wo die deutsche Meisterschaft gefeiert wird. Also in Rostock.«

Rund 18 Jahre später spricht mich in Johannesburg, Südafrika, während der dort stattfindenden Fußballweltmeisterschaft der ZDF-Kameramann Thilo Stock an. Er hatte gehört, dass ich aufhören würde, und wollte mir darum noch etwas beichten: Er war damals in Rostock der Kameraassistent gewesen und hatte besagte Kamera im Schweriner Studio vergessen …

BRAUNSCHWEIG STATT JOHANNESBURG

 Am 15. Dezember 1996 spielte in Johannesburg zum ersten Mal in ihrer Geschichte eine Deutsche Fußballnationalmannschaft gegen eine Auswahl aus Südafrika. Viele meiner Kollegen hatten zum Ende des Jahres kaum etwas anderes im Sinn, als für diese Reise besetzt zu werden. Südafrika, das klang exotisch und »ganz toll«, wie überall auf dem Redaktionsflur erzählt wurde. Ich aber verzichtete, denn Anfang Dezember hatte mich der Präsident von Eintracht Braunschweig, Harald Tenzer, angerufen, mit der Bitte, die Feier zum 100-jährigen Vereinsjubiläum in der Stadthalle zu moderieren. Ich brauchte nicht zu überlegen: Ich sagte sofort zu. Braunschweig war *mein* Verein! Ein Abend bei der Eintracht war für mich eine Herzensangelegenheit. Und ich sollte recht behalten. Die Partie zwischen Südafrika und Deutschland war ein müder Kick und endete folgerichtig 0:0. In der Braunschweiger Stadthalle jedoch ging es, angeführt vom niedersächsischen Innenminister und späteren Eintracht-Präsidenten Gerhard Glogowski, stimmungsvoll und lustig zu. Bis zum Ende meiner Karriere blieb ich dabei: Für Eintracht Braunschweig würde ich auf vieles andere verzichten!

EFFENBERGS STINKEFINGER UND DER RÜCKTRITT

Die Fußballweltmeisterschaft 1994 in den USA lief in mancher Hinsicht nicht optimal. Gemeinsam mit meinem Kollegen Michael Palme war ich wieder als Reporter aus dem deutschen Lager eingesetzt. Da ging es hoch her, zum ersten Mal nach dem Spiel gegen Südkorea in Dallas. Ich war im Stadion und wurde vom FIFA-Commissioner 15 Minuten vor Abpfiff wegen der anstehenden Liveinterviews in Richtung der Katakomben geführt, bei rund 45 Grad im Schatten. Die deutsche Mannschaft führte zu diesem Zeitpunkt noch 3:0. Doch dann kamen die Südkoreaner auf 2:3 heran und drückten mächtig auf den Ausgleich. Das Team von Berti Vogts war stehend k. o., wie wir Reporter eigentlich auch. Die spannenden Schlussminuten verfolgte ich vom Marathontor aus, von dort also, wo die Spieler nach dem Abpfiff in Richtung Kabine gehen sollten. Es blieb zwar beim 3:2 für Deutschland, doch die Stimmung unter den Deutschen war ausgesprochen schlecht, insbesondere bei den mitgereisten Fans. Sie skandierten aus der Kurve am Marathontor lautstark: »Wir sind Deutsche und ihr nicht!« Das provozierte einen ohnehin schon gereizten Stefan Effenberg zusätzlich. Er zeigte den Fans den berühmt gewordenen Stinkefinger. Er machte die Geste genau in meinem Sichtfeld, ich war also Augenzeuge. Ein Fernsehbild zu dieser unbeherrschten Aktion lag in dem Moment noch nicht vor. Im Bereich der Kabinen in der Nähe meines Studios machte die Entgleisung aber schnell die Runde: DFB-Präsident Egidius Braun und sein Pressesprecher Wolfgang Niersbach fragten mich, ob auch ich etwas davon mitbekommen hätte. Ich musste dies bestätigen. Stefan Effenberg wurde anschließend aus der Nationalmannschaft ausgeschlossen und nach Hause geschickt.

Bei der WM wurde ich auch als Livekommentator zum Vorrundenspiel Belgien gegen Saudi-Arabien im Robert F. Kennedy Memorial Stadium in Washington D.C. eingesetzt. Ein typisches »Töpperwien-Spiel«, wie sich zeigen sollte. Es endete mit einem sensationellen 1:0 für die Saudis. Zuvor

27. August 1998: Aus der Frauenfußball-Abteilung der SG Praunheim geht der 1. FFC Frankfurt hervor und wird in der Folge zum Rekordmeister der Bundesliga und erfolgreichsten Club im deutschen Frauenfußball; Stadionsprecher: Rolf Töpperwien.

hatte ich sogar die Aussprache der arabischen Spielernamen gelernt und erfahren, dass diese eher gesungen denn gesprochen werden. Das versuchte ich, in meiner Reportage umzusetzen. Gut gelang es mir bei dem Schützen des Golden Goals Said al-Uwairan, dessen Namen ich sang.

Am 10. Juli traf die deutsche Mannschaft im Viertelfinale im Giants Stadium von New York auf den Außenseiter Bulgarien und verlor überraschend mit 1:2. Nach der bitteren Niederlage, die mich zudem nach einer verlorenen Wette gegen meinen Hauptredaktionsleiter Karl Senne 100 Mark kostete, war es eigentlich wie immer, wenn unser Team in einem Turnier früh ausschied: Es herrschten eine merkwürdige Stille, Rat- und Fassungslosigkeit. (»Oh … wir sind ausgeschieden.«) In der deutschen Kabine jedoch ging es ausgesprochen lautstark zu. Ich stand in Hörweite und vernahm das Geschrei, das selbst durch die schwere Tür nach draußen drang. Zunächst traute sich kein Spieler aus der Kabine heraus. Dann kam der Torhüter Bodo Illgner in mein Studio und erklärte exklusiv in mein Mikrofon seinen Rücktritt aus dem Nationalteam. Ich drehte noch ein paar Abschiedsstorys, erledigte meine Aufräumarbeiten in unserem Büro und fasste auf dem Rückflug aus den Vereinigten Staaten eine Entscheidung für meine berufliche Zukunft: Fortan wollte ich für das ZDF nicht mehr aus dem deutschen Quartier berichten. Zu anstrengend und unter Berti Vogts auch oft zu langweilig. Die goldenen Beckenbauer-Zeiten waren vorbei. Boris Büchler wurde beim ZDF als mein Nachfolger bestimmt.

DER UNBESTECHLICHE Mitte der achtziger Jahre hieß der Präsident von Eintracht Frankfurt Matthias Ohms. Hauptberuflich war er als Börsenmakler tätig. Trotz seiner besten Kontakte in die Finanzwelt gelang es ihm damals nicht, einen Hauptsponsor für seinen Verein zu finden. Den besorgte ich! Ich war mit dem Geschäftsführer des Unternehmens Tetra Pak Deutschland bekannt. Der Verpackungskonzern war zu dieser Zeit hierzulande zwar schon präsent, suchte aber eine Möglichkeit, sich noch besser zu vermarkten. Ich sagte: »Da gibt's nur eins: Ihr müsst auf das Trikot eines Bundesligisten. Nach vorn auf die Brust.« Ich stellte den Kontakt zu Matthias Ohms her, und heraus kam am Ende ein Zwei-Jahres-Vertrag zwischen Eintracht Frankfurt und Tetra Pak. Dafür überwies das Unternehmen angeblich vier Millionen D-Mark an die Frankfurter. Nach der Unterzeichnung lud mich Ohms ins *Charlot*, einem Edel-Italiener in der Nähe der Alten Oper in Frankfurt ein. Dort zückte er weltmännisch einen Scheck und fragte mich, welche Summe er denn eintragen dürfe. Ich erwiderte trocken: »Ich kenne das Wort Provision nicht.« Zu jener Zeit waren 15 Prozent Vermittlungsgebühr üblich. Daraufhin stand Ohms voller Respekt vom Tisch auf und bot mir das Du an: »Ich heiße Matthias.«

Das jedoch schützte den Eintracht-Präsidenten nicht davor, dass ich ihn noch im selben Jahr in Bedrängnis brachte. Mir wurde exklusiv ein Vorabdruck des Magazins *Tango* zugespielt, in dem eine große Story über wilde Partys der Frankfurter Schickeria veröffentlicht werden sollte. Auch Ex-Nationalspieler Bernd Hölzenbein, in der Zeit Vizepräsident der Eintracht, sowie deren Präsident Matthias Ohms sollen mit dabei gewesen sein.

Die *Tango*-Geschichte war mit der schönen Schlagzeile »Kann denn Eintracht Sünde sein?« übertitelt. Sie

7. September 1998: Berti Vogts tritt vom Amt des Bundestrainers zurück, sein Nachfolger wird Erich Ribbeck.

war auch für die »heute«-Sendung des ZDF so interessant, dass ich während der Ausstrahlung per Telefon einen Kommentar einsprach (»Skandal um Ohms«). Den gab ich übrigens von einem Apparat der Geschäftsstelle der Frankfurter Eintracht durch, wo ich mich gerade zur Recherche aufhielt. Ohms' Feier anlässlich seines 50. Geburtstags, die ich pikanterweise hätte moderieren sollen, wurde kurzfristig vom Vereinspräsidium abgesagt. Wenig später trat Matthias Ohms als Präsident zurück, wurde aber auf der Mitgliederversammlung von Eintracht Frankfurt am 14. November 1994 noch einmal in seinem Amt bestätigt.

Ich steckte in der Sache Ohms, das muss ich gestehen, in einem großen Konflikt. Ich entschied mich aber für den Journalismus und gegen den »Freundschaftsdienst«. Die Trennung zwischen Privatem und Beruflichem ist bei mir nie aus der Balance geraten.

Auch der »Kaiser«, Franz Beckenbauer, zu dem ich im Allgemeinen ein gutes Verhältnis pflegte, bekam von mir kritische Kommentare im »aktuellen sportstudio« zu hören. Dort verurteilte ich seine Doppelrolle als Präsident des FC Bayern München und Kommentator fürs Privatfernsehen in aller gebotenen Schärfe. Beckenbauer blieb immer gelassen und sagte mir deshalb auch nie etwas Negatives nach – ganz im Gegensatz zum Bayern-Manager Uli Hoeneß.

Auch zu Oliver Kahn hatte ich bekanntermaßen ein gutes Verhältnis. Das hinderte mich jedoch nicht daran, ihn bei einem Gastspiel der Bayern in Cottbus für ein pikantes Interview zu stellen. Am Tag des Spiels wurde durch die *Bild* öffentlich, dass er seine schwangere Ehe-

26. Mai 1999: In der Nachspielzeit gibt der FC Bayern München in Barcelona den Sieg im Champions-League-Finale gegen Manchester United (1:2) aus der Hand.

frau betrog. Oliver Kahn war daraufhin als Interviewpartner überaus begehrt, alle wollten ein Statement von ihm. Er war gehetzt. Eine Dreiviertelstunde vor dem Anstoß lief er zum Aufwärmen auf den Rasen und registrierte mich dabei. Nach dem Spiel lief er erst an den Kollegen des Privatsenders *Premiere*, dann an denen von der ARD vorbei. Ich aber brachte ihn zum Stehen. Selbstverständlich fragte ich ihn nach seiner Affäre. Die Antwort: »Dazu will ich nichts sagen.«

Für einen kleinen TV-Skandal sorgte das Interview mit Bastian Schweinsteiger, das ich am 14. Dezember 2002 anlässlich des Spiels Bayern München gegen Schalke 04 (0:0) im »aktuellen sportstudio« ablieferte. Es war einer der ersten Einsätze von Schweinsteiger bei den Bayern-Profis. Ich mochte ihn, er war ein sehr junger, netter Typ. Um mein Interview kam allerdings auch er nicht herum. Doch mittendrin kam Bayern-Pressesprecher Markus Hörwick angelaufen, schimpfte aufgeregt und lautstark in meine Richtung: »Es gibt kein Interview!«, und brach vor laufender Kamera das Gespräch zwischen Schweinsteiger und mir ab, indem er ihn vom Mikrofon wegzog. Das sendete ich komplett, wodurch Hörwick in den Montagszeitungen nicht besonders gut wegkam.

Mit einem Geschenk fing ich mir allerdings nur Ärger ein. Geschenke sind für Reporter eine heikle Sache, der Bestechungsvorwurf liegt nahe. 1997 wurde Borussia Dortmund Deutscher Fußballmeister. Gefeiert wurde dieser Erfolg im Dortmunder Nobel-Italiener *Antica Roma*. Ich gehörte zu den Gästen und führte ein Gespräch mit dem Meistertrainer Ottmar Hitzfeld, das live ins »aktuelle sportstudio« geschaltet wurde. Zum Schluss des Interviews überreichte mir Hitzfeld »als Dank für die außerordentlich gute Zusammenarbeit« einen von allen Dortmunder Spielern signierten BVB-Ball. Die Übergabe des Präsents wurde ebenfalls ausgestrahlt, denn wir waren ja live auf Sendung. Im ZDF gab es daraufhin heftige Diskussionen um diesen Vorgang. Er wurde als mangelnde journalistische Distanz zu Ottmar Hitzfeld interpretiert. »Wenn es nicht live gewesen wäre, dann hätten wir die Ballübergabe sicher rausgeschnitten«, hieß es seitens des Senders.

Ähnlich wie zu Ottmar Hitzfeld wurde mir ja eine große Nähe besonders zu Otto Rehhagel nachgesagt. Trotz unserer Duzfreundschaft bewahrte ich meine journalistische Distanz. So auch 2005 während des Confederations Cups in Deutschland, eine Art WM-Generalprobe. Griechenland war als amtierender Europameister gesetzt, zeigte aber grauenhaften Fußball. In drei Spielen gelang den Hellenen kein einziges Tor, selbst gegen Japan erzielten Charisteas und Co. am 19. Juni keinen Erfolg (0:1). Der Zauber der EM von Portugal nur ein Jahr zuvor war wie verflogen. Meine undankbare Aufgabe war es nun, »König Otto« im Interview zu dieser schwachen Vorstellung zu befragen. Ich stellte kritische Fragen, und Rehhagel reagierte fast schon giftig.

Am 27. September 2008 kommentierte ich das Bundesligaspiel von Hannover 96 gegen Bayern München (1:0). Es war ein Tag nach meinem Geburtstag, und der Präsident der Hannoveraner Martin Kind schenkte mir, nachdem ich meine Interviews geführt hatte, eine staubige Holzkiste. Sie beinhaltete ausgezeichnete Roth-

13. Mai 2000: Rolf Töpperwien erleidet in seinem Haus einen Brandunfall.

schild-Rotweine, Jahrgang 1994. Sehr wertvoll, wie mir Kinds Mitarbeiter Jürgen Niggemeier zuraunte. »Eine Kiste Gilde Pils wäre mir lieber gewesen«, entgegnete ich. Allgemeines Gelächter.

WECHSEL-WARNUNG

Das Bundesligajahr 1995 begann gleich mit einer echten Sensation, einem ganz besonderen Trainer-Coup: Otto Rehhagel kündigte zur Spielzeit 1995/96 seinen Wechsel vom SV Werder Bremen zum FC Bayern München an. In einem Gespräch in Wiesbaden versuchte ich sofort, ihn umzustimmen. Doch Otto ließ sich nicht beirren und kündigte an, es an der Isar so machen zu wollen wie zuvor vierzehn Jahre lang an der Weser. »Mein Mann dort ist Beckenbauer, wie mein Mann bei Werder Präsident Böhmert war«, erklärte er mir. Ich wies noch auf andere hin, Rummenigge, Breitner, Hoeneß, Matthäus, die da in München mitzureden hatten. Es half alles nichts, am 13. Januar kommentierte ich im »heute journal« Otto Rehhagels Wechsel. Ich sang ein Loblied auf seine erfolgreiche Werder-Zeit und wies darauf hin, dass er aus einem Provinzverein einen großen internationalen Club gemacht hatte. Ich warnte jedoch auch eindringlich vor dem Umzug nach München und prophezeite: »Beim Abgang aus Bayern wird aus der Werder-Krone von Otto dem Ersten eine große Zacke herausgebrochen sein.«

Ich behielt leider recht. Zwar führte Otto Rehhagel 1996 die Bayern ins Finale des UEFA-Cups gegen Girondins Bordeaux (2:0; 3:1), doch konnte er sich selbst darüber schon nicht mehr freuen: Er wurde unmittelbar vor dem Endspiel von den Münchnern entlassen und durch Franz Beckenbauer ersetzt. Grund dafür war eine 0:1-Heimniederlage in der Bundesliga gegen Hansa Rostock nach einem Tor von Jonathan Akpoborie.

200

WIE ICH OASIS AUSLUD

Bei der Europameisterschaft 1996 in England bestand meine Hauptaufgabe einmal in etwas ganz anderem. Ich war Leiter des »sportstudios«, das aus dem Schifffahrtsmuseum nahe der Londoner Tower Bridge ausgestrahlt wurde. Zum Endspiel am 30. Juni hatte ich die Sendung voll auf das Finale ausgerichtet, das Deutschland durch ein Golden Goal von Oliver Bierhoff in der Verlängerung mit 2:1 gegen Tschechien gewinnen sollte. Der Zeitplan des »sportstudios« war eng gesteckt, Interviews mit den deutschen Spielern und dem Trainer Berti Vogts waren minuziös eingeplant. Wir hatten an diesem Abend aber auch die englische Rockband Oasis eingeladen, damals echte Weltstars. Doch mit dem Manager der Combo um die Gallagher-Brüder gab es bis kurz vor Beginn der Sendung heftige Debatten um den Zeitplan. Ich hatte die Band genau um 22.52 Uhr in den Ablauf »eingebaut«, Oasis wollten jedoch punktgenau um 22.30 Uhr auftreten. Wir fanden keine Einigung, und so habe ich Oasis einfach wieder ausgeladen. Fußball geht vor! Jedenfalls bei mir.

Am 1. November 1997 übertrug ich, nach 20 Jahren Festanstellung beim ZDF, mein 1000. Bundesligaspiel. Es war das Münchner Lokalderby TSV 1860 München gegen FC Bayern München (2:2). Vom Löwen-Präsidenten Karl-Heinz Wildmoser erhielt ich ein Trikot mit der Aufschrift »Töppi 1000«. Von den Bayern bekam ich nichts. Doch davon ließ

10. Juni–2. Juli 2000: Fußball-EM in Belgien und den Niederlanden

↗ Ein Grund zum Feiern: Nach dem 1000. Bundesligaspiel, das von Rolf Töpperwien kommentiert wurde; November 1997

ich mir die Laune nicht verderben und feierte am nächsten Tag im Wiesbadener In-Lokal *i-Punkt* ein unvergessenes Fest mit zahlreichen Gästen wie Christoph Daum, Otto Rehhagel, Markus Merk, Andreas Brehme, Frank Mill, Rudi Völler und vielen anderen.

WAS NUN, HERR VOGTS?

Die Fußballweltmeisterschaft 1998 fand vom 10. Juni bis 12. Juli in Frankreich statt. Ich war »ZDF-Stadthalter in Bordeaux«, wo in der Gruppe B Italien, Chile, Kamerun und Österreich aufeinandertrafen. Zunächst einmal verlor ich den zeitlichen Überblick. Ich war als Livekommentator für das Spiel Italien gegen Chile eingesetzt, das um 17.30 Uhr begann. Es endete 2:2 und bescherte meinem Sender eine sehr gute Quote: Acht Millionen Menschen schauten sich dieses Match im ZDF an. Sie hörten auch den folgenden Satz, der mir zum überraschenden Punktgewinn des Außenseiters aus Lateinamerika einfiel: »Wildfremde Menschen tanzen sicher gerade in der Nacht und in den Straßen Santiago de Chiles.« Das griff die *Frankfurter Allgemeine Zeitung* sofort in einer Kolumne auf. Sie machte mich und ihre Leser schlauer, indem sie auf die Zeitverschiebung zwischen Frankreich und Chile hinwies: Im Andenstaat war es bei Abpfiff elf Uhr morgens und taghell gewesen, als wildfremde Menschen einander vor Freude in den Armen lagen.

Der nächste Höhepunkt: Am Samstag, dem 4. Juli, spielte Deutschland in Lyon im WM-Viertelfinale gegen Kroatien. Die Deutschen verloren, auch in der Höhe völlig verdient, mit 0:3. Damit war das Team von Trainer Berti Vogts aus dem Turnier ausgeschieden. Ich selbst war in Lyon im Stade

20. Juni 2000: Nach dem letzten EM-Gruppenspiel gegen Portugal (0:3) beendet Rekordnationalspieler Lothar Matthäus nach 150 Länderspielen seine Karriere in der DFB-Elf.

Gerland, allerdings ohne Kamera. Ich wurde von meinem Teamchef Eberhard Figgemeier gewissermaßen als Observer eingesetzt. Tags darauf, es war ein Sonntag, hatten wir zum Ausscheiden der deutschen Mannschaft eine »WM extra«-Sendung eingeplant, und ich sollte den Kommentar zu dem enttäuschenden WM-Auftritt sprechen. Eigentlich war so etwas Chefsache, aber ich hatte das Vertrauen der Redaktionsleitung. Ich sprach unter dem Titel »Was nun, Herr Vogts?« den vielleicht kritischsten Kommentar meiner Karriere, der zugleich das Ende der Freundschaft zwischen Berti Vogts und mir besiegelte. Darin zog ich einen Vergleich zur großen Politik, denn mir war ein Ereignis aus der jüngeren Vergangenheit in den Sinn gekommen. Bundesinnenminister Rudolf Seiters (CDU) hatte aus einer schwerwiegenden Panne bei einem Terroristenzugriff mit Todesfolge auf einem Bahnhof in Bad Kleinen Konsequenzen gezogen und den Bundeskanzler Helmut Kohl um die Annahme seines Rücktrittsgesuchs gebeten, was dann auch bewilligt wurde. Ich verlangte nun von Berti Vogts, die volle Verantwortung für das Viertelfinal-Aus seines Teams zu übernehmen, und legte ihm eindringlich den Rücktritt als Bundestrainer nahe. Vogts ließ sich nicht beeindrucken und blieb. Erst am 7. September 1998 gab er das Amt ab. Vogts' Nachfolger wurde, für nur zwei Jahre, Erich Ribbeck. Er ist bis heute der einzige Bundestrainer, der mit einer deutschen Nationalmannschaft an keiner einzigen Weltmeisterschaft teilnahm.

TÖPPI, EIN MANN VON GESTERN? Rolf Töpperwien ist bis heute der einzige Sportredakteur im ganzen Zweiten Deutschen Fernsehen, der über keine eigene E-Mail-Adresse verfügt und zur Recherche kein Internet benutzt. »Ich kenne das gar nicht«, sagt er. Im ZDF lässt man ihn machen, weil dort die Überzeugung vorherrscht: »Der Töpperwien weiß mehr über Fußball als unsere Computer.«

Rolf Töpperwien hat in seinem Leben auch nie einen Anrufbeantworter besessen und noch nie auch nur eine Taste auf einem Computer gedrückt. »Ich liebe das Reden mit den Menschen, und ich habe alle wichtigen Geheimnummern. Das reicht«, sagt der Reporter. Vom Anfang bis zum Ende seiner beruflichen Laufbahn holte sich Töppi sämtliche Informationen aus den gedruckten Zeitungen, aus seinem eigenen Archiv oder über Anrufe bei Spielern, Managern und Trainern. Sein als »legendär« geltendes Archiv hat er sich seit seiner Jugend akribisch aufgebaut. Es ist in seinem Büro im Erdgeschoss seiner Wohnung in Wiesbaden untergebracht. In einem Regal stehen da Ordner über Ordner, nach Jahreszahlen geordnet. Sie beinhalten handschriftliche Aufstellungen, Auswechslungen, Trainercharakteristiken, Tabellen, Reportereinteilungen und manch anderes Wissenswertes zu allen Fußballspielen, über die Rolf Töpperwien je in seinem Leben berichtet hat.

DER BRANDUNFALL

Neben den unzähligen Fußballspielen, für die ich als Reporter im Einsatz war, werde ich auch immer noch auf meinen schlimmen Brandunfall im Jahr 2000 angesprochen. Das Jahr fing eigentlich ganz gut an. Zunächst war ich Reporter beim 9:1-Auswärtserfolg von Bayer Leverkusen über den SSV Ulm. Das war am 18. Februar. Dann ging es bergab. Zum 1. April versuchte ich mich mal wieder an einem Aprilscherz, der mir allerdings nicht richtig gelang: Ich wollte den ZDF-Zuschauern glaubhaft vermitteln, dass Ottmar Hitzfeld sein Traineramt in München aufgeben würde, um in gleicher Funktion zu New York Cosmos zu wechseln. Sowohl Bayern-Manager Uli Hoeneß als auch Ex-Kapitän Lothar Matthäus bestätigten mir diesen spektakulären Transfer. Allerdings machte mir unsere Technik einen dicken Strich durch die Rechnung: Trotz diverser Abrufkommandos aus Mainz kam der Beitrag nicht wie geplant auf den Sender und wurde, als die Luft schon so gut wie raus war, erst zum Ende des »sportstudios« gebracht. Der Scherz hatte seine Wirkung eindeutig verfehlt.

Am Samstag, dem 13. Mai, wurde ich als Reporter beim Bundesligaspiel Arminia Bielefeld gegen den FC Bayern München (0:3) eingesetzt. Am Vormittag hatte ich noch eine Talkrunde anlässlich eines Prominentenspiels in Bielefeld moderiert. Ich fertigte einen Bericht von der Ligapartie an und setzte mich gegen 22 Uhr ins Auto, um von Bielefeld in Richtung Frankfurt zu fahren, denn im *Frankfurter Haus* in Neu-Isenburg feierte mein alter Freund Ossy Hoppe seinen 50. Geburtstag.

Gegen ein Uhr nachts rauschte ich also zu dieser Party an, die schon in vollem Gange war. Ich trank zwei, drei Bier, musste zwischendurch auf die Toilette und merkte, wie mir plötzlich ganz anders wurde. Ich vermute bis heute, dass jemand eine Tablette, irgendeine chemische Substanz, in meine Bierflasche befördert hat. Jedenfalls fühlte ich mich nicht mehr in der Lage selbst zu fahren, ließ meinen Wagen darum in Neu-Isenburg stehen und fuhr mit dem Taxi nach Wiesbaden in meine Wohnung. Meine Frau weilte zu dem Zeitpunkt in Spanien, aber meine Tochter Sandra schlief zu Hause. Zum Glück, denn sie rettete mich bei meinem Brand-

2. Juli 2000: EM-Finale in Paris: Frankreich besiegt die »Squadra Azzurra« mit 2:1 (Golden Goal durch David Trezeguet) und kann damit als erstes Team überhaupt als amtierender Weltmeister auch die darauffolgende EM für sich entscheiden.

unfall. Ich hantierte wohl nach meiner Heimkehr noch mit einem Streichholz an hochprozentigem Strohrum, der sich schnell heftig entzündete und meine Kleidung in Brand steckte. Ich hatte mich also selbst angezündet und versuchte

nun verzweifelt, im Badezimmer die Flammen zu ersticken. Meiner Tochter gelang das schließlich, und sie rief unmittelbar danach den Rettungswagen.

Ich wurde ins Bundeswehrzentralkrankenhaus in Koblenz eingeliefert und drei Tage lang in ein künstliches Koma versetzt. Als ich wieder erwachte, ging es mir richtig schlecht. Meine Haut war verbrannt – an beiden Händen, an beiden Armen, am Bauch und sogar an den Oberschenkeln. Beim ersten Besuch meiner Schwester und meiner Mutter ließ ich sogar die Frage aus, wer Deutscher Meister geworden war, das holte ich erst beim dritten Besuch der Familie nach.

Zu meinen schlimmen, schmerzhaften Verletzungen kam noch erschwerend hinzu, dass ich zu einem öffentlichen Ereignis wurde. Die Medien, vor allem der Boulevardjournalismus, versuchten mit allen Mitteln, an mich heranzukommen. Eine Journalistin soll sich sogar selbst eine Verbrennung zugefügt haben, um so zu mir auf die »Verbrennungsstation« zu gelangen. Schließlich stellte das Krankenhaus eine Wache vor meine Tür.

In der ersten Zeit nach dem Unfall sah ich aus wie eine Mumie, überall weißer Verband. In diesem »Outfit« wurde ich auch in die Rehabilitationsklinik nach Bad Camberg transportiert, wo die Dauerbelagerung durch die Medien jedoch weiterging. Als ich den Balkon meines Krankenzimmers betrat, um meinem Freund Johannes B. Kerner nach dessen Besuch hinterherzuwinken, schossen Blitzlichter aus den darunter befindlichen Büschen heraus. Dort hatte sich die

16. September 2000: Rolf Töpperwiens Bundesliga-Comeback nach seinem Unfall: Er kommentiert die Partie SC Freiburg–Energie Cottbus (4:1).

Reportermeute verschanzt, um ein aktuelles Bild von mir zu knipsen. Bis zum August 2000 erholte ich mich nur mühsam von dem Unfall. Es sollten nochmals zwei Jahre vergehen, bis ich endgültig schmerzfrei war und wieder ohne Tabletten leben und vor allem arbeiten konnte. Was für immer bleibt, ist eine 50-prozentige Schwerbehinderung aufgrund der argen Hautverbrennungen.

IM *LEIERKASTEN* Von meinem Arbeitgeber, dem ZDF, habe ich übrigens nie eine Abmahnung erhalten. Allerdings stand ich nach meinem Brandunfall auf der Kippe. »Sie bewegen sich am äußersten Rand, der gerade noch akzeptabel ist. Seien Sie froh, dass Sie in der Öffentlichkeit so beliebt sind«, erklärte mir ZDF-Intendant Dieter Stolte, nachdem ich langsam wieder auf die Beine gekommen war. Es war nämlich nicht meine erste Eskapade gewesen.

Einige Jahre zuvor hatte ich schon einmal für dicke Schlagzeilen gesorgt, als ich mich in einem Brief über eine zu hohe Rechnung des Münchner Bordells *Leierkasten* beschwert hatte. Mein Fehler hatte darin bestanden, dafür einen offiziellen ZDF-Briefkopf zu benutzen. »Ich bin doch kein Marathonmann«, schrieb ich und schickte das Beschwerdeschreiben mit dem ZDF-Logo an das Etablissement. Dort aber leitete man den Brief an einen bekannten Münchner Szene-Anwalt weiter, und der wiederum spielte meine Zeilen der *Abendzeitung*, ein Boulevardblatt aus der bayerischen Landeshauptstadt, zu. So landete die »Affäre *Leierkasten*« schließlich in der Zeitung. Seit diesem Vorgang besitze ich keine Kreditkarte mehr. Ich zahle in bar!

 Während der Europameisterschaft 2000 in Belgien und den Niederlanden musste ich also passen. Ebenso fand der Bundesligastart der Saison 2000/2001 ohne mich statt. Es war das erste und letzte Mal in über 36 Spielzeiten, dass mir das passierte. Am fünften Spieltag, dem 16. September, war es aber so weit: Endlich wurde ich wieder als Reporter eingesetzt, und zwar zum Spiel zwischen dem SC Freiburg und Energie Cottbus (4:1). Es war sicher nicht eines dieser Topspiele, zu denen ich zuvor meistens eingeteilt worden war, aber das hatte seinen Grund. »Wir wollen dich nicht gleich in die Stadien schicken, wo die Boulevardmedien stark vertreten sind«, hieß es aus der Redaktionsleitung. Dennoch griff die *Bild* mit der Schlagzeile »Wunderbar – Töppi wieder da!« mein Comeback sofort auf. Die Zeitung also, die ein paar Monate zuvor erklärt hatte, meine Reporterlaufbahn sei endgültig beendet (»Karriere im Eimer«).

Die Zuschauer im Freiburger Dreisamstadion freuten sich über meine Wiederkehr auf die große Bundesligabühne und empfingen mich mit lauten »Töppi, Töppi!«-Rufen. Zu diesem Zeitpunkt konnte und durfte ich nicht Auto fahren, weil meine Arme noch vollständig verbunden waren. Mein Kollege und Freund, der Reporter Jörg Dahlmann, damals ohne Job, bot mir seine Chauffeurdienste an. Dafür bin ich ihm bis heute sehr dankbar.

Am 23. September half mir dann die Bundesliga wieder vollends auf die Beine. Es war das Spiel des VfL Wolfsburg gegen den Hamburger SV, und es endete 4:4. Das Ergebnis, die acht Tore, betrachtete ich als Geschenk. »Die Bundesliga verlässt mich nicht«, dachte ich und war wieder richtig glücklich.

Drei Tage später feierte ich meinen 50. Geburtstag. Allerdings nicht derart riesig und ausgiebig, wie ich es geplant hatte. Ich war immer noch von meinem Brandunfall gezeichnet. So gab ich mein Fest statt wie ursprünglich vorgesehen in einem Zirkuszelt ein paar Nummern kleiner in meinem griechischen Stammlokal *Mykonos* in Wiesbaden. An diesem Abend bestand ich ausdrücklich auf »Geschlossene Gesellschaft«. Ich wollte mich nur von den Leuten umgeben wissen, die ich auch persönlich eingeladen hatte. Das ist eigentlich die Ausnahme, weil ich sonst wirklich offen für alle bin. Aber die besondere Situation verlangte besondere Vorsichtsmaßnahmen. Es ging gediegen zu, klassisch-ernst fast. Untypisch für mich. Ein Tenor, übrigens ein Geschenk von Mario Basler und seinem Ex-Schwager Roger Wittmann, sang italienische Arien, und Otto Rehhagel hielt eine Rede. Was niemand zu diesem Zeitpunkt ahnen konnte: Fast genau ein Jahr später sollte er nach Athen wechseln, um die griechische Nationalmannschaft zu übernehmen. Ich bedankte mich bei ihm und sagte zum Partyende: »Wir sehen uns ja in vier Tagen schon wieder.« Da stand das Bundesligamatch zwischen dem 1. FC Kaiserslautern und Energie Cottbus auf meinem Reporterprogramm. Es wurde das letzte Spiel, bei dem Otto Rehhagel als Trainer des 1. FC Kaiserslautern auf der Bank saß.

Kaiserslautern und Cottbus trennten sich am 30. September 2001 unentschieden 1:1, und für mich ergab sich nach Spielende eine schwierige Situation. Ich hatte nicht vergessen, dass wir nur vier Tage zuvor gemeinsam meinen Geburtstag gefeiert hatten, dennoch oblag es nun ausgerechnet mir, ihn nach dieser sportlichen Enttäuschung zu

31. Oktober 2000: Mit einem Ausgabepreis von elf Euro pro Aktie geht Borussia Dortmund als erster deutscher Fußballverein an die Börse.

interviewen. Rehhagel stellte sich, allerdings wollte er nur Fragen zum Spiel beantworten. Trotzdem war meine Frage Nummer 4: »Herr Rehhagel, werden Sie morgen das Training leiten?« »Mal sehen«, sagte Otto und verschwand in den Stadionkatakomben. Meine Reportage endete mit einem Bild der Lauterer Trainerbank, die mit dunklen Decken verhangen war, und dem Satz: »Ich glaube, dass Otto Rehhagel dort nicht mehr sitzen wird.« Am nächsten Tag wurde er bei Kaiserslautern entlassen und Andreas Brehme zu seinem Nachfolger bestimmt.

VIEL FARBE IM SPIEL Am 7. April 2001 spielte Borussia Dortmund gegen den FC Bayern München (1:1). »Spielen« ist der falsche Ausdruck, es war ein wildes Treten und Schlagen. Ich nannte das, was sich da auf dem Rasen des Dortmunder Westfalenstadions abspielte, schlicht »Menschenjagd«. Schiedsrichter Hartmut Strampe, Groß-Handorf, zeigte zwölf Gelbe, eine Gelb-Rote (Bixente Lizarazu) und zwei Rote Karten (Evanilson, Stefan Effenberg). Durch die zahlreichen Verletzungen und Verwarnungen dauerte das Spiel nicht 90, sondern 100 Minuten.

Bei der Fußballweltmeisterschaft in Japan und Südkorea vom 31. Mai bis zum 30. Juni 2002 war ich nicht vor Ort. Ich spürte noch immer die Nachwirkungen meines Brandunfalls, und so verblieb ich in der »Heimatredaktion« in Mainz. Deutschland wurde unter Trainer Rudi Völler etwas überraschend Vizeweltmeister (0:2 gegen Brasilien in Yokohama). Am 1. Juli flog das Team wieder zurück nach Deutschland, und

18. Dezember 2000: Die Deutsche Fußball Liga (DFL) wird gegründet; sie vertritt fortan die Interessen der deutschen Profi-Clubs und veranstaltet gemeinsam mit dem DFB die Erste und Zweite Bundesliga.

↗ Ein fast perfektes Paar: Mit Otto Rehhagel am 18. Mai 1997

dem ZDF war die Ankunft des Vizeweltmeisters auf heimischem Boden eine Sondersendung wert (»ZDF extra«). Drei Stunden lang sollte ich das Ereignis aus der Eurovisionzentrale des ZDF in Mainz kommentieren.

Erst landete der Lufthansa-Jumbo auf dem Flughafen in Frankfurt am Main, dann stieg der WM-Tross aus und fuhr anschließend in einem langen Autokorso zum Frankfurter Rathausplatz, dem »Römer«. Das alles hatte ich möglichst lebendig zu begleiten. Diese Art der Reportage verglich ich mit der wirklich nicht leichten Aufgabe, einen Karnevalsumzug zu kommentieren, und es war in der Tat viel anstrengender als jedes Fußballspiel, das ich bislang in meiner Karriere kommentiert hatte. Da spielen immerhin elf gegen elf. Und vor allem: Dort passiert im Normalfall eine ganze Menge mehr.

KEIN HERZ AUS STEIN

Am 24. Mai 2003 traf der 1. FC Nürnberg auf Bayer 04 Leverkusen (0:1). Die Leverkusener spielten gegen den Abstieg und konnten dieses Debakel mit ihrem Auswärtserfolg gerade noch aus eigener Kraft verhindern. Nach dem Spiel hatte ich Bayer-Manager Reiner Calmund an einer kleinen Treppe zum Interview abgefangen. Calmund nahm wegen seiner Körperfülle die ganze Treppe ein, er schwitzte und war in diesem Augenblick körperlich wie psychisch total erschöpft. Er wirkte auf mich wie ein Koloss, der sich kaum noch auf den Beinen halten konnte. Calmund gab mir dennoch ein Interview. Er tat mir leid, ich legte im Interview meinen linken Arm um seine Schultern, spendete Trost, nahm ihn in Schutz.

Dieses Bild wurde gesendet, und dafür gab es in der ZDF-Montagskonferenz Kritik. Der ewige Vorwurf: mangelnde Distanz. Das bezog sich diesmal auch gleich noch auf ein weiteres Spiel, denn von Nürnberg aus reiste ich einen Tag später nach Braunschweig, dort ging es um den Aufstieg in die Erste Bundesliga. Ich war als Reporter beim Spiel Eintracht Braunschweig gegen den FSV Mainz 05 eingesetzt. Mainz stand in einem Aufstiegs-Fernduell mit Eintracht Frankfurt – und verlor es in der allerletzten Minute, denn Eintracht Frankfurt erzielte in der Nachspielzeit den Treffer zum 6:3 gegen den Absteiger SSV Reutlingen. Die Mainzer rutschten, trotz ihres 4:1-Auswärtserfolgs in Braunschweig, wegen des um ein Tor schlechteren Trefferverhältnisses hinter Frankfurt auf Rang 4 der Tabelle. Sie waren mächtig angeschlagen. Der Trainer Jürgen Klopp heulte bitterlich, Vereinspräsident Harald Strutz nicht weniger. Das alles ging mir unheimlich nahe, obwohl ich nicht gerade im Verdacht stehe, ein Fan der Mainzer zu sein. Ich packte die ganze Tragik dieser so knapp verpassten Chance in meine Reportage und betonte ausdrücklich, dass Mainz 05 den Aufstieg verdient gehabt hätte.

Auch dafür gab es Kritik. Der damalige Leiter der Hauptredaktion Sport, Wolf-Dieter Poschmann, warf mir vor, ich hätte mich in meiner Reportage »vergaloppiert«. Ich hätte stattdessen in meiner Kommentierung des Mainzer Dramas sachlich bleiben, jede menschliche Regung unterdrücken sollen, mahnte er an. Meine Entgegnung auf dieses Verständnis von Sportberichterstattung: »Vielleicht hast du ja ein Herz aus Stein. Ich nicht!«

6. April 2001: Im Spiel gegen den VfL Wolfsburg (0:0) ist Energie Cottbus der erste Bundesligaverein, in dessen Startaufstellung nur ausländische Spieler stehen.

TÖPPIS MARKENZEICHEN: DIE SCHIEDSRICHTER UND IHRE VEREINE

 Anfänglich von ihnen gehasst, dann geachtet und schließlich fast sogar geliebt: Mein Verhältnis zu den Schiedsrichtern war ein ganz besonderes. Zu Beginn meiner Reporterlaufbahn spekulierte ich noch: je schwächer der Schiedsrichter, umso besser die Story für mich. Deshalb kritisierte ich die Männer in Schwarz recht gern und häufig, zum Teil über das Normalmaß hinaus (»ganz schwach«, »sollen zu Hause bleiben«). Zum Beispiel am 15. November 1986, als der Hamburger Sport-Verein und der 1. FC Köln (1:0) aufeinandertrafen. In diesem Spiel foulte der HSV-Verteidiger Manfred Kaltz den Kölner Spieler Thomas Allofs, und zwar mit solcher Wucht und Härte, dass Allofs nie wieder einen Fußballplatz als Spieler betreten konnte. Er wurde Sportinvalide. Schiedsrichter Tritschler, Denzlingen, vor dessen Augen sich diese Szene unmittelbar abgespielt hatte, zeigte für dieses brutale Foul Kaltz nicht einmal die Gelbe Karte. Im Stadiongang befragte ich Tritschler dazu. Er ging ohne eine Antwort an mir vorbei. Sein »Schweigen« sendete ich mit dem entsprechenden Kommentar.

Langsam, aber stetig gewann ich allerdings den höchsten Respekt vor den Schiedsrichtern. Ich erkannte, auch durch die verschiedenen Kameraperspektiven, wie schwer es war, innerhalb eines ganz kurzen Augenblicks die richtige Entscheidung zu treffen. Schiedsrichter, das wurde mir jetzt deutlich, ist sicher der schwierigste Job in der Bundesliga. Man sollte sie unterstützen! Auch als Reporter.

Am 28. September 2002 begann ich, die Vereine der Schiedsrichter in meinen Fußballreportagen zu nennen.

Das geschah eher zufällig: An jenem Samstag spielten Bayer Leverkusen und Bayern München (2:1) gegeneinander. Der mal wieder äußerst gereizte Bayern-Torwart Oliver Kahn fiel in diesem Match durch eine offensichtliche Tätlichkeit (»schüttelnder Nackengriff«) gegen den Leverkusener Stürmer Thomas Brdarić auf, doch Schiedsrichter Hellmut Krug stellte den Nationalkeeper nicht vom Platz, sondern zeigte Kahn lediglich die Gelbe Karte. Diese Entscheidung war völlig unverständlich. Nach dem Abpfiff ließ mich Krug dennoch in seine Schiedsrichterkabine. Nachdem ich ihm dort den Kahnschen Nackengriff am Monitor vorspielte, bekannte er sich sofort zu seinem Fehler. Das fand ich mannhaft und wirklich außergewöhnlich anerkennenswert. Beim anschließenden Schneiden des Berichts im ZDF-Übertragungswagen vor dem Stadion blickte ich neugierig in das DFB-Schiedsrichterheft, denn ich wollte mehr über Hellmut Krug erfahren. In dieser Broschüre sind fast sämtliche Informationen über die Referees aufgelistet: persönliche Daten, die Anzahl der Einsätze, ihre Hobbys und auch, welchem Verein sie angehören. Weil ich die Schiedsrichter als echte Sportler ansehe, wollte ich diesmal den Zuschauern Hellmut Krugs Verein nicht vorenthalten. Ich stellte den Referee in meiner Reportage vor: »Schiedsrichter Krug von Eintracht Gelsenkirchen.«

Daraus entwickelte sich eine Art Selbstläufer. Schon eine Woche später saß ich wieder mit einem Schiedsrichter in der Kabine, diesmal mit Hermann Albrecht. Wieder war der Anlass kein sonderlich angenehmer: Nach dem Spiel von Hannover 96 gegen Borussia Dortmund (0:3) gestand mir Albrecht vor laufender Kamera zwei Fehler ein. In meiner Reportage hieß es: »Schiedsrichter Hermann Albrecht von der SpVgg Kaufbeuren.«

18. September 2001: Vorrundenbeginn des UEFA Women's Cups, des einzigen Europapokal-Wettbewerbs im Frauenfußball (seit 2008: UEFA Women's Champions League), der zur Saison 2001/2002 erstmals ausgetragen wird.

Am 9. November des Jahres, nach einem abermaligen Ausraster von Oliver Kahn im Spiel zwischen Bayern München gegen Borussia Dortmund (2:1), benannte ich den Verein von Schiedsrichter Michael Weiner. Es war der TSV Ottenstein.

Am 30. November geriet der Schiedsrichter Markus Merk beim Match des 1. FC Nürnberg gegen Borussia Dortmund (1:2) wegen offensichtlicher Benachteiligung der Dortmunder Mannschaft schwer in die Kritik. Ich wollte ihn aber nicht im Fernsehen und damit in aller Öffentlichkeit bloßstellen und seinen Wohnort Otterbach verraten. Ich erwähnte stattdessen nur seinen Verein, den 1. FC Kaiserslautern, um ihn vor den aufgebrachten Fans zu schützen, die sonst sein Wohnhaus belagert hätten.

Seit dem Jahr 2002 informierte ich in jeder meiner Bundesligareportagen die Zuschauer über die Vereinszugehörigkeit der Schiedsrichter. Ziemlich lange wurde ich wegen dieser Marotte aufgezogen. Gegen Ende meiner Karriere war es dann plötzlich »Kult«. Egal wie man es nennt, es kommt bei Zuschauern wie Schiedsrichtern gleichermaßen gut an. Einmal sprach mich vor einem Spiel sogar der Schiedsrichter Thorsten Kinhöfer an, um mich über seinen Vereinswechsel aufzuklären, denn der war im DFB-Schiedsrichterbuch noch nicht vermerkt.

Kinhöfer: »Töppi, ich bin nicht mehr beim RSC Werne gemeldet, sondern zum SC Constantin Herne gewechselt.«

Diese Information nahm ich natürlich sofort in meine Reportage auf: »Schiedsrichter Thorsten Kinhöfer, SC Constantin Herne.«

---

23. Mai 2002: Im ersten Finale des neuen UEFA Women's Cups treffen im Frankfurter Waldstadion der 1. FFC Frankfurt und Umeå IK aufeinander (2:0).

Im September 2001 wurde Otto Rehhagel völlig unerwartet Nationaltrainer Griechenlands. Ich verkündete das exklusiv und bundesweit bereits in der »heute«-Sendung vom 9. August. Ich hatte Rehhagel eine Stunde zuvor in Kaiserslautern getroffen, wo er mir als einzigem Reporter diesen Wechsel bestätigte, und zwar in der Herrenboutique *Atzes Men Shop* des ehemaligen FCK-Präsidenten Jürgen »Atze« Friedrich. Nach der »heute«-Sendung bin ich gleich ins *Mykonos* in Wiesbaden gegangen, um mit dem Juniorchef Odysseus einen Ouzo auf Rehhagels Verpflichtung zu trinken. Was sich drei Jahre später aus der Konstellation aus Rehhagel, seiner griechischen Mannschaft und mir als Reporter entwickeln sollte, das konnte ich mir damals allerdings nicht einmal im Traum vorstellen.

Zu meiner Teilnahme an der Fußballeuropameisterschaft in Portugal vom 12. Juni bis 4. Juli 2004 musste ich mich förmlich überreden lassen, denn eigentlich wollte ich bei diesem Großereignis nicht als Reporter im Einsatz sein und hatte mich deshalb erst gar nicht beworben. Doch mein Chef, Wolf-Dieter Poschmann, insistierte, ob ich mir nicht doch einen Einsatz vorstellen könne. Ich antwortete halb im Spaß, halb im Ernst: »Allerhöchstens für die Griechen. Du weißt ja, dass ich mit Otto Rehhagel besonders gut kann.« Poschmann entgegnete: »Okay, meinetwegen. Dann kümmere du dich halt diese eine Woche um die Griechen.« Eine Woche, so dachten wir vor der EM. Es rechnete ja niemand damit, dass die fußballerisch eher unbeleckten Hellenen die Vorrunde überstehen würden. Trotz dieser Erwartung bereitete ich mich gewissenhaft und akribisch auf meine Aufgabe vor. Wie ein Schuljunge las ich mich in den Fußballsport Griechenlands ein.

Das Eröffnungsspiel dieser Europameisterschaft fand in Porto statt. Die Griechen trafen am 12. Juni im Estádio do Dragão auf die Gastgeber und Favoriten des Turniers. Das Spiel übertrug die ARD live, meine Aufgabe war es an diesem Abend, einen Nachbericht über das Match zu produzieren. Ich reiste also nach Porto an, wo mich mein Kamerateam Metzner/Moisenbichler erwartete. Was wir dort dann zu sehen bekamen, war sensationell. Die Griechen besiegten Portugal mit 2:1. Das Stadion, die ganze Stadt war wie paralysiert. Porto glich nach dem Abpfiff einer Geisterstadt. Die Straßen waren zwar geschmückt, blieben aber leer. Die Menschen hatten sich nach der Niederlage aus Enttäuschung in ihre Häuser verzogen. Ich konzentrierte mich in meiner Nachberichterstattung natürlich ganz und gar auf die Griechen mit ihrem Coach. Acht Minuten lang wurde mein Bericht schließlich, vollgepackt mit Reaktionen und Einstellungen von Otto Rehhagel, wie er in seiner ihm typischen Art und Weise am Spielfeldrand wild mit den Armen herumfuchtelte. Nach der Partie telefonierte ich noch mit seiner Frau Beate und sagte ihr: »Nun können die Griechen erhobenen Hauptes nach Hause fahren.« Denn selbst nach diesem sensationellen Erfolg glaubte keiner, dass die »Ethniki« das Viertelfinale erreichen würde.

Im zweiten Spiel am 16. Juni traf Rehhagels Team auf Spanien, ebenfalls in Porto. Die Sicherheitsvorkehrungen im Estádio do Bessa waren noch strenger als beim ersten Match, denn der spanische König hatte sich als Besucher angesagt. Das Spiel endete 1:1. Wir hatten nur ein kleines Studio im Stadion zugewiesen bekommen, eine Etage unterhalb der Kabinen. Hier wollte ich mich mit Rehhagel nach dem Spiel

31. Mai–30. Juni 2002: Erstmals in der Geschichte des Turniers findet die Fußball-WM in Asien statt, genauer: in Japan und Südkorea.

zu einem Interview treffen. Doch der kam nicht. Ein UEFA-Commissioner hätte ihn herunterbringen sollen, was aber nicht klappte. Ich wurde immer nervöser. Die für das ZDF gebuchte Zeit lief langsam, aber sicher ab. Also kabelte ich mich ab und rannte die Treppe hoch. Dort fand ich Otto Rehhagel, der mit den Schultern zuckte und entschuldigend sagte: »Mich hat hier keiner abgeholt.« Ich nahm ihn nun ganz schnell mit in die Flash Zone, schließlich wollte ich das Interview unbedingt senden. Wir führten ein vier Minuten langes Gespräch, das trotz aller Eile zu spät kam, die Zeit war bereits abgelaufen, die EM-Sendung bereits beendet. Ich war so enttäuscht, dass ich an diesem Abend sogar eine Einladung zu einem Portweinabend absagte. Doch der ZDF-Teamchef bei dieser Europameisterschaft Dieter Gruschwitz fand noch eine Lösung. Aus meinem Interview wurden vier Kernaussagen Rehhagels herausgeschnitten und im »heute journal« gesendet. Besser als nichts!

Im abschließenden Vorrundenspiel der Griechen gegen Russland am 20. Juni in Faro wollten wir jetzt ganz auf Nummer sicher gehen, und das ZDF buchte bei der UEFA einen festen Interviewplatz in der Flash Zone. Dort durften die Reporter direkt nach dem Abpfiff ein eineinhalb Minuten langes Interview führen. Vor dem entscheidenden Spiel für die Griechen hatte ich kein sonderlich gutes Gefühl. Faro war fest in russischer Hand, alle Hotels ausgebucht. Der russische Mogul und FC-Chelsea-Eigner Roman Abramowitsch fuhr mit seiner Jacht in den Hafen der Stadt ein. Das wurde sogar live im portugiesischen Fernsehen übertragen. Was sprach da eigentlich noch für die Griechen?

Ich konzentrierte mich lieber auf Otto. Die Griechen verloren, aber knapp, und das reichte gerade so. Mit einer 1:2-Niederlage im Estádio Algarve gelang der griechischen

Nationalmannschaft der Sprung ins Viertelfinale. Otto Rehhagel war sichtlich erschöpft, als er direkt vom Spielfeld zu mir kam, sah er um Jahre gealtert aus. Der UEFA-Kontrolleur erinnerte mich noch einmal mit strenger Miene daran,

dass ich genau 1:30 Minuten hätte und Rehhagel genau zwei Fragen stellen dürfte. Daran hielt ich mich natürlich nicht. Das Interview hatte eine Länge von 2:28 Minuten, und es waren sechs Fragen, die ich stellte. Anschließend sprach die UEFA dem ZDF eine Verwarnung aus. Der Verband rügte mein »disziplinloses« Verhalten und drohte mir und meinem Sender mit Konsequenzen.

Durch den unerwarteten Erfolg der Griechen gewann auch das Duo Rehhagel-Töpperwien für das ZDF einen höheren Stellenwert. Erst recht, als die »Ethniki« am 25. Juni im Viertelfinale in Lissabon auch noch die hoch favorisierte französische Equipe mit 1:0 bezwang. Die Franzosen konnten gegen die Ultra-Defensivtaktik Rehhagels im Estádio da Luz einfach nicht Fußball spielen. Griechenland im Halbfinale, eine echte Sensation!

Im Halbfinale am 1. Juli mussten sich in Porto nun die Tschechen gegen die griechischen Defensivkünstler behaupten. Es war ein ZDF-Livespiel, und wir stiegen voll in die Berichterstattung ein. Die UEFA gestattete den TV-Anstalten, die Ankunft des griechischen Mannschaftsbusses vor dem Stadion zu drehen. Unglaublich! Wir, das ZDF, nahmen das Angebot an. Otto Rehhagel und die Griechen genossen jetzt höchste Priorität! Aber ich hielt mich mal wieder nicht an die UEFA-Vorgaben, die Spieler- oder Trainerinterviews rund um den Bus ausdrücklich untersagten. Natürlich befragte ich Rehhagel, als er aus dem Bus stieg – und die UEFA-Funktionäre kochten vor Wut.

30. Juni 2002: WM-Finale in Yokohama: Brasilien holt nach dem Sieg über die deutsche Nationalmannschaft unter ihrem Trainer Rudi Völler (2:0) zum fünften Mal den Titel.

Die letzten zehn Minuten der Verlängerung des Halbfinalspiels schaute ich mir im Kabinengang auf einem Monitor an. Dort beobachtete ich das Siegtor von Traianos Dellas in der 105. Minute, dem ich bei dieser EM auf Vorschlag von Rehhagel hin den Spitznamen »Koloss von Rhodos« verpasst hatte. Eigentlich sollte ich nun die von der UEFA vorgeschriebene Interviewposition einnehmen und dort brav auf Rehhagel warten. Doch genau das wollte ich nicht. Ich hatte mir für diesen Abend wohlbedacht ein Jackett in den Farben der griechischen Delegation angezogen. Nach dem Abpfiff sprintete ich sofort mit breiter Brust zur Kabine der Griechen, direkt an den Ordnern vorbei, die mich für ein Mitglied der griechischen Delegation hielten und sich wohl deshalb nicht trauten, mich aufzuhalten. Vor der Kabinentür traf ich auf einen völlig losgelösten »Rehakles«. So hatte ich ihn noch nie zuvor gesehen. »Ich muss mich erst mal kämmen«, sagte er zu mir, bevor wir mit dem Interview loslegten.

KAMPF UM OTTO

Griechenland stand also im Finale gegen Portugal und wurde am 4. Juli 2004 durch ein Tor von Angelos Charisteas Europameister! Wir übertrugen das Endspiel aus dem Estádio da Luz in Lissabon. Béla Réthy war der Livekommentator, und ich wurde wieder als Interviewreporter eingesetzt. Eine Viertelstunde vor Spielschluss holte mich der UEFA-Commissioner ab und platzierte mich in der Interviewzone in den Katakomben des Stadions. Dort war es schrecklich voll und unheimlich eng. Fast alle TV-Stationen hatten ihre Plätze bereits eingenommen. Die Portugiesen, die Griechen in der ersten Reihe, und ich als ZDF-Mann weiter hinten. Der UE-

↗ Nach dem EM-Finale in Lissabon am 4. Juli 2004 zwischen Griechenland und Portugal (1:0): Im Interview mit dem griechischen Europameister und Siegtorschützen Angelos Charisteas

FA-Mann wies uns nochmals darauf hin, dass wir unsere Position unbedingt einzuhalten hätten. Als Rehhagel mit einem UEFA-Funktionär unsere Zone betrat, war das Gedränge riesengroß. Alle wollten Otto. Der UEFA-Mann hatte eine strenge Reihenfolge im Kopf. Zunächst wollte er Rehhagel in die Richtung des griechischen TV-Senders ERT schieben. Ich rief den Griechen zu: »You can take Charisteas. We take Otto!« Darauf ließen sich die griechischen Kollegen ein, sicher auch, weil Otto Rehhagel kein Wort Griechisch spricht und sich die Interviews mit ihm recht mühselig gestalten. Ich zog also von links »König Otto« in meine Richtung, was der UEFA-Mann wiederum unbedingt verhindern wollte und darum ebenfalls an ihm zog, von rechts. Schließlich konnte ich Rehhagel von dem UEFA-Funktionär loseisen und vor mein Mikrofon zerren. Ich begann: »1954 hatten wir das Wunder von Bern. 2004 haben wir das Wunder von Lissabon. Sie haben nach den Sternen gegriffen. Sie haben sie berührt.« Rehhagels Stimme war vor Glück fast erstickt, als er mit mir redete. Ich fragte ihn noch, ob er denn nicht seine Frau grüßen wolle, die zu Hause in Essen saß. Eine Frage, die im Fernsehen wirklich mehr als verpönt ist. Doch an diesem Abend von Lissabon war das egal. Als dann der Kollege Nils Kaben mir noch den Torschützen Angelos Charisteas live in mein Rehhagel-Interview hineinschob, war ich überglücklich.

Hätte ich mich auch an diesem Abend an die von der UEFA vorgegebenen Regeln gehalten, wäre Otto Rehhagel so schnell nicht im deutschen Fernsehen zu sehen und zu hören gewesen.

Eigentlich hätte ich nach dieser legendären Europameisterschaft zurücktreten müssen, etwas Größeres konnte mir in meiner Karriere kaum noch passieren. Mein ZDF-Interview

12. Juni–4. Juli 2004: Fußball-EM in Portugal

mit Otto Rehhagel als frischer Europameister sahen rund 22 Millionen Zuschauer. Natürlich machte ich weiter … Am nächsten Tag flog ich nach Hause und besuchte noch am selben Abend das *Mykonos* in Wiesbaden.

Im selben Jahr hatte ich es noch einmal mit den Griechen zu tun, als Mitglied der ZDF-Olympia-Redaktion bei den Olympischen Spielen in Athen. Hier feierte ich meinen Abschied als Livereporter – bei einem Frauenfußballspiel. Ich kommentierte die Partie um die Bronzemedaille zwischen Deutschland und Schweden (1:0) im Karaiskakis-Stadion von Piräus. Es war höchst emotional und ein wirklich schöner Abschluss meiner Livereporterlaufbahn.

»TÖPPI, TELEFON!«, … WIR SUCHEN EINEN BUNDESTRAINER Nach dem EM-Endspiel in Lissabon traf ich Franz Beckenbauer auf der Terrasse unseres ZDF-Studios. Er bat mich um die Telefonnummer von Otto Rehhagel, denn er suchte einen neuen Bundestrainer und dachte dabei an Rehhagel. Rudi Völler hatte ja nach dem aus deutscher Sicht enttäuschenden Turnier (Vorrunden-Aus) zurücktreten müssen. Ich wollte Rehhagels Geheimnummer allerdings nicht preisgeben, selbst dem »Kaiser« nicht. Stattdessen schlug ich Franz Beckenbauer vor, dass ich mit meinem Handy Rehhagel anwählen und dann das Telefon an ihn weiterreichen würde.

Beckenbauer war einverstanden. Er ging eine Etage tiefer in mein Zimmer, wo er Rehhagel ungestört die Bundestrainer-Offerte unterbreiten konnte. Rehhagels Antwort: »Darüber muss ich erst mit meiner Frau Beate reden.« Ich hatte derweil oben warten müs-

4. Juli 2004: Finale der Fußball-EM in Lissabon: Die Gastgeber treffen auf das Sensationsteam aus Griechenland unter ihrem Trainer Otto Rehhagel. Die Hellenen holen nach einem 1:0-Sieg sogar den Titel.

↗ »Hansi« Felder, Pressesprecher von Hertha BSC, überreicht Rolf Töpperwien anlässlich dessen 1250. Bundesliga-Reportage ein Trikot; Mai 2005.

sen. Beckenbauer gab mir mein Telefon zurück und bedankte sich herzlich. Einen Tag später entschied sich Rehhagel dafür, griechischer Nationaltrainer zu bleiben. Der Nachfolger von Rudi Völler als Bundestrainer wurde schließlich Jürgen Klinsmann.

EINE BESONDERE ROSE

Der 7. Mai 2005 war in so mancher Hinsicht ein ganz besonderer Tag für mich. Es war zunächst der vorletzte Bundesligaspieltag der Saison 2004/2005. Bayern München stand bereits als Deutscher Meister fest und trat im Stadion am Bruchweg beim 1. FSV Mainz 05 an. Ich hatte einen Reportereinsatz bei diesem flotten Spiel, bei dem es eigentlich um nichts mehr ging. Die Bayern gewannen mit 4:2. Es war zugleich mein 1250. Reportereinsatz in der Ersten Bundesliga und somit mein letztes Jubiläum vor meinem Rücktritt fünf Jahre später. Und es war Muttertag. Am Abend gab ich ein großes Fest in Mainz, zu dem ich viele Freunde eingeladen hatte, so zum Beispiel Harald Strutz zusammen mit dem sympathischsten Vizepräsidenten der Liga, Peter Arens von Mainz 05, oder »Siggi« Dietrich vom 1. FFC Frankfurt, der erfolgreichste Manager im Frauenfußball, Franz-Xaver Wack und Lutz Wagner, profilierte Bundesligaschiedsrichter, »Ede« Geyer, unverwüstliches Trainer-Urgestein aus Sachsen, und Heribert Bruchhagen, umsichtiger Fußballboss von Eintracht Frankfurt. Hocherfreut war ich über die ganz besondere Vater-Sohn-Kombination aus Franz und Fabian Gerber. Franz, der sagenumwobene Schlangenbeschwörer aus alten St.-Pauli-Zeiten hatte 1974 bei meiner ersten Bundesligaübertragung in Wuppertal gespielt. Fabian, sein Sohn, stand jetzt, 31 Jahre

13.–29. August 2004: Olympische Sommerspiele in Athen

↗ Elisabeth und Rolf Töpperwien; Mai 2005

↗ Familienglück: Elisabeth Töpperwien mit Mann Rolf und Sohn Louis

später, im Team von Mainz 05. Gegen Mitternacht trat ein Rosenverkäufer durch die Tür, und ich sagte: »Für alle Mütter eine Rose!« Meine Mutter erinnerte mich daran, meiner Freundin Elisabeth auch eine zu spendieren. »Sie ist doch gar keine Mutter«, erwiderte ich, zeigte mich aber dennoch großzügig. Zwei Tage später verriet sie mir, dass sie schwanger sei. Ich war überglücklich und jubelte so ausgelassen, wie es mir bis dahin nur bei einem Tor meines Lieblingsvereins Eintracht Braunschweig gelungen war.

Am 1. Dezember 2005 heirateten wir, und am 27. Dezember wurde unser Sohn Louis geboren, den wir nach meinem Großvater, dem Gründer der Lederfabrik Louis Töpperwien im Gipsmühlenweg 6 in Osterode am Harz, nannten. Ich war bei der Geburt dabei und spürte sofort, dass sich Louis wie nichts anderes auf der Welt zuvor in mein Herz gezaubert hatte. Das war der Moment, in dem ich begann, meine Familie als noch wichtiger als den Fußball anzusehen. Erste Überlegungen, mit 60 Jahren meinen wunderschönen Beruf an den Nagel zu hängen, reiften.

Mein geplanter Ausstieg sorgte bei Bekanntwerden schließlich für große Verwirrung. Zunächst glaubte es niemand. Töpperwien ohne Fußball, wie sollte das gehen? Dann fragte mich jeder, was ich denn anstellen würde, so ganz ohne Fußball. »Ich mache es wegen meines Sohnes«, sagte ich. Für den möchte ich viel Zeit haben!

26. August 2004: Töppis letzter Einsatz als Livereporter im Spiel um Platz 3 des Fußballturniers der Frauen. Deutschland gewinnt in Athen gegen die schwedische Mannschaft (1:0).

»HOP SCHWYZ!« UND EIN NEUER FAN

In meiner langen Fußballreporterkarriere habe ich wirklich viel gesehen und erlebt, doch dass ich am Ende meiner Laufbahn noch einmal eine neue Liebe zu einer Nationalmannschaft entdecken würde, das hätte ich nicht für möglich gehalten. Und dennoch ist es mir passiert: Am 12. November 2005 sollte ich eine Zusammenfassung des Relegationshinspiels zur Fußball-WM 2006 zwischen der Schweiz und der Türkei (2:0) abliefern. Für das Stück waren acht Minuten eingeplant. Ich verfolgte das Match nicht live vor Ort im Berner Stade de Suisse, sondern vor dem Monitor im Sender in Mainz.

Ich muss gestehen, dass ich zum damaligen Zeitpunkt nicht mehr Ahnung vom Schweizer Fußball hatte als anfänglich vom griechischen. Zudem hielt ich die Schweizer und somit auch die Schweizer Fans für ein eher ruhiges Bergvolk, das dem Fußballsport nicht viel abgewinnen konnte. Ich irrte mich – was mir da aus Bern über meinen Monitor entgegenschlug, war einfach unglaublich: ein Stadion außer Rand und Band, südeuropäische Verhältnisse! Wirklich jeder Zuschauer hatte eine Schweizer Fahne dabei und feuerte sein Team mit dem Schlachtruf »Hop Schwyz!« an. Als ich das mit großen Augen betrachtete, fragte ich mich: »Ist das das Meazza-Stadion in Mailand oder das Camp Nou in Barcelona?« Nein, es war das Stade de Suisse in Bern!

Die »Nati«, wie die Eidgenossen ihr Team nennen, spielte 90 Minuten lang einen dynamischen Powerfußball. In diesem Augenblick wurde ich ihr Fan und schloss die Mannschaft in mein Herz. Nach 32 Jahren Reportertätigkeit hatte ich also noch einmal eine neue Fußballliebe gefunden. Die Schweiz qualifizierte sich unter teils chaotischen Zuständen beim Rückspiel in Istanbul trotz einer 2:4-Niederlage für die Fußballweltmeisterschaft in Deutschland.

Bei der WM 2006 in Deutschland vom 9. Juni bis 9. Juli begleitete ich für das ZDF die Schweizer Nationalmannschaft. Die Griechen hatten sich nicht qualifiziert. Schon im Trainingslager der Schweizer in Bad Bertrich spürte ich, dass sich zwischen dem erfahrenen Nationaltrainer Jakob »Köbi« Kuhn und mir ein außergewöhnlich gutes Verhältnis entwickeln würde. Kuhn, der seine junge Mannschaft wie ein väterlicher Freund betreute, galt im Hinblick auf sein Verhältnis zu den Schweizer Journalisten als schwierig und eigenbrötlerisch. Mich behandelte er ausgezeichnet, und ich hatte wirklich keinerlei Grund zur Klage. Alle meine Interviewwünsche wurden unter engagierter Mithilfe des »Nati«-Pressechefs Pierre Benoit optimal erfüllt.

Die Schweizer erreichten bei der WM 2006 immerhin das Achtelfinale. Dort aber verlor die »Nati« in Köln gegen die Ukraine nach Verlängerung und Elfmeterschießen 0:3 – die Schweizer schossen also in diesem langen Match tatsächlich kein einziges Tor, selbst vom Elfmeterpunkt nicht. Mein Freund und Kollege Béla Réthy, als Livereporter eingeteilt, sprach vom schlechtesten Spiel, über das er je berichtet hätte.

Bei der Europameisterschaft vom 7. bis 29. Juni 2008 in Österreich und der Schweiz betreute ich wiederum die »Nati«. Ich hatte meinen Reporterstützpunkt in Basel, wo am 7. Juni die Schweiz und Tschechien (0:1) das Eröffnungsspiel austrugen, bei dem sich der Schweizer Mittelstürmer Alexan-

1. Dezember 2005: Hochzeit mit Elisabeth

der Frei so schwer verletzte, dass für ihn das Turnier bereits wieder beendet war. Eine sportliche Tragödie für ihn und die Schweiz! Nach dem Spiel war die Reihenfolge der Interviews mit »Köbi« Kuhn wieder klar verteilt. An erster Stelle stand das *Schweizer Fernsehen* (SF), dann folgte bereits das ZDF mit mir als Reporter. Und schon wieder lief mir die Zeit davon, denn der Kollege befragte Kuhn wesentlich ausführlicher, als es die UEFA-Richtlinien erlaubten. Als ich, direkt neben dem SF postiert, das Ende des Interviews zu erkennen glaubte, begann ich den noch im Schweizer Fernsehbild stehenden Kuhn anzusprechen und ihn dann ein, zwei Meter zu uns herüberzuziehen. Die Schweizer waren sauer und beschwerten sich bei der UEFA sowie beim ZDF über mein Verhalten. Ich hatte dank meines hundertprozentigen Einsatzes mal wieder ein Interview für das ZDF gerettet. Denn nur Sekunden nach dem Interview war unsere gebuchte Zeit abgelaufen.

»SÖLDNERTRUPPE« UND STADIONVERBOT

Vier Jahre vor dem Ende meiner Karriere sollte noch einmal ein Stadionverbot gegen mich ausgesprochen werden. Diesmal, nach den Hamburgern 1975, waren es die Wolfsburger, die mir Mitte Mai 2006 per Fax den Zutritt zu ihrer Arena untersagen wollten. Und zwar nicht nur für ein einziges Bundesligaspiel, sondern gleich auf Lebenszeit. Als Grund vermutete ich einen bissigen Kommentar von mir auf der Homepage des ZDF. Dort hatte ich am Montag nach dem entscheidenden Spiel im Abstiegskampf zwischen dem VfL Wolfsburg und dem 1. FC Kaiserslautern am 13. Mai (2:2) einen forschen Kommentar veröffentlicht. Ich verhehlte darin nicht meine Sympathie für die Lauterer, die nur zwei Tage zuvor mit einer ganz jungen Mannschaft vor meinen Augen begeisternden Fußball beim 1:1-Remis gegen den FC Bayern München gespielt hatten. Unter diesem Eindruck schrieb ich, dass es der FCK, für den das Remis den Abstieg bedeutete, eindeutig mehr verdient gehabt hätte, die Klasse zu halten, »als die zusammengewürfelte Söldnertruppe aus Wolfsburg«. Sowohl der ZDF-Chefredakteur Nikolaus Brender als auch der Hauptredaktionsleiter Sport Dieter Gruschwitz zeigten sich mit mir solidarisch und stärkten mir den Rücken in dieser schwierigen Situation. »Töpperwien bleibt der ZDF-Reporter für das Match in Wolfsburg«, bestätigten meine Vorgesetzten.

Der eigentliche Grund für das gewünschte Stadionverbot lag allerdings ganz woanders: Es bezog sich auf ein Zitat von mir in der *Wolfsburger Allgemeinen*. In einem Weihnachtsinterview wurde ich befragt: »Was unterscheidet für Sie eigentlich die rivalisierenden Nachbarschaftsclubs Eintracht Braunschweig und VfL Wolfsburg?« Meine provokante, aber bewusst gewählte Antwort: »Die Wolfsburger müssen noch 20 Jahre in der Bundesliga spielen und mindestens einmal Meister werden, bis sie den Braunschweigern das Wasser reichen können.« Das war zu viel, daraufhin wollten die »Wölfe« mich nicht mehr in ihrem Stadion sehen.

Der Rauch verzog sich schnell. Das letzte Spiel übertrug ich dann fach- und sachgerecht. Zum Abstieg von Kaiserslautern führte ich einige Interviews, die Gespräche mit den geretteten Wolfsburgern überließ ich sicherheitshalber meinem Kollegen Lars Ruthemann. Für mich als bekennender Niedersachse war Wolfsburg immer genauso wie Braunschweig, Hannover oder Osnabrück eine Reise wert. Von

27. Dezember 2005: Geburt des Sohnes Louis

einer Meisterschaft in der Autostadt wagte ich allerdings noch nicht zu träumen, geschweige denn zu reden.

In der nächsten Saison berichtete ich wieder ohne Schwierigkeiten aus der Volkswagen Arena in Wolfsburg.

HEIMSPIEL AUF DER ALM

Zur Bundesligasaison 2006/2007 verschlechterte sich die Lage für uns ZDF-Fußballreporter. Dank der neu ausgehandelten Übertragungsrechte rutschten wir in der Interviewposition noch weiter nach hinten. Ganz vorn standen nun die Kollegen des Bezahlsenders *Premiere*, dann die ARD-»Sportschau«, das ARD-Radio und schließlich am Ende dieser Kette das *Deutsche Sportfernsehen* (DSF) und das ZDF. Zur Saison 2010/2011 wurden wir sogar um einen weiteren Rang nach hinten geschoben. *LIGA total!*, der Telekom-Sender, hatte sich noch vor uns eingekauft, auch wenn diesen kaum jemand einschaltete (100 000 Abonnenten).

Jeder Sender erhält von der Deutschen Fußball Liga (DFL) ein farblich anderes Leibchen, und so sind die Reporter und ihre Standorte gut auszumachen. Rot für *Premiere* (seit dem 9. Juli 2009 *Sky*) an erster Stelle, grau für die ARD und blau für das ZDF. Zum Match von Bielefeld gegen Bayern (2:1) am 16. September 2006 hatte ich dieses blaue Leibchen dritter Klasse übergestreift. Die Räumlichkeiten rund um die Kabinen in Bielefeld sind sehr beengt, weswegen die Interviewzone für die »Blauhemden« weit entfernt am Ende eines aus dem Stadioninneren hinausführenden Gangs eingerichtet war. Als ich wie üblich bei meinem Heimauftritt auf der Alm im Kabinenbereich auftauchte, flüsterte mir der Chefordner zu: »Töppi, streif bloß das blaue Leibchen ab! Mit dem

16. Mai 2006: Das Management des VfL Wolfsburg spricht gegen Rolf Töpperwien ein Stadionverbot aus.

müssten wir dich aus dieser Zone entfernen. Ohne Leibchen kannst du machen, was du willst.« Diesem Entgegenkommen verdankten ich und das ZDF-»sportstudio« den Gast Jonas Kamper, an den ich als Siegtorschützen ansonsten nie herangekommen wäre, um ihn nach Mainz einzuladen. So klappte alles vorzüglich. Dank an meine Freunde in Bielefeld!

TRAINERBEBEN UND EINE SPÄTE PARTY

Wie sich seit der Geburt meines Sohnes Louis und der Heirat mit meiner Frau Elisabeth die Prioritäten in meinem Leben verschoben hatten, sollte sich am 3. Februar 2007 zeigen, dachte ich jedenfalls. An diesem Tag war ich wie immer von der Bitburger Brauerei zum »Ball des Sports« in die Frankfurter Festhalle eingeladen. Dieser Ball ist ein gesellschaftliches Ereignis ersten Ranges, was sich auch an der Gästeliste zeigt: Die Bundeskanzlerin hatte sich ebenso angesagt wie sämtliche Sport- und einige Showgrößen aus Deutschland. Früher sah mein Programm zur Ballnacht immer so aus: Erst kommentierte ich ein Samstagsspiel für das »aktuelle sportstudio«, anschließend, gegen Mitternacht, tauchte ich bei dem Festakt auf. Das wollte ich dieses Mal unbedingt vermeiden und stattdessen ganz anders machen. Mein Ziel war, mit meiner Frau endlich einmal pünktlich auf dem Ball zu erscheinen. Deshalb verzichtete ich sogar auf das obligatorische Samstagsspiel, sondern fuhr bereits am Freitagabend nach Nürnberg, wo der »Club« auf Bayern München treffen würde. Ein besonderes Match, schließlich war es Ottmar Hitzfelds erster Auftritt als alter und neuer Bayern-Coach nach Felix Magaths Entlassung. Das Spiel endete mit einem sensationellen 3:0 für Nürnberg. Also hatte ich mal wieder den Vogel abgeschossen und am Samstag einiges zu tun. Ich wollte in Mainz um 13 Uhr den Bericht schneiden, zwei Stunden später die Sprachaufnahme erledigen und anschließend nach Hause fahren. Dort wollte ich in die Badewanne gehen, meinen Smoking anziehen und mich mit meiner Frau ab 20 Uhr auf dem »Ball des Sports« vergnügen.

Nur rechnete wohl niemand damit, was sich just in dieser Ballwoche alles in der Bundesliga tun sollte: Binnen 24 Stunden wurden nicht weniger als drei Trainer entlassen. Felix Magath in Bayern München (31. Januar), Jupp Heynckes bei Borussia Mönchengladbach (31. Januar) und Thomas Doll beim Hamburger SV (1. Februar). Aufgrund dieser Ereignisse bat mich der stellvertretende Leiter der ZDF-Sportredaktion, Thomas Fuhrmann, im »aktuellen sportstudio« einen Kommentar über die drei Rauswürfe zu sprechen, und zwar live. Für mich gab es kein Überlegen. Ich sagte sofort zu und vergaß in diesem Augenblick auch unsere abendliche Einladung. Ich meldete mich allerdings noch schnell bei meiner Frau und gab meine voraussichtliche neue Ankunftszeit durch: 23.30 Uhr. Dann formulierte ich den Kommentar und nannte ihn »Trainerbeben«. Darin griff ich vor allem die Vereinsverantwortlichen heftig und scharf für ihre Trainerrauswürfe an. Die Bayern-Bosse, weil sie Magath meines Erachtens zu Unrecht entlassen hatten, die HSV-Funktionäre, weil sie sich von Doll meiner Meinung nach viel zu spät getrennt hatten. Den Kommentar sprach ich dann live im »sportstudio«, zog mich um und erschien wieder erst kurz vor Mitternacht auf dem »Ball des Sports«. An diesem langen Fußballsamstag merkte ich: So schnell lässt mich die Bundesliga nicht aus ihren Krallen! Es sollte noch dauern, bis ich mit ihr abschließen konnte.

9. Juni–9. Juli 2006: Fußball-WM in Deutschland

Energie Cottbus galt sicher nicht als mein Lieblingsverein, wenn ich Spiele übertragen musste. Überhaupt riss sich von den ZDF-Fußballreportern niemand so richtig darum, in die abgelegene Lausitz zu reisen. Als ich vor dem 24. Spieltag der Saison 2007/2008 mit Béla Réthy und Thomas Wark in unserem Büro den bevorstehenden Spieltag durchdiskutierte, stellte sich wie so oft die Frage: »Wen trifft es?« Immerhin hatte Energie die Bayern im Stadion der Freundschaft zu Gast. Doch alles außer einem deutlichen Sieg des Favoriten aus München wäre eine riesengroße Überraschung gewesen. Ich bewarb mich für das Spiel, unter anderem auch, um mich von Cottbus schon mal zu verabschieden. Der Tag meines Aufhörens rückte ja immer näher.

Vom Anstoß an war unheimlich viel Feuer in diesem Spiel. Ich spürte, dass etwas Außergewöhnliches passieren konnte. In der 18. Minute erzielten die Cottbusser den Führungstreffer. In der 28. Spielminute parierte der Cottbusser Torwart Gerhard Tremmel einen von Schiedsrichter Thorsten Kinhöfer, SC Constantin Herne, unberechtigt gepfiffenen Elfmeter für die Bayern. Franck Ribéry scheiterte, nachdem Luca Toni im gegnerischen Strafraum ohne Fouleinwirkung einen »Schwächeanfall« vorgetäuscht hatte.

Überhaupt hielt dieser Tremmel an diesem Nachmittag einfach alles. Er war überragend. Doch auch die Cottbusser Feldspieler wuchsen im Laufe des Spiels über sich hinaus und rangen die Bayern nach großem Kampf mit 2:0 nieder. »Tremmel muss ins ›sportstudio‹!«, funkte ich in die Sendezentrale nach Mainz. Aber wie? Cottbus ist weit weg, und nichts war organisiert. Außerdem hatte die Redaktion schon einen Gast aus Karlsruhe fest eingeplant. Ich fragte zunächst den Cottbus-Manager Steffen Heidrich an. Der meinte: »Kein Problem. Wenn das ZDF es will, dann kommt Tremmel ins ›sportstudio‹.« Wir brachten den Keeper an diesem Abend mit einem Privatjet nach Mainz. Er war uns zu wichtig, als dass wir ihn in Cottbus gelassen hätten.

KLINSMANN, EIN LETZTES MAL

Mein vorletztes Bundesligajahr meiner Karriere, 2009, hatte es in sich. Es war das Jahr der Niedersachsen. Unvergessen ist mir mein Interview mit Jürgen Klinsmann geblieben, das ich mit dem Bayern-Coach am 4. April in Wolfsburg führte. Boris Büchler und ich waren die Berichterstatter. Die Bayern wurden in der Wolfsburger Arena vom kommenden Deutschen Fußballmeister vorgeführt und unterlagen verdient mit 1:5. Klinsmanns Uhr bei den Bayern begann abzulaufen, das spürte jeder im Stadion. Vor dem Match hatte ich eine Zusage von Bayern-Manager Uli Hoeneß dafür bekommen, dass er nach dem Abpfiff und der anschließenden Pressekonferenz als Gast zu mir ins ZDF-Ministudio kommen würde. Doch nach dem Match wurde es schnell sehr hektisch. Von den Bayern war nichts zu sehen, wenn sie verloren, verschanzten sie sich oft in ihrer Kabine. Aus dem Wolfsburger Team hätte ich sofort jeden zum Interview bekommen, vom Schuhputzer bis zum Superstürmer Grafite, dem in diesem Spiel ein unglaubliches Tor mit der Hacke gelungen war. Ich wollte jedoch unbedingt die Bayern vor meinem Mikrofon.

Trainer Jürgen Klinsmann hatte in Wolfsburg nur zwei vertraglich zugesicherte Verpflichtungen. Er gab zunächst dem Bezahlsender *Premiere* ein Einzelinterview und schlich anschließend niedergeschlagen zur Pressekonferenz. Ich mochte diese Konferenzen überhaupt nicht, denn im Normalfall werden hier nur Belanglosigkeiten abgegeben. Der Saal war für mich nicht viel mehr als ein Aufwärmraum mit Essen und Trinken. Die entscheidenden Aussagen erhielt ich während meiner gesamten Karriere fast ausschließlich durch Einzelinterviews. Und genau so hatte ich es mir auch in Wolfsburg vorgenommen.

Markus Hörwick, der Mediendirektor der Bayern, kam auf mich zu. Er erklärte mir unmissverständlich, dass weder Uli Hoeneß noch irgendein anderer Spieler des FC Bayern in meinem Ministudio auftauchen würden (»Das musst du akzeptieren!«). Diese Variante konnte ich also abhaken. Im völlig überfüllten Presseraum saß Jürgen Klinsmann wie ein Häufchen Elend vorn am Tisch. Neben ihm Felix Magath, strahlend wie ein Honigkuchenpferd. Ich postierte mich mit meinem Kameramann Jan-Peter Sölter rechts von Klinsmann. Ich hatte längst gesehen: Nach der Pressekonferenz musste der sich in meine Richtung bewegen, um den Raum überhaupt verlassen zu können.

Jürgen Klinsmann ging es an diesem denkwürdigen Wolfsburger Nachmittag wirklich schlecht, das war nicht zu übersehen. Ich empfand ehrliches Mitleid mit ihm, und üblicherweise ließ ich Trainer oder Spieler in einer solch miserablen Situation in Ruhe, packte mein Mikrofon ein und verschwand. Doch weil ich weder Uli Hoeneß noch einen Bayern-Spieler vor das Mikrofon bekommen konnte, versuchte ich jetzt, den Trainer zu erwischen. Der stand nach der Konferenz auf und versuchte wegzugehen. Unter schwierigsten psychischen und räumlichen Bedingungen rang ich dem ehemaligen Bundestrainer ein 2:11 Minuten langes Interview ab, es war mein

9. Juli 2006: WM-Finale in Berlin: Italien und Frankreich trennen sich nach einer dramatischen Partie 5:3 nach Elfmeterschießen (1:1 n. V.).

letztes mit Jürgen Klinsmann. Am 27. April wurde er als Bayern-Trainer entlassen und durch Jupp Heynckes ersetzt.

240 MAGATH VOR WONTORRA

Der VfL Wolfsburg war unter seinem Trainer Felix Magath auf dem Weg zur ersten deutschen Meisterschaft nicht mehr aufzuhalten, auch von Hannover 96 nicht, das am 16. Mai 2009 zu Hause gegen die »Wölfe« mit 0:5 unterlag. Gleichzeitig spielte der FC Bayern München bei der TSG Hoffenheim nur 2:2, und damit war Wolfsburg so gut wie Meister. Am Abend hatten wir Bayern-Manager Uli Hoeneß im »aktuellen sportstudio« zu Gast. Ich wollte aber mehr als den Verlierer-Manager dieser Saison. »Wir müssen den Magath kriegen«, sagte ich immer wieder zu den Kollegen in Mainz. Mein Ehrgeiz, ihn auch irgendwie ins »sportstudio« zu lotsen, wurde noch durch eine andere Nachricht angestachelt: Ich hatte gehört, dass der Trainer am nächsten Morgen beim DSF-»Doppelpass« in München zu Gast sein würde, und der wurde ja von meinem Lieblingsgegner Jörg Wontorra moderiert. Deswegen wollte ich Felix Magath unbedingt noch vor seinem Besuch bei Wontorra im ZDF sehen und reden hören!

Nun wusste ich, dass Magath sich nach München zu seiner Familie aufgemacht und am nächsten Tag seinen Spielern trainingsfrei gegeben hatte. So hielt er es meistens nach einem Erfolg. Ich besprach mit ihm und dem Wolfsburger Medienchef Rolf Dittrich die Situation:

Töpperwien: »Du bist so gut wie Meister, und Hoeneß sitzt in Mainz im ›sportstudio‹ – da musst du dich doch unbedingt auch live einschalten! Von wo, bestimmst du selbst.«

April 2007: Dietmar Demuth wird der fünfte Trainer von Eintracht Braunschweig innerhalb einer Saison (2006/2007) – einmalig im deutschen Profi-Fußball.

↗ Der Tag danach: Mit Felix Magath, Meistertrainer des VfL Wolfsburg in der Saison 2008/2009, und der Meisterschale; Mai 2009

Magath: »Okay, ich mache das. Kommt mit euerem Ü-Wagen am Abend vor ein italienisches Lokal in München in meiner Nähe.«

Meine Kollegen um den Leiter der Sendung, Thomas Fuhrmann, reagierten blitzschnell und bauten die Technik vor besagtem Restaurant auf. So konnten wir Felix Magath live ins »sportstudio« zu Uli Hoeneß nach Mainz schalten. Ein großer Erfolg. Und am anderen Morgen gab es für Wontorra nur noch eine aufgewärmte Version des bereits Gesagten.

Eine Woche später berichtete ich zum ersten Mal in meiner Karriere als Reporter über eine deutsche Meisterschaft, die ein Team aus meinem Heimatbundesland Niedersachsen gewann. Doch ganz sicher war die Sache zu diesem Zeitpunkt noch nicht. Zumindest theoretisch besaßen neben den Wolfsburgern auch noch Bayern München, der VfB Stuttgart und sogar Hertha BSC die Chance auf den Titel. Ich reiste bereits zwei Tage vor dem entscheidenden Wolfsburger Spiel gegen den SV Werder Bremen (5:1) in die Autostadt. Auf der Abschluss-Pressekonferenz, bei der acht Kamerateams und 50 Journalisten anwesend waren (so etwas hatte es beim VfL Wolfsburg noch nie gegeben), zeigte sich Felix Magath äußerst entspannt. Man konnte kaum glauben, dass sein Club nur 48 Stunden vor dem größten Erfolg in seiner Vereinsgeschichte stand. Magath bemerkte mich und sagte in den überfüllten Saal: »Oh, Töppi ist hier. Dann muss es ja übermorgen ein besonderes Spiel sein.«

Das war es. Der VfL Wolfsburg gewann die Deutsche Fußballmeisterschaft! Riesenjubel im Stadionrund und auf dem grünen Rasen! Direkt nach dem Abpfiff interviewte ich Felix Magath, dann noch einige Spieler, und auch am Abend während der Meisterschaftsfeier galt die Wolfsburger Losung »anything goes«. Das ZDF baute ein Außenstudio

7.–29. Juni 2008: Fußball-EM in der Schweiz und Österreich

im *Ritz-Carlton* auf, wo die »Wölfe« den Gewinn der Meisterschale ausgiebig feierten. Mein Kollege Michael Steinbrecher interviewte die Mannschaft. Zum Abschluss schoss das Wolfsburger Super-Stürmerduo Edin Džeko und Grafite sogar noch auf dem Hotelrasen erfolgreich auf die Torwand.

Am nächsten Tag stellte sich Felix Magath auf der Hotelterrasse den Journalisten zum Interview. Er saß ganz locker in einem weißen Sessel. Die Strapazen der Party sah man ihm nicht an. Jeder Fernsehsender, der den Trainer hier auf dieser Terrasse interviewte, würde dasselbe Bild senden: Magath im weißen Sessel. Ich wollte mehr! Deshalb besorgte ich mir über den Medienchef Rolf Dittrich, der die ganze Saison über ein kompetenter und äußerst hilfreicher Partner für das ZDF gewesen war, die Meisterschale! Die war nämlich beim Zeugwart, der auf das gute Stück aufpassen musste. Er holte mir die Schale, und wir stellten sie unten an Magaths Stuhl. Das bescherte dem ZDF an diesem Tag das einzige Interview, das den Erfolgscoach gemeinsam mit der Meistertrophäe präsentierte. Anschließend lud ich Felix Magath für die nächste Saison ins »sportstudio« ein, wenn er erstmalig als Schalker Trainer auf seinen alten Club Wolfsburg treffen würde. Er sagte sofort zu.

TRAINERPROBLEME: ERST KLOPP, DANN DUTT

Die neue Saison begann gleich aufregend. Am Samstag, dem 15. August, war ich als Reporter beim Spiel des Hamburger SV gegen Borussia Dortmund (4:1) eingesetzt. Gegen 23 Uhr erhielt ich folgende SMS: *Das war die beschissenste Reportage, die ich je im deutschen Fernsehen gesehen habe.* Der Absender blieb anonym, aber es gab immerhin eine Telefonnummer. Ich war betroffen, denn so massiv und in einem solchen Ton war ich noch nie angegangen worden. Ich sah auch keinen

Anhaltspunkt für die Kritik, weder von Dortmunder noch von Hamburger oder von der Schiedsrichterseite. Mein Bericht war »sauber« und neutral formuliert. Am darauffolgenden Montag wählte ich die Nummer, um herauszufinden, wer sich hinter dieser Kurznachricht verbarg, freilich nicht von meinem Apparat, sondern von dem meines Kollegen Béla Réthy, sicher ist sicher. Am anderen Ende war eine Stimme zu hören: »Ja, ja. Wer ist denn da? Melde dich, sonst finde ich dich!« Es war die Stimme des Dortmunder Trainers Jürgen Klopp. Ich ging zu meinem Chef und erklärte ihm, dass ich mich ungerecht behandelt fühlte. Dieter Gruschwitz versprach mir, mit »Kloppo«, dem er ja Jahre zuvor als ZDF-Länderspielexperte eine tolle Bühne gegeben hatte, zu telefonieren.

Wochen später, am 21. November, setzte er mich dann für das abendliche Topspiel zwischen Borussia Dortmund und Mainz 05 (0:0) als Moderator des Ministudios ein. Interviewgäste: BVB-Trainer Jürgen Klopp und der neue Mainzer Coach Thomas Tuchel. Ich übernahm diese Aufgabe nicht gern, bereitete mich aber besonders intensiv auf dieses Spiel vor. Ich las noch mehr als sonst, telefonierte mit noch mehr Personen als üblich und sprach vor dem Spiel mit besonders vielen Menschen im Stadion. Das Studiogespräch verlief verheerend. ZDF-Kollege Boris Büchler meinte am Montag in der Wochenendkonferenz: »Ich hätte das Ganze nach zwei Minuten entnervt abgebrochen.«

Jürgen Klopp hatte auf jede meiner sorgfältig recherchierten und wasserdicht abgeklopften Fragen mit »Das stimmt nicht!« geantwortet. Ich, immerhin im 36. Berufsjahr, ließ mich davon nicht schocken und zog das ganze Interview gnadenlos durch.

Robin Dutt war der Trainer des SC Freiburg und ein kluger, aufmerksamer Mann. Normalerweise. Am 17. Oktober spielte sein Team gegen den FC Bayern München (1:2). Ich fuhr in meiner gesamten Laufbahn immer sehr gern nach Freiburg. Es ist eine schöne, warme Stadt mit netten Menschen. Auch die Freiburger Fußballer zeigten in ihrer Geschichte gegen die Bayern immer wieder guten Fußball. Doch an diesem Tag enttäuschten sie mich schwer. Sie liefen viel, aber kämpften wenig, erspielten sich kaum eine Torchance und verloren das Match verdient. Von dem couragierten Fußball, den die Freiburger sonst gegen die Bayern spielten, fehlte jede Spur. Nach dem Spiel führte ich zunächst meine Interviews mit den Spielern beider Teams. Dann kam der Freiburger Pressesprecher, Rudi Raschke, und fragte mich unaufgefordert, ob ich nicht auch noch den Trainer Robin Dutt vors Mikrofon bekommen wollte. Da sagte ich nicht Nein. Dutt erschien dann auch prompt vor der ZDF-Hintergrundwand.

Als Erstes machten wir uns miteinander bekannt, wir hatten beide noch nie das Vergnügen in der Bundesliga gehabt. Ich versuchte, ihn aufzulockern. »Zwei Tore geschossen und dennoch verloren«, startete ich in Anspielung auf ein Eigentor des Freiburgers Du-ri Cha, den Sohn des legendären Bum-kun Cha, das Gespräch. Dutt reagierte ernst und humorlos. Mein Versuch, ihn zu entspannen, ihn ins Interview zu bringen, war damit gescheitert. Also wurde ich fachlich und sachlich. Ich beklagte die Chancenarmut seines Teams. Dutt konterte, indem er mir drei Freiburger Chancen von Idrissou, Schuster und Butscher aus der ersten Halbzeit auf-

29. Juni 2008: EM-Finale in Wien: Spanien besiegt Deutschland mit 1:0 und holt damit erstmals nach 1964 wieder einen internationalen Titel.

zählte. Ich erwiderte, dass ich diese Möglichkeiten nicht gesehen hätte. Dann verschärfte Robin Dutt plötzlich den Ton:

Dutt: »Herr Töpperwien, haben Sie zugeschaut oder Kaffee getrunken?«

Ich zweifelte weiter an diesen Chancen, und daraus entwickelte sich folgender Abgang:

Dutt: »Sie haben Ihre Sichtweise, und ich meine. Vielleicht kommen wir bei Ihrer nächsten Frage auf einen Nenner.«

Töpperwien: »Nicht nötig. Wir beenden das Ganze. Danke schön!«

Ich senkte mein Mikro, Dutt ging aus dem Bild, und damit war das Interview beendet.

Im Übertragungswagen vor dem Freiburger Dreisamstadion wollte ich mich vergewissern, ob ich auch wirklich keine der von Dutt benannten Torchancen übersehen hatte. Dafür nahm ich mir viel Zeit und spielte zum ersten Mal in meiner Karriere die gesamte erste Halbzeit noch einmal im Halbschnelldurchlauf ab. Wann immer Freiburg in die Nähe des gegnerischen Strafraums kam, wählte ich die Normalgeschwindigkeit, damit mir nur nichts entging. Nun stand es fest, von den »Duttschen Chancen« fehlte jede Spur. Da wollte ich den Spieß mal umdrehen: Ich baute die angeblichen Torchancen von Idrissou, Butscher und Schuster in meinen »sportstudio«-Bericht ein. Zwei Szenen, in denen der Ball weit neben oder hoch über das Bayern-Tor flog. Die dritte Chance, die Dutt registriert hatte, gab es nicht, auch das ließ ich in meinem Bericht nicht unerwähnt. Das Dutt-Töpperwien-Interview sendete ich ungeschnitten. Dann fuhr ich Richtung Heimat.

Ich spürte sofort, dass da etwas Außergewöhnliches geschehen war. Dieses Dutt-Interview war das erste von mir

14. Dezember 2008: Die TSG 1899 Hoffenheim, jüngster Neuzugang der Bundesliga, schafft den Durchmarsch aus der Regionalliga Süd bis in die höchste Spielklasse und wird sogar Herbstmeister der Saison 2008/2009.

abgebrochene in meiner Laufbahn! Doch mit einer solchen Entwicklung, wie sie auf das Gespräch folgte, hatte ich zu diesem Zeitpunkt nicht gerechnet. Aus dem ZDF erhielt ich am Montag in der Auswertungskonferenz zunächst eine kritische Reaktion: »Wenn ein Trainer mit dir das Interview abbricht, dann ist das okay. Aber umgekehrt ist das nicht in Ordnung.« Die Printmedien stiegen voll auf den Vorfall ein, schlugen sich aber auf meine Seite. Erst lobte mich die *Bild* für meinen »Mut zum Interviewabbruch«, dann sogar die *Süddeutsche Zeitung* auf der ersten Seite in ihrem »Streiflicht«. Ausgerechnet die SZ, die mich doch jahrelang als kritiklosen Erfüllungsgehilfen (»TV-Putzerfischchen«) von Otto Rehhagel niedergeschrieben hatte! Für mich war das fast wie ein verspäteter Ritterschlag.

Eine Woche später spielten die Mainzer gegen Freiburg (3:0), und ich sollte erneut mit Robin Dutt zusammentreffen. Der kam vor dem Anpfiff auf mich zu, gab mir die Hand und erklärte fast entschuldigend: »Trainer sind keine Roboter. Herr Töpperwien, wenn Sie wollen, stehe ich Ihnen selbstverständlich nach dem Spiel zum Interview zur Verfügung.« Freiburg verlor 0:3, und es folgte ein ganz normales, sachliches Trainerinterview.

KÄMPFEN UM »LOUIS«

Louis van Gaal, der Bayern-Trainer seit dem 1. Juli 2009, ist nur schwer für Einzelinterviews zu haben. Nach dem Spiel seines Teams gegen den FC Schalke 04 am 7. November (1:1) wollte ich ihn unbedingt ins ZDF-Ministudio in die Münchner Arena einladen. Doch van Gaal wurde in den ersten Wochen seiner Trainertätigkeit von der Bayern-Pressestelle regelrecht geschützt und gegenüber Journalisten streng abgeschirmt. Wenn er überhaupt zu sehen und zu hören war, dann nur bei seinen Pflichtinterviews: Auftritte beim Bezahlsender und Bundesliga-Rechteinhaber *Sky*, zur Not noch bei

LIGA total!. Im Anschluss daran die Pressekonferenz, und danach verschwand der Holländer.

Ich wollte dieses Ritual brechen und suchte deshalb schon vor dem Spiel gegen den Schalke 04 lockeren Kontakt zu van Gaal. Beim Warm-up ging ich am Spielfeldrand auf ihn zu und zeigte ihm ein Foto meines Sohnes. Der trägt denselben Vornamen wie der holländische und deutsche Meistertrainer. Louis van Gaal schaute aufmerksam auf das Bild, lachte ein wenig und sagte zu mir: »Herzlichen Glückwunsch Ihnen als Großvater zu so einem süßen Jungen mit einem so schönen Vornamen!« Ich protestierte sofort, indem ich mich als Vater »outete«, schob aber sogleich nach: »Nach diesem Fauxpas müssen Sie aber bitte nach dem Spiel in unser Ministudio kommen.« Van Gaal: »Wo ist das denn?« Ich antwortete: »Hinter dem Pressekonferenzraum.« Van Gaal kurz und knapp: »Warten Sie da. Ich komme.«

Nach der Pressekonferenz nahmen beide Trainer Kurs auf das Ministudio. Van Gaal sagte jedoch nachdrücklich, er wolle allein im Studio sein, wenn er interviewt wird. Ich wollte ihn nicht abblitzen lassen und wandte mich an Felix Magath mit der Bitte: »Würdest du so lange draußen vor der Tür warten?« Magath tat das, was ich nicht für möglich gehalten hätte: »Okay, ja, beeil dich.«

Also stand der amtierende Meistertrainer vor der Tür und wartete wie ein Schuljunge, bis ich mit van Gaal fertig war. Unglaublich, diese Szene! Das werde ich Felix nie vergessen.

23. Mai 2009: Der Deutsche Fußballmeister der Bundesligasaison 2008/2009 heißt VfL Wolfsburg mit seinem Trainer Felix Magath; der niedersächsische Verein holt zum ersten Mal die Meisterschale.

Tiere im Fernsehstudio zu präsentieren ist eine sehr heikle Angelegenheit. Bernhard Grzimek (»Ein Platz für Tiere«) war dafür berühmt, und er hätte wohl seine große Freude gehabt, wenn er mich am 5. Dezember 2009 hätte sehen können. Auf dem Bundesligaspielplan stand an diesem Tag das sogenannte Abend-Topspiel. Diesmal führte es Eintracht Frankfurt und den FSV Mainz 05 zusammen. Ich war der Moderator im ZDF-Studio vor Ort. Der Mainzer Trainer Thomas Tuchel war anschließend Gast im »aktuellen sportstudio«.

Vor dem Spiel erzählte ich meinem Freund Wolfgang Steubing, Logenbesitzer im Frankfurter Stadion, von meiner außergewöhnlichen Idee zu diesem Match. Sollten die Frankfurter gewinnen, wollte ich nicht nur deren Trainer Michael Skibbe in mein Studio einladen, sondern auch »Attila« – das ist ein Steinadler und das lebende Maskottchen der Eintracht. »Das traust du dich nie«, antwortete mein Freund, und ich hielt dagegen. Zuvor sprach ich mein Vorhaben auch noch mit dem Leiter des »sportstudios« Thomas Fuhrmann sowie den Frankfurter Vereinsoffiziellen ab. Keiner erhob Einspruch, und auch der Falkner garantierte mir, dass sich Attila durch nichts aus der Ruhe bringen lassen würde, selbst durch das grelle Scheinwerferlicht in unserem Studio nicht. Frankfurt gewann das Spiel mit 2:0, und Michael Skibbe und Attila besuchten unser Studio im Waldstadion.

Ich begann das Gespräch mit dem Falkner und Attila. Der Adler wurde jedoch schnell nervös, begann ganz hektisch mit seinen mächtigen Flügeln zu schwingen und veranstaltete wilde Bewegungen. Skibbe duckte sich aus Vorsicht weg, und auch mir war nicht ganz wohl in dieser Situation. Ich gestehe ein, ich hätte das Interview besser mit Michael Skibbe beginnen sollen. Der Rest des Abends in Frankfurts *BB-Bar* mit meinen Freunden Wolfgang Steubing, Rainer Franzke, Rainer Falkenhain und Adolf Zimmermann war dennoch vom Feinsten.

LAUFDUELL MIT LEHMANN

Der letzte Arbeitssonntag des Jahres, der 13. Dezember, fiel besonders aufregend aus. Jens Lehmann vom VfB Stuttgart wurde beim Spiel seines Teams in Mainz vom Platz gestellt. In der 88. Minute ließ sich der ehemalige Nationaltorwart zu einer Tätlichkeit gegen den gegnerischen Stürmer Bancé hinreißen. Den fälligen Strafstoß verwandelten die Mainzer zum 1:1-Endstand, wodurch der VfB zwei sicher geglaubte Punkte verlor. Da wusste ich: Das wird ein langer Abend.

Dass Jens Lehmann unberechenbar und immer für ein besonderes Mätzchen gut war, wusste ich, doch dass dieser Tag alles bisherige übertreffen würde, hatte ich nicht erwartet. Nach dem Feldverweis wartete ich mit meinem Kameramann Werner Parplies vor der Kabinentür der Stuttgarter. Kurze Zeit später kam Lehman heraus, eine Kapuze tief ins Gesicht gezogen. Er irrte nun wie ein gehetztes Tier durch die Mainzer Stadionkatakomben. Es entwickelte sich eine regelrechte Verfolgungsjagd zwischen dem Keeper, meinem Kameramann und mir.

Zunächst ging Jens Lehmann hinaus aus dem Stadion, dann in Richtung Mannschaftsbus. Den ließ er aber zu meiner Überraschung links liegen. Er wollte zum Frankfurter Flughafen fahren und suchte verzweifelt ein Taxi. Wir waren immer ganz dicht hinter ihm. Während seiner Flucht riss der Ex-Nationaltorwart einem ihn kritisierenden Fan sogar noch die Brille vom Gesicht. Erst nach mehrmaliger Aufforderung erhielt der Bestohlene seine Gläser wieder zurück. Dann endlich hatte ein anderer Fan ein Einsehen und bestellte Lehmann per Handy ein Taxi. Das fuhr ihn schließlich zum Flughafen, und von dort entschwand er in Richtung München.

Mein Laufduell mit Jens Lehmann wurde noch am selben Abend in der »heute«-Sendung ausgestrahlt. Am anderen Morgen war ich zu Gast im »ZDF-morgenmagazin«, wo ich die Flucht des Stuttgarter Schlussmanns noch einmal ausführlich schilderte. Ganz schön aufregend, dieser letzte Arbeitstag des Jahres 2009, der mal wieder nicht um 18 Uhr, sondern erst gegen Mitternacht zu Ende gegangen war!

DIE BAYERN KOMMEN – UND HANNOVER BLEIBT DRIN

Die Rückrunde der Bundesligasaison 2009/2010 stand ganz im Zeichen des FC Bayern München und seines holländischen Trainers Louis van Gaal. Ich kommentierte den Rekordmeister sehr oft und hatte dabei wiederholt mein sprichwörtliches Glück, insbesondere bei den sportlichen Pannen der Bayern wie den Unentschieden in Nürnberg und Köln oder der Niederlage in Frankfurt. Keine schlechte Bilanz, wenn man bedenkt, dass ich auch schon in der Hinrunde die Niederlage der Münchner in Hamburg (an meinem 59. Geburtstag) und ihre unfassbare Pleite in Mainz kommentiert hatte. Eigentlich erstaunlich, dass sie trotz dieser besonderen »Töppi-Bilanz« noch Deutscher Fußballmeister 2009/2010 wurden …

Mein Verhältnis zu Trainer van Gaal wurde im Laufe der

10. November 2009: Freitod des Hannover-96- und Nationalmannschaftstorwarts Robert Enke

Saison immer besser. Es hatte sich auf dem Weg zum Titel geradezu optimal entwickelt. Zu Saisonbeginn wurde der holländische Coach als schroff und unnahbar charakterisiert, zu ZDF-Einzelinterviews sollte er weder bei den 15.30-Uhr-

Spielen noch nach dem abendlichen Topspiel zur Verfügung stehen. O-Ton Markus Hörwick, Medienmanager des FCB: »Van Gaal gibt nur *Sky*- und LIGA-*total!*-Einzelinterviews!«

Doch nachdem ich schon früh das Eis gebrochen hatte, entwickelte sich eine hervorragende Zusammenarbeit mit van Gaal, Studiointerviews meines Kollegen Boris Büchler oder von mir waren keine Seltenheit. Der Holländer stand sogar am Tag der Meisterschaft im Berliner Olympiastadion sehr ausführlich zu einem Interview zur Verfügung. Mit dem Gewinn der Meisterschale und dem DFB-Pokal leistete van Gaal in München, trotz der Champions-League-Finalniederlage gegen Inter Mailand, wirklich Außergewöhnliches.

Dennoch blieb mir ein Spiel ganz besonders in Erinnerung, bei dem die Bayern mal nicht am Ball waren. Es war mein 1433. Bundesligaspiel, und es kickten im Niedersachsenstadion Hannover 96 und Schalke 04 gegeneinander. Das 4:2 der stark abstiegsgefährdeten Hannoveraner gegen die meisterschaftsambitionierten Schalker stellte für mich einen der Höhepunkte in meiner letzten vollen Bundesligasaison dar. Nicht weil Hannover gewann, sondern aufgrund des Spielverlaufs: Es stand ziemlich schnell 2:0 für den Tabellensiebzehnten aus Niedersachsen. Dann, nach der Pause, erzielte der Tabellenzweite aus Gelsenkirchen den Ausgleich. Keiner der 50 000 Zuschauer, mich als Reporter und mein Freund und Hannover-Fan Eckhard Bahlmann eingeschlossen, gab zu diesem Zeitpunkt auch nur einen Pfifferling auf Hannover 96. Doch am Ende gewann Hannover 4:2, rettete sich vor dem Abstieg, und Schalke 04 wurde nur deutscher Vizemeister.

8. Mai 2010: Töppis letzte »volle« Bundesligasaison endet mit dem Meistertitel für den FC Bayern München.

Den 10. November 2009, ein Dienstag, werde ich nie vergessen. Eigentlich sollte es ein Tag der Freude, des guten Essens und des geselligen Beisammenseins werden, denn auf dem Programm stand das traditionelle vorweihnachtliche Gänsebratenessen im *Qualitätseck* in Frankfurt-Sachsenhausen. Ein Termin, auf den ich mich immer ein ganzes Jahr freue, weil es dort eine hervorragende Gans gibt. Eingeladen hatte wie immer mein Freund Rüdiger Schetke. Am Tisch saßen der Eintracht-Frankfurt-Vorstandsvorsitzende Heribert Bruchhagen sowie andere Prominente aus der Main-Metropole. Erstmalig waren auch die Kollegen Béla Réthy und Thomas Wark dabei. Doch es kam ganz anders als geplant.

Wir trafen uns gegen 19 Uhr, und gut eine Stunde später erhielt Bruchhagen eine Meldung auf sein Handy. Er sagte leise zu mir: »Töppi, Robert Enke ist tot.« Ich war wie versteinert und fragte zurück: »Wie ist das passiert?« Bruchhagen: »Auf einem Bahngleis.« Ich stand auf und flüsterte diese unfassbar traurige Nachricht meinen Kollegen Wark und Réthy ins Ohr. Mit der Zeit verdichteten sich die Nachrichten, dass Robert Enke Selbstmord begangen hatte. Wir saßen zu Tisch und waren in diesem Moment dienstlich nicht für einen solchen Fall gewappnet. Dennoch versuchten Wark, Réthy und ich, den Kollegen in Mainz beim ZDF (»heute journal« und »heute nacht«) zu helfen, wo es eben ging. Wir telefonierten, ich gab diverse geheime Handynummern heraus. Was als geselliger Abend begann, wurde eine betroffene, stille Angelegenheit. Dass die Gans auch nicht mehr schmeckte, erübrigt sich fast zu erwähnen. Am anderen Tag würdigte ich Robert

20. Mai 2010: Finale der UEFA Women's Champions League in Getafe: Der 1. FFC Turbine Potsdam besiegt die Mannschaft von Olympique Lyon 7:6 im Elfmeterschießen (0:0 n. V.).

Enke in der »drehscheibe Deutschland«, moderiert von Babette Einstmann. Ich hatte den Torwart persönlich gekannt, ihn als einen ernsthaften Gesprächspartner, außergewöhnlichen Menschen und bemerkenswerten Sportler außerordentlich geschätzt.

An der Trauerfeier im Niedersachsenstadion konnte ich allerdings nicht teilnehmen. An diesem Sonntag, dem 15. November, landete ich erst gegen Mittag in Frankfurt am Main. Ich kam aus Athen, wo ich am Abend zuvor im Olympiastadion beim ersten von zwei entscheidenden WM-Relegationsspielen zwischen Griechenland und der Ukraine dabei war. Es endete für die Griechen enttäuschend 0:0. Im anschließenden Interview mit Otto Rehhagel deutete ich dem Coach ein eventuelles Scheitern der WM-Qualifikation an. Er war nicht so pessimistisch wie ich (»Warten wir erst mal ab«), und er sollte recht behalten: Ich hätte nie gedacht, dass die Hellenen vier Tage später in Donezk die Ukraine schlagen würden. Die »Ethniki« gewann 1:0 und qualifizierte sich damit für die Weltmeisterschaft in Südafrika. Schon zehn Minuten nach dem Abpfiff in Donezk rief mich der ZDF-Hauptredaktionsleiter Dieter Gruschwitz an und sagte: »Du bist bei der WM dabei!« Ich hatte es ja auch so angekündigt: »Wenn Otto (Rehhagel) und Ottmar (Hitzfeld) mit ihren Teams Griechenland und Schweiz nach Südafrika fliegen, werde auch ich vor Ort sein.«

AUF EIN BIER MIT CHRISTIAN WULFF

Niedersachsen halten zusammen und sind sich treu. Vor rund zehn Jahren habe ich darum mit einigen Freunden in Wiesbaden einen »Niedersachsen-Stammtisch« aus der

Taufe gehoben. Hier treffen sich einmal im Monat im *Mykonos* Menschen aus Niedersachsen, die im Rhein-Main-Gebiet leben und arbeiten. Wir haben uns das Lokal auch deshalb als Heimstätte ausgesucht, weil dort niedersächsisches Pils – leckeres Jever vom Fass – ausgeschenkt wird.

Der 3. Februar 2010 war ein besonderer Tag in der Geschichte des Stammtischs und wird es immer bleiben, denn wir erhielten »hohen Besuch«. Und das kam so: Schon 2009 erhielt ich die Information, dass der damals amtierende niedersächsische Ministerpräsident Christian Wulff im Februar 2010 nach Limburg in Hessen reisen würde, um dort bei dem vom ehemaligen Bundestagsabgeordneten Michael Jung gegründeten Stammtisch »Limburger Kreis«, dem ich ebenfalls angehöre, einen Vortrag zu halten. Nun hatte ich die Idee, dass Wulff im Anschluss an seine Limburger Rede noch unseren »Niedersachsen-Stammtisch« in Wiesbaden besuchen könnte. Es war einfacher als gedacht. Im Januar erhielt ich die Zusage aus der Staatskanzlei in Hannover: »Wulff kommt.«

Ich kannte Christian Wulff schon seit der Meisterschaft des VfL Wolfsburg im Jahr 2009, zu der ich ihn zweimal interviewt hatte. Außerdem waren wir uns durch meine Reportagen über den VfL Osnabrück und vor allem durch meinen Bericht über den Sensationssieg der Osnabrücker gegen den Hamburger Sport-Verein in der DFB-Pokalrunde 2009/2010 »nähergekommen«: Christian Wulff stammt ja aus Osnabrück und ist bekennender VfL-Fan.

Ich reiste also zunächst nach Limburg, um dem Vortrag des Ministerpräsidenten beizuwohnen. Anschließend machten wir uns gemeinsam auf die 48 Kilometer lange Fahrt nach Wiesbaden. Es war die außergewöhnlichste Autofahrt meines Lebens. Ich fuhr mit meinem schwarzen VW Passat CC Coupé vornweg. Dann folgte Christian Wulff mit sei-

22. Mai 2010: UEFA-Champions-League-Finale in Madrid: Dem italienischen Meister und Pokalsieger Inter Mailand gelingt mit dem 2:0-Sieg über den deutschen Meister und Pokalsieger Bayern München das »Triple«.

nem Fahrer in einem schwarzen Mercedes und schließlich ein ebenfalls schwarzer Mercedes mit drei Mitarbeitern des Landeskriminalamtes (LKA) aus Hannover. Die LKA-Beamten fuhren versetzt, so dass uns kein anderer Wagen auf der dritten Spur überholen konnte. In dieser Konstellation legten wir die Strecke bis nach Wiesbaden zurück.

Gegen 22.30 Uhr erreichten wir das *Mykonos*. Wir gingen rein, direkt durch zum Stammtisch, und Christian Wulff begrüßte jeden der rund 15 Stammtischbrüder ganz locker per Handschlag. Er setzte sich in die Mitte, bestellte auf meine Empfehlung »Lammschulter Konisto« mit Spaghetti, und wir schenkten ihm eine Kiste Einbecker Winter-Bock (Doppelbock, 7,5 Prozent) und eine Flasche Hardenberger Doppelkorn. Zudem überreichte ich ihm ein ganz besonderes Trikot des VfL Osnabrück, auf dessen Rückseite die von den Niedersachsen in der laufenden DFB-Pokalrunde besiegten Clubs aufgelistet waren – Hansa Rostock, Hamburger Sport-Verein, Borussia Dortmund. So saßen wir rund eineinhalb Stunden in fröhlicher Runde beisammen, redeten über den VfL im Speziellen und die Niedersachsen im Allgemeinen. Als Überraschungsgast präsentierte ich den Regierungssprecher des damaligen hessischen Ministerpräsidenten Roland Koch, den Schalke-Fan Dirk Metz. Das war fußballerisch besonders pikant, denn in der nächsten DFB-Pokalrunde trafen der VfL Osnabrück und der FC Schalke 04 aufeinander. Christian Wulff tippte noch diese Runde, was auf der Homepage des ZDF zu sehen war.

Was ich erst bei Wulffs Abreise kurz vor Mitternacht erfuhr: Der Ministerpräsident hatte sich an diesem Abend extra für uns Zeit genommen. Er fuhr sogar einen Umweg, um im *Mykonos* einzukehren, und wich von seiner geplanten Route über Gießen nach Göttingen ab, wo er am nächs-

11. Juni–11. Juli 2010: Fußball-WM in Südafrika: Rolf Töpperwiens letzter Einsatz bei einem internationalen Turnier endet mit dem Ausscheiden der Teams aus der Schweiz und Griechenland nach der Vorrunde.

↗ Hoher Besuch beim »Niedersachsen-Stammtisch«: Heinz-Georg Sundermann, Christian Wulff, Rolf Töpperwien und Dirk Metz (v. l.); Februar 2010

ten Tag einen Termin hatte. Das ehrte uns ganz besonders. Natürlich ahnte damals noch niemand, dass Christian Wulff nur knapp fünf Monate später, am 30. Juni 2010, zum Bundespräsidenten gewählt werden würde. Dass der VfL Osnabrück gegen Schalke verlor und er mit seinem Tipp danebenlag, hat er sicherlich verkraftet.

FACHSIMPELN MIT ANGELA MERKEL Nach der wirklich langen und intensiven Bundesligasaison 2009/2010 war mein Akku leer. Vor der Weltmeisterschaft in Südafrika wollte ich noch mal Kraft tanken und fuhr mit meiner Familie ins Ostseeheilbad Zingst. Ein Freund von mir, Joachim Rudolph, besitzt dort direkt am Strand ein wunderschönes »Meerlust«-Hotel. Kurz vor meiner Abreise traf ich die Bundeskanzlerin Angela Merkel, die ihren Wahlkreis Stralsund, Nordvorpommern, Rügen besuchte und dabei auch in Zingst Station machte. Ich überreichte ihr ein ZDF-Mainzelmännchen aus Keramik bei einem Festakt, zu dem mich Bürgermeister Andreas Kuhn und Kurdirektor Peter Krüger eingeladen hatten. Ich sprach die Kanzlerin an:

Töpperwien: »Besuchen Sie auch das WM-Endspiel in Johannesburg?«

Merkel: »Sicherheitshalber werde ich zum deutschen Spiel im Viertelfinale dabei sein. Man weiß ja nie, wie es mit der deutschen Mannschaft weitergeht … aber für ein Endspiel mit deutscher Beteiligung habe ich mir vorsorglich einen Termin freigehalten.«

Mit einem Amtsvorgänger von Angela Merkel hatte ich einmal eine besonders witzige Begegnung: Am 21. März 1981 trat im Bundesliga-Topspiel der HSV zu

11. Juli 2010: WM-Finale in Johannesburg: Der amtierende Europameister Spanien setzt sich gegen die Niederlande durch (1:0 n. V.); die »Selección« wird zum ersten Mal Weltmeister.

Hause gegen Bayern München (2:2) an. Für das ZDF waren Günter-Peter Ploog und ich vor Ort – unter den Zuschauern: Bundeskanzler Helmut Schmidt. Als ich mich auf das Spiel vorbereitete, fand ich heraus: Der Referee Walter Eschweiler aus Bonn und Kanzler Schmidt hatten eine ganz spezielle »Verbindung«.

Auch diesmal verließ mich mein Bundesliga-Glück nicht: Ausgerechnet in dieser Partie gab Eschweiler einen berechtigten Strafstoß des HSV nicht. Nach dem Match führte ich ein Interview mit Schmidt. Auf meine Nachfrage hin stimmte mir der Kanzler zu, dass man besagten Elfer hätte geben müssen. Darauf entspann sich folgender Dialog:

Töpperwien: »Aber warum haben Sie Herrn Eschweiler denn nicht diesbezüglich angewiesen?«

Schmidt, ein wenig irritiert: »Wie meinen Sie das?«

Töpperwien: »Walter Eschweiler ist doch Angestellter des Auswärtigen Amtes, und Sie als Bundeskanzler sind weisungsbefugt.«

Darauf wusste er nichts mehr zu sagen! Schmidts Schnauze blieb stumm, und mein Beitrag war zu Ende. Hajo Friedrichs kommentierte die Direktabnahme des Gesprächs: »Und damit hat Rolf Töpperwien auch dem Bundeskanzler etwas Neues mitgeteilt – Kompliment!« Applaus im Studio.

MEINE LETZTE WM

Welche Mannschaften ich bei meiner letzten Fußballweltmeisterschaft journalistisch betreuen würde, war sicherlich keine Überraschung: Es sollten die Griechen und die Schweizer sein, vor allem wegen ihrer Trainer Otto Rehhagel und Ottmar Hitzfeld. Ihre Teams schieden zwar in der Vorrunde aus, doch schrieben beide Mannschaften Fußballgeschichte, und ich konnte dabei sein. Mein großes Glück als Fußballre-

porter verließ mich also auch im fernen Afrika nicht.

Zunächst war ich Augenzeuge der Sensation in Durban am Indischen Ozean, als die »kleinen« Schweizer den späteren Weltmeister Spanien besiegten (1:0). Es war das erste Mal in der 105-jährigen Verbandsgeschichte, dass die »Nati« die Spanier schlagen konnte. Leider war die Schweizer Elf nicht in der Lage, diese unglaubliche Leistung in ihren weiteren Gruppenspielen gegen Chile (0:1) und beim trostlosen 0:0 gegen Honduras zu bestätigen. Sie schieden als Gruppendritter aus. Was mir immer in Erinnerung bleiben wird, ist das Verhalten von Trainer Ottmar Hitzfeld. Nach dem sehr schwachen Auftreten gegen Honduras stellte ich ihm sehr harte Fragen. Hitzfeld war äußerst professionell und suchte in diesem Interview keinerlei Ausreden, um das 0:0 schönzureden. Kompliment, Ottmar!

Ganz anders verlief es mit den Griechen. Zwar blieb mir auch hier zunächst das Glück treu, und ich durfte etwas Fußballhistorisches erleben: Ich war vor Ort im Stadion, als die Hellenen ihre ersten Tore bei einem Weltmeisterschaftsturnier schossen und mit dem 2:1 über Nigeria ihren ersten Sieg in ihrer WM-Geschichte feiern konnten. Das allerdings bei eiskalten Temperaturen in Bloemfontein. In der Nacht nach dem Spiel wurde in der Nähe des Stadions in der südafrikanischen Provinz Free State mit –10,3 Grad Celsius die kälteste Nacht während des gesamten Turniers festgestellt.

Dann aber schieden die Griechen erwartungsgemäß nach einer 0:2-Niederlage gegen Argentinien in der Vorrunde aus. Das anschließende Liveinterview von mir mit Otto Rehha-

↗ Entspannt durch die WM-Vorrunde: Ottmar Hitzfeld und Rolf Töpperwien wenige Stunden vor dem Gruppenspiel der »Nati« gegen Chile in Port Elizabeth; Juni 2010

gel, übrigens das einzige, das er überhaupt an diesem Abend gab, endete allerdings abrupt. Auf meine Frage nach seiner beruflichen Zukunft antwortete der Trainer, das sei seine Privatangelegenheit. Dann drehte er sich um und ging. Am nächsten Tag war Otto Rehhagel nicht mehr griechischer Nationaltrainer.

Ich kehrte nach der Vorrunde mit einer mittelschweren Bronchitis aus Südafrika nach Hause zurück und unterzog mich eine Woche später in der Münchner Uniklinik einer Operation an einem Lendenwirbel. Das Spiel um Platz 3, das Deutschland mit 3:2 gegen Uruguay gewann (Chapeau!), sowie das Endspiel, das Spanien völlig verdient mit 1:0 gegen die Niederlande für sich entschied, konnte ich mir schon wieder im Kreis meiner Familie in Wiesbaden ansehen. Alles war sehr schnell gegangen dank exzellenter Arbeit meines mir vom Nationalmannschaftsarzt Hans-Wilhelm Müller-Wohlfahrt empfohlenen »Operateurs« Professor Jörg-Christian Tonn, dem Leiter der Neurochirurgischen Klinik des Uniklinikums München. Es folgte eine dreiwöchige Reha-Maßnahme in der Wiesbadener Klaus-Miehlke-Klinik. Damit aber sollte noch nicht Schluss sein mit meiner Laufbahn als Fußballreporter. Mitte August 2010 war ich noch einmal Reporter in der ersten DFB-Pokal-Hauptrunde und wünschte mir dafür ein Spiel von Eintracht Braunschweig. Die Braunschweiger empfingen Greuther Fürth. Sicher kein Match, nach dem die Massen schreien – außer im Eintracht-Stadion. Aber ich wollte nicht Schalke, nicht Bayern, sondern Braunschweig übertragen. Den Verein also, mit dem ich vor 37 Jahren meine Karriere als Fußballreporter begonnen hatte ...

25. September 2010: Töppis letztes, sein 1444. Bundesligaspiel als ZDF-Reporter. Rekord!

TRAINER

1. Otto Rehhagel
2. Branko Zebec
3. Ottmar Hitzfeld/Felix Magath

SPIELER

TORHÜTER

1. Oliver Kahn
2. Uli Stein
3. Bernd »Adler« Franke

ABWEHRSPIELER

1. Franz Beckenbauer
2. Paul Breitner
3. Karl-Heinz »Charly« Körbel

MITTELFELDSPIELER

1. Mario Basler
2. Arjen Robben
3. Andreas Möller

STÜRMER

1. Kevin Keegan
2. Rudi Völler
3. Danilo Popivoda

PRÄSIDENTEN

1. Franz Böhmert, SV Werder Bremen
2. Ernst »Balduin« Fricke, Eintracht Braunschweig
3. Klaus Steilmann, SG Wattenscheid 09

MANAGER

1. Klaus Allofs
2. Uli Hoeneß
3. Reiner Calmund

SCHIEDSRICHTER

1. Markus Merk, 1. FC Kaiserslautern
2. Bernd Heynemann, SV Fortuna Magdeburg
3. Thorsten Kinhöfer, SC Constantin Herne

KULTFIGUREN

1. Karl-Heinz »Charly« Neumann, Betreuer FC Schalke 04
2. Petar »Radi« Radenković, Torhüter TSV 1860 München
3. Willi »Ente« Lippens, Spieler Rot-Weiss Essen

KULTLOKALE

1. *Zum Gemütlichen Conny*, Braunschweig
2. *Buttstädt's*, Hamburg / *Sunrise*, Dortmund
3. *BB-Bar*, Frankfurt am Main

BRATWÜRSTE

1. Braunschweig, Eintracht-Stadion:
   »Die lange, schlanke vom Holzkohlengrill«
2. Jena, Ernst-Abbe-Sportfeld: »Die echte Thüringer«
3. Wattenscheid, Lohrheidestadion:
   »Leeres Lohrheidestadion – überfüllter Bratwurststand«

MEINE MANNSCHAFT

1. Eintracht Braunschweig
2. SV Werder Bremen
3. Borussia Dortmund

STADIEN

1. Aztekenstadion (»Estadio Azteca«), Mexiko-Stadt
2. Wembley-Stadion, London
3. Fritz-Walter-Stadion (ehem. Betzenbergstadion), Kaiserslautern /»Izmir-Atatürk-Stadion«, Izmir

TÖPPIS BONUSTRACKS

1. »An der Nordseeküste«, Klaus & Klaus
2. »Bin i Radi – bin i König«, Petar »Radi« Radenković
3. »Gute Freunde kann niemand trennen«,
   Franz Beckenbauer

PERSONENREGISTER

A
Abramowitsch, Roman 219
Adler, Dieter 36
Aílton, eigtl. Aílton Gonçalves da Silva 54
Akpoborie, Jonathan 200
Albrecht, Hermann 180, 215
Allofs, Klaus 135, 264
Allofs, Thomas 214
al-Uwairan, Said 194
Anderson, Vivian »Viv« 86 f.
Arens, Peter 226
Arnberg, Hans 115
Assauer, Rudi 79 f.
Augenthaler, Klaus 156 f.

B
Babington, Carlos 32, 34
Bahlmann, Eckhard 252
Balz, Stephan 88
Bancé, Aristide 250
Bartels, Peter 150
Bartelt, Klaus 52
Bärwald, Jochen 92, 156
Basler, Mario 66 ff., 209, 263
Baumann, Karsten 70
Baumgart, Klaus 24, 154 ff., 181, 265
Baum, Gottfried 36
Beckenbauer, Franz 60, 124 f., 144 f., 174, 176, 194, 196, 199 f., 224, 226, 263, 265
Benoit, Pierre 231
Berg, Alfons 190
Bergener, Jürgen 102
Bierhoff, Oliver 172, 200
Bläker, Frank 66
Blochin, Oleg 71
Böhmert, Franz 114, 135, 165, 199, 264
Borchers, Ronny 104 f.
Borg, Hans »Hasse« 103
Bouhs, Jochen 55
Braun, Egidius 193
Brdarić, Thomas 215
Brehme, Andreas 178, 202, 210
Breitner, Paul 56–59, 71 f., 110 ff., 118, 122 f., 132, 199, 263
Brender, Nikolaus 233
Briegel, Hans-Peter 99, 128, 145, 147, 171
Brink, Bernhard 139
Brown, James 183
Bruchhagen, Heribert 226, 253
Büchler, Boris 194, 238, 244, 252
Buchmann, Lothar 105
Büchner, Klaus 24, 154 ff., 265
Buchwald, Guido 191
Burdenski, Dieter »Budde« 63
Burgers, Werner 58 f., 96
Burruchaga, Jorge 170
Busch, Dieter 45
Butscher, Heiko 245 f.
Buttstädt, Werner 139 f., 264

C
Calmund, Reiner 119, 212, 264
Canellas, Horst-Gregorio 50
Carrell, Rudi 81 f., 84
Cha, Bum-kun 110, 112, 245
Cha, Du-ri 245
Charisteas, Angelos 198, 221 ff.
Clüver, Bernd 139

D

Dahlmann, Jörg 208
Daum, Christoph 118 ff., 191, 202
Dellas, Traianos 221
Demuth, Dietmar 240
Derwall, Josef »Jupp« 95, 126 f., 142, 144 f.
Dietrich, Siegfried »Siggi« 226
Dittberner, Erwin 18
Dittrich, Rolf 240, 243
Doll, Thomas 236
Drechsel, Sammy 77
Drews, Kurt 126
Drexler, Manfred »Manni« 170
Dutt, Robin 243, 245 ff.
Džeko, Edin 243

E

Effenberg, Stefan 192 f., 210
Ehm, Peter 49
Eil, Heinz 18, 20, 61
Einsath, Uwe 150
Einstmann, Babette 254
Elstner, Frank 162
Enke, Robert 251, 253 f.
Erdei, Zsolt 54 f.
Eschweiler, Walter 259
Esser, Wolfram 35, 40, 43, 52, 74, 85, 93, 96, 142
Evanilson, eigtl. Evanilson Aparecido Ferreira 210

F

Falkenhain, Rainer 250
Fecht, Karin 92
Felder, Hans-Georg »Hansi« 225
Feldkamp, Karl-Heinz »Kalli« 98 f., 114, 158, 161
Figgemeier, Eberhard 85, 93, 108, 136, 139 f., 184, 203
Filho, Romualdo Arppi 170
Förster, Bernd 83, 95 f., 110
Förster, Karlheinz 83, 110, 131
Franke, Bernd »Adler« 38, 263
Franzke, Rainer 250
Frei, Alexander 232
Fricke, Ernst »Balduin« 264
Frickel, Rudolf 47
Friedrich, Jürgen »Atze« 217
Friedrichs, Hanns Joachim »Hajo« 27 ff., 38, 40, 43, 56, 61, 71, 81, 93, 100, 259
Fuhrmann, Thomas 85, 236, 242, 249
Funkel, Wolfgang 160 f.

G

Gaal, Louis van 247 f., 251 f.
Gans, Lothar 67
Garay, Hugo Hernán 54
Gaudino, Maurizio 110
Geistler, Jo 154
Gelhardt, Karlheinz 146
Gelsdorf, Jürgen 85
Gerber, Fabian 226
Gerber, Franz 226
Gerhardt, Klaus 39
Gersdorff, Bernd 29, 38
Geyer, Eduard »Ede« 161, 226
Glogowski, Gerhard 192
Gool, Roger van 88
Gottschalk, Thomas 162
Grabowski, Jürgen 81
Grafite, eigtl. Edinaldo Batista Libânio 238, 243
Grashoff, Helmut 53
Grotemeyer, Günther 15
Gruschwitz, Dieter 219, 233, 244, 254
Günther, Christian 154
Günther, Emanuel 103

H

Haacke, Wilmont 20, 22
Haan, Arie 174
Hænning, Gitte 154
Hageleit, Jochen 36
Hamrin, Kurt 14
Heck, Dieter Thomas 162, 164 f.
Heidrich, Steffen 238
Herget, Matthias 160
Herzog, Hendrik 64
Heydecke, Lutz 21
Heynckes, Josef »Jupp« 236, 240
Heynemann, Bernd 264
Hidien, »schwarzer« Peter 44 f.
Hinrichs, Kenneth 91
Hitzfeld, Ottmar 54, 66, 197 f., 205, 235, 254, 259, 261, 263
Hoeneß, Dieter 169
Hoeneß, Uli 156 f., 169, 196, 199, 205, 238 ff., 242, 264
Holleben, Wolf von 101
Hollmann, Reiner 59
Hölzenbein, Bernd 195
Hoppe, Ossy 205
Horn, Guildo 166
Hörwick, Markus 197, 239, 252
Hrubesch, Horst »Hotte« 39 f., 95, 99 f.
Huberty, Ernst 21, 102
Hurst, Sir Geoffrey 34, 46

I

Idrissou, Mohamadou 245 f.
Illgner, Bodo 194
Immel, Eike 108, 191

J

Jäcker, Johannes »Hennes« 103
Jakobs, Ditmar 99
Jancke, Oldwig 43
Jauch, Günther 53, 183
Jestaedt, Markus 172
Johannsen, Walter 122
John, Elton 52 f.
Jung, Michael 255
Juskowiak, Erich 14

K

Kaben, Nils 223
Kahn, Oliver 118, 168, 196 f., 215 f., 263
Kaltz, Manfred 214
Kamper, Jonas 235
Kamps, Uwe 186
Kau, Johannes 63
Kautschor, Joachim 171 f.
Keegan, Kevin »Mighty Mouse« 81 f., 84, 263
Kellner, Rudolf 21
Kerner, Johannes B. 166, 206
Keser, Erdal 128, 131
Kiefer, Willi 62
Kind, Martin 198 f.
Kindermann, Hans 85, 100
Kinhöfer, Thorsten 216, 237, 264
Klein, Fritz 94
Klein, Wolfgang 43
Klementz, Thomas 171
Klinsmann, Jürgen 226, 238 ff.
Klopp, Jürgen 213, 243 f.
Klose, Miroslav 62
Klötzer, Kuno 44 f., 49
Kohl, Helmut 178, 203
Kohler, Jürgen 110
Köhler, Klaus 94
Köhler, Uli 166, 178
Kohr, Walter 95
Koncilia, Friedrich »Friedl« 131
Koop, Marianne 23
Körbel, Karl-Heinz »Charly« 150, 263
Krämer, Gerd 16, 29, 38
Kramer, Rolf 39
Krämer, Willi 26

Krohn, Peter 44
Kröner, Rudolf »Rudi« 125 f.
Krug, Hellmut 215
Krüger, Michael 180
Krüger, Peter 258
Kruse, Anja 162 f.
Kuhn, Andreas 258
Kuhn, Jakob »Köbi« 231 f.
Kürten, Dieter 22, 40 f., 43, 63, 82, 93, 103 ff., 108, 123, 126, 142, 144, 158, 191
Kutschera, Christoph 85, 144

L

Lattek, Udo 79, 106 f.
Lehmann, Jens 250 f.
Lemke, Willi 165
Liedke, August 100
Lindenberg, Udo 24
Lins, Gerd 15
Lipfert, Markus 85
Lippens, Willi »Ente« 151, 264
Lippmann, Frank 161
Lizarazu, Bixente 210
Lóránt, Gyula 41
Lorant, Werner 151
Lucas, Heinz 88 f.

M

Maceda, Antonio 142
Magath, Felix 152, 185, 235 f., 239–243, 248, 263
Maradona, Diego 133, 170 f.
Markwort, Helmut 65
Maslo, Uli 113
Mast, Günter 57 f., 71
Matthäus, Lothar 176 f., 199, 202, 205
Mayer-Vorfelder, Gerhard 83
McKnight 115
Meier, Norbert 115
Merk, Markus 47, 202, 216, 264
Merk, Rudi 47
Merkel, Angela 258 f.
Merkhoffer, Franz 58
Metz, Dirk 256 f.
Metzner, Matthias 218
Mewes, Axel 50 f., 71, 75 f., 78 f., 106, 170, 179
Michel, Rudi 100
Mill, Frank 202
Milva 24, 145 ff.
Möhlmann, Benno 69 f.
Moisenbichler, Matthias 218
Moll, Hans-Peter 187
Möller, Andreas 173 f., 188, 263
Moore, Robert »Bobby« 46
Müller, Benno 94
Müller, Hans »Hansi« 131
Müller, Magdalena 178
Müller-Wohlfahrt, Hans-Wilhelm 260

N

Nehr, Stefan 24
Netzer, Günter 46, 64, 81 f., 84
Neuberger, Hermann 96
Neuer, Manuel 168
Neumann, Karl-Heinz »Charly« 99, 264
Nicole 131, 139, 163
Niendorf, Horst 39
Niersbach, Wolfgang 193
Niggemeier, Jürgen 199
Nogly, Peter »Eiche« 44

O

Oertel, Heinz Florian 74
Ohms, Matthias 194 ff.
Ohrner, Tommi 165 f.
Ortmaier, Sepp 92
Osieck, Holger 184
Osim, Ivan »Ivica« 175
Özcan, Arkoc 44

P

Palme, Michael 142, 166 f., 178, 192
Pape, Rosa 146 f.
Parplies, Werner 250
Patze, Hans 39
Pezzey, Bruno 85, 105
Pirrung, Josef 58
Ploog, Günter-Peter 93 f., 108, 188, 259
Pohmann, Hans-Jürgen 6
Popivoda, Danilo 263
Poschmann, Wolf-Dieter 26, 54, 213, 217
Posselt, Christian 80, 148

R

Radenković, Petar »Radi« 264 f.
Raschke, Rudi 245
Rau, Fritz 52 f.
Rauschenbach, Hans-Joachim 105
Rehhagel, Beate 135, 189, 218, 224
Rehhagel, Otto 39 f., 78 f., 86, 104, 114, 133 ff., 162 f., 165, 171 f., 184, 189, 198 f., 202, 209 ff., 217–221, 223 f., 226, 247, 254, 260, 262 f.
Reif, Marcel 58, 119, 142, 183
Reinders, Uwe 108, 182 f.
Réthy, Béla 85, 188, 221, 231, 237, 244, 253
Reuther, Horst 38
Ribbeck, Erich 119, 195, 203
Ribéry, Franck 237
Rieke, Rainer 90
Rinne-Wolf, Rüdiger 91
Robben, Arjen 263
Römer, Paul 106
Roßmeier, Armin 166
Rudolph, Joachim 258
Rufer, Wynton 135
Rülander, Hermann 105
Rummenigge, Karl-Heinz 24, 131, 143–147, 199
Rummenigge, Martina 145
Rüssmann, Rolf 75
Ruthemann, Lars 233
Rutemöller, Erich 191

S

Sammer, Klaus 158, 161
Schättle, Horst 101
Scheffler, Arno 32
Schetke, Rüdiger 253
Schlappner, Klaus »Schlappi« 109 f.
Schlie, Otto 20
Schlindwein, Dieter 110
Schmidt, Helmut 259
Schmidt, Ronny 94
Schneider, Werner 22, 37, 71, 73, 93
Schön, Helmut 46
Schröder, Michael 119
Schulenburg, Gerhard 31
Schulz, Fred »Opa« 79 f.
Schumacher, Harald »Toni« 142, 167, 170
Schuster, Bernd 106 f., 126, 131 f.
Schuster, Gaby 107
Schuster, Julian 245 f.
Schweinsteiger, Bastian 197
Seeler, Uwe 15 f., 21, 46
Seiters, Rudolf 203
Senne, Karl 194
Shikane, Mustafa 39
Siewert, Thomas 100
Sinnen, Hella von 116
Skibbe, Michael 249 f.
Soika, Richard 52
Sölter, Jan-Peter 239
Sparwasser, Jürgen 74 ff.
Speck, Karsten 54
Spiegel, Alfons 100 ff., 107 f., 126
Stahl, Detlev 141

Steilmann, Klaus 33 f., 264
Stein, Uli 188, 263
Steinbrecher, Michael 89, 186, 243
Stepanović, Dragoslav 188, 190
Steubing, Wolfgang 189 f., 249 f.
Stielike, Uli 71 f., 132
Stock, Thilo 191
Stolte, Dieter 207
Streich, Joachim 76
Strutz, Harald 213, 226
Sundermann, Heinz-Georg 257

T

Tappert, Horst 162 f.
Teichmann, Andreas 150
Tenzer, Harald 192
Thoelke, Wim 22, 80
Thom, Andreas 157, 161
Thomas, Carmen 61
Thon, Olaf 136, 139
Thurn und Taxis, Fritz von 94, 122
Tiedemann, Carlo von 139
Tilton, Charlene 139 f.
Tobien, Wolfgang 41
Toni, Luca 237
Tonn, Jörg-Christian 262
Töpperwien, Elisabeth 227 ff., 231, 235 f.
Töpperwien, Gertrud 13, 97
Töpperwien, Louis 228 f., 233, 235, 248
Töpperwien, Louis (Großvater) 14, 23, 34, 229
Töpperwien, Ludwig 13 ff., 17, 23, 30, 34
Töpperwien, Sabine 152 f., 166, 206
Töpperwien, Sandra 96 f., 115, 174, 205 f.
Töpperwien, Uschi 14, 17, 91, 206, 229
Trapattoni, Giovanni 156, 177, 180
Tremmel, Gerhard 237 f.
Trezeguet, David 205
Tritschler, Karl-Heinz 214
Tschenscher, Kurt 31
Tuchel, Thomas 244, 249

V

Valérien, Harry 22, 27, 38, 46, 57, 88 f., 92, 101
Vogts, Berti 193 ff., 200, 202 f.
Völler, Rudi 156 f., 202, 210, 220, 224, 226, 263

W

Wack, Franz-Xaver 226
Wagner, Lutz 226
Wagner, Werner 21
Wark, Oskar 40, 93, 107 f.
Wark, Thomas 92, 142, 172, 237, 253
Wehmeyer, Bernd »Fummel« 67
Weiner, Michael 216
Weiß, Karl-Heinz 15
Wettberg, Karsten 151
Wettig, Carsten 187
Weyer, Willi 100
Weyland, Hans-Joachim 31
Wicke, Manfred 61
Wien, Peter 101
Wilmots, Marc 174
Wittmann, Roger 209
Wontorra, Jörg 133, 161, 166 f., 169, 171 f., 178, 240, 242
Wulff, Christian 254–258

Z

Zander, Frank 139
Zebec, Branko 39 f., 82, 84, 112, 118, 263
Zebec, Dušica 40
Zimmermann, Adolf 250
Zimmermann, Herbert 14
Zimmermann, Uwe 110

Bildnachweis
Seite 179: Axel Mewes;
Seite 58: Fritz Rust;
Seite 83: Herbert Rudel;
Seite 68: Martin Hoffmann;
Seiten 152, 173: Michael Weckelmann;
Seite 201: Peter Bischoff;
Seiten 127, 141, 143, 163: teutopress;
Seite 28: ullstein bild;
Seiten 159, 160: Werner Curth;
Seite 222: Wolfgang Uebel;

Alle übrigen Abbildungen stammen aus dem Privatarchiv von Rolf Töpperwien.